本书获山东政法学院人才引进科研启动经费专项资助

改性活生物体越境转移国际法问题研究

——以事先知情协议程序为视角

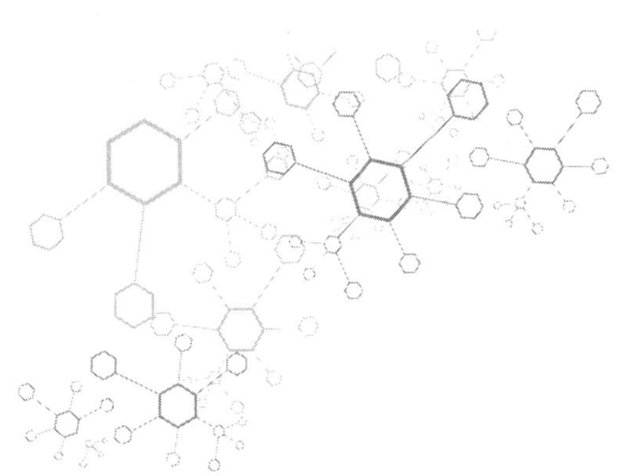

王　惠◎著

中国政法大学出版社

2016・北京

图书在版编目（CIP）数据

改性活生物体越境转移国际法问题研究:以事先知情协议程序为视角/王惠著.—北京:中国政法大学出版社,2016. 7

ISBN 978-7-5620-6888-4

Ⅰ ①改… Ⅱ. ①王… Ⅲ. ①生物－出入境管理－国际法－研究 Ⅳ. ①D912. 604

中国版本图书馆CIP数据核字(2016)第166343号

出 版 者　中国政法大学出版社

地　　址　北京市海淀区西土城路25号

邮寄地址　北京100088信箱8034分箱　邮编100088

网　　址　http://www.cuplpress.com（网络实名：中国政法大学出版社）

电　　话　010-58908586(编辑部)　58908334(邮购部)

编辑邮箱　zhengfadch@126.com

承　　印　固安华明印业有限公司

开　　本　880mm×1230mm　1/32

印　　张　8.625

字　　数　210千字

版　　次　2016年7月第1版

印　　次　2016年7月第1次印刷

定　　价　36.00元

前 言
PREFACE

本人从2007年开始关注转基因生物（本书称“改性活生物体”，对二者的区别在第一章中阐述）的国际立法问题。从2010年完成论文到今天，又过去了近四年时光。期间，本人一直关注着该问题的立法发展，并思考相关条约议定书的制定过程中有哪些尤其值得我们关注的焦点。恰逢近年转基因生物之争从幕后走向台前，日益成为网络等典型的新媒体头条，加之近来方舟子和崔永元就此问题的“对呛”，更是激发了社会大众“挺转”与“倒转”的争议。当然，对不同观点持有者贴标签、划派别很容易，需要警惕的是在标签盛行的地方，理性讨论的空间将不断萎缩。那么，在贴标签之外，我们总应当思考现阶段能做些什么。于是，借着来到山东政法学院从事教学工作的机会，结合四年来的所读所思，本人重新核对、更新了此前完成的论文数据，对内容做了相当幅度的重写、修正、删节和补充。

本书研究最初是从自己的一个疑问开始的——在转基因生物不断发展的背景下，《生物多样性公约》和《卡塔赫纳生物安全议定书》建立了“事先知情协议程序”（Advance Informed Agreement，AIA）这样一个新的规则来管理改性活生物体的越境转移问题，但是之前在《危险废物越境转移的巴塞尔公约》等法律文件中所确立的“事先知情同意程序”（Prior Informed Consent，PIC）与之非常类似。那么，如果真的是非常类似，《生物安全议定书》为何要舍近求远，不直接采用PIC这一机制，而要另辟蹊径用另一法律概念来重新制定一个AIA机制呢？本书将深入分析这一问题，指出PIC和AIA机制在成立基础、程序设计、责任追究等方面的重要差异。

此外，《卡塔赫纳生物安全议定书》早已于2003年生效，另一阶段性成果《卡塔赫纳生物安全议定书关于赔偿责任与补救的名古屋-吉隆坡补充议定书》也于2012年生效，中国尚未批准后者，也意味着该补充议定书目前仍不会对国内立法产生重大影响。而法律的制定和修改往往滞后于现实。在人们还在为转基因可能带来的影响争吵不休时，湖北等省转基因大米已经开始大范围种植。〔1〕那么，在对转基因生物的损益不明的背景下，我国法律法规已经做出了哪些规范？对赔偿责任与补救这样的新话题国内立法应当介入吗？如果介入，又应采用何种立法目的，关注哪些重点？在介入过程中，会遇到哪些困境和挑战，又应当如何克服？针对上述问题，本书力求总结出国际立法中可资借鉴之处。当然，同时也分析了国际环境法中预防原则如何在转基因生物安全立法中落地、转基因出口方的商业

〔1〕 庞清辉：“大米转基因”，载《中国新闻周刊》2010年第12期。时隔四年之后，2014年7月26日央视《新闻调查》“追查转基因大米”再次关注转基因大米大范围种植事件。

秘密和提交给进口国的审查文件义务如何平衡、发展中国家面对转基因研发和监测能力不足时如何应对等诸多值得思考的问题。

由于个人能力所限，本书的不成熟之处在所难免，有待法学界同仁指正，以便今后开展更专业、更精细的研究。

作者谨识

2016年4月22日

目 录
CONTENTS

图表目录

导论

环保立法理念转型：从治理到防治

转基因生物自产生以来，不论是在国际还是在国内，其引发的争议似乎从未停止。近来一些公众人物——如方舟子和崔永元——就此问题的“对呛”，更是促使社会大众形成“挺转”与“倒转”两派，转基因生物之争从幕后走向了台前，进而成了网络等典型新媒体的头条。

一边是网络媒体上吵吵嚷嚷的声音在发酵，一边是转基因生物早已越过纸面之争，进入了民众的日常生活。我们先简要看看以下统计：国际上，美国、巴西、阿根廷、印度、加拿大、中国是6个主要的转基因作物种植国；〔1〕我国已经批准进入商业化种植的转基因作物共有番茄、甜椒、棉花、番木瓜等7个品种，转基因水稻、小麦和玉米则已进入试验性生产阶段，这还仅仅是合规性种植。而在2014年爆出的国内湖北等省转基因大米早已违规大范围种植的情况〔2〕，以及不时发生的转基因退

---

〔1〕 Global Status of Commercialized Biotech/GM Crops：2009，The first fourteen years，1996 to 2013，国际农业生物技术应用服务组织（ISAAA），http://www.isaaa.org/purchasepublications/itemdescription.asp？ItemType = BRIEFS&Control = IB046 – 2013.

〔2〕 庞清辉：“大米转基因”，载《中国新闻周刊》2010年第12期。时隔四年，2014年7月26日央视《新闻调查》“追查转基因大米”再次关注转基因大米大范围种植事件。

运事件〔1〕，都表明转基因生物早已渗透到了民众生活的方方面面。那么，在这一领域，虽然国内立法还成效不彰，但是已有的国际立法进展到了什么程度？其立法及谈判过程能给我们一些什么启示呢？

在具体解答上述问题之前，需要对国际环境立法所体现出来的从“治理”到“预防”的趋势有所了解，在此基础上才能更好地分析这种变化趋势是如何体现在转基因生物的国际法制定过程中的。

一、从动物到上帝，一场势不可挡的科技革命

不论是市井之中对转基因的担忧，还是科学殿堂中对转基因技术的钻研和争议，抑或是国际、国内法律界人士对立法介入的分歧，本质上都是科技发展给人类带来的挑战。转基因只是其中一例，这种挑战由来已久，未来也不会消失。

如今人们谈到科技时，总是将科学和技术联合使用，但事实上二者在历史上曾长期分离。科学注重系统地认识和理解世界，技术则以改造世界为目的。〔2〕但是，不论是科学还是技术，都很少能解决这种“改造是否应当”“什么更重要”的问题，而只能将其留给伦理、政治、法律来解决。

实际上，我们创造的每一种工具都蕴含着超越其自身的意义。例如，12 世纪眼镜的发明不仅使矫正视力成为可能，而且还暗示了人类可以不必把天赋或者缺陷视为最终的命运。因而可以不必迷信天命，身体和大脑都是可以完善的。〔3〕从这个角

〔1〕 张旭：“廉价美国转基因玉米退运：中粮被指存非法行为”，载《21 世纪经济报道》2014 年 7 月 3 日。

〔2〕 苏力：《制度是如何形成的》，北京大学出版社 2007 年版，第 93 页。

〔3〕 ［美］尼尔·波兹曼：《娱乐至死》，章艳译，中信出版社 2015 年版，第 16 页。

度看，可以认为12世纪眼镜的发明和本书探讨的20世纪基因技术的研究之间存在某种关联。但是，接下来的问题是，既然都是利用科技改造，为何对转基因技术的担忧以及要不要使用政治、法律手段进行控制的争议这么大呢？

一个可能的解释是，在将近四十亿年的时间里，地球上每一种生物的演化都是依照自然选择法则，没有任何生物是由某个具有智慧的创造者所设计出来的。即使到了出现农业革命的一万年前，人类通过一代又一代的经验积累，通过选择育种的方式，走了一条捷径来加速自然选择，以便生产出高产的水稻、肉质细嫩的鸡。传统育种尽管也采用杂交技术，但是基本都是在同一种属内杂交，例如通过不同稻种（包括远缘的野生稻）来改变其特性。不论如何，这些加入的特性都本来就存在于同种属的基因库中。但是时至今天，我们探讨的话题却是自然选择系统从来没有面临过的挑战——在实验室甚至是自然界，科学家正在改造各种生物，这种改造打破了自然选择的法则，也打破了生物最基本的原始特征，他们引入的基因完全跨越了自然界划定的动植物微生物界限，并且看起来并未受到惩罚。例如，一般的番茄惧怕寒冷，但是自从海托华（Hightower）等（1991年）利用农杆菌将寒带鱼体内的抗冻蛋白（AFP）基因植入番茄以后，就培育出了新型的转基因抗冻西红柿，进而可以在冬季或较寒冷的地区广泛种植。[1] 在种植过程中，由于风媒、虫媒甚至是人为原因可以引起这些具有活性的转基因生物向自然界扩散，并且与自然界原有的同种生物相比具有优势，即转基因漂移到野生近缘种生物中，久而久之可能导致同种属的生物种类减少。又如伊斯坦布尔和夏威夷大学的研究人员培

---

〔1〕 Robin Hightower et al.，“Expression of Antifreeze Proteins in Transgenic Plants”，*Plant Molecular Biology*，November 1991，Volume 17，Issue 5，pp. 1013～1021.

育出了能在黑暗中闪闪发光的兔子——夜光兔，这是在普通兔子胚胎中植入荧光水母中取得的DNA。这是否意味着生物已经从自然选择的阶段进阶到了“智慧设计”的阶段呢？这又是否意味着在几千年间成为地球主人的人类，只要再往前一步，就完成了从动物到上帝的转变，拥有根据自己的喜好创造物种的神力？[1] 拥有改造万物的能力而无需对谁负责，正是今日之忧虑和争议的源头。

二、法律，能否成为转基因前行的围栏

笔者于前文中谈到，科技革命势头汹涌而来，以基因技术为例，从人类中心的角度看，正是由于它可以有助于解决粮食短缺、因贫困导致的营养不良甚至一些基因疾病，因而带有天生的正当性。那么，即使怀着对基因技术的深刻忧虑，又有谁能在它前进的路上设置一些导向，甚至是屏障，来施以影响呢？如同其他活动一样，科学和技术都受到政治、经济利益的影响。

科学和技术研发费用高昂。如果生物学家想要研究基因重组，就需要实验室、科研团队、仪器设备、建立庞大的数据库，了解DNA结构，还需要能提取特定DNA大分子，在离体条件下用适当的工具酶进行切割，然后与作为载体的DNA分子连接起来。这都需要人力、时间、财力的大量投入。而这些投入又来自政府、企业、基金会和个人捐助。那么为何这些资金会流向某项特定的科研活动呢？这与政治经济利益取向密不可分。如同我们在科研领域看到的那样，因为科研资金这块“大蛋糕”是有限的，而各领域项目申请众多，这就必须要解决一个将资金倾斜到何领域、何项目上，也就是要判断目前“哪一个最重

〔1〕［以］尤瓦尔·赫拉利：《人类简史》，林俊宏译，中信出版社2014年版，第261页。

要”，而重要与否的判断则不是科学研究自身能解决的问题。并且研发出来的技术和设备能利用到什么程度，也会受到政治经济等因素的影响。例如原子能利用技术，既能用于军事目的生产原子弹，改变历史进程；又能和平利用为核电，满足能源需求。在战后，各国认为核威慑力极为重要，首先倾尽全力支持的是核武器开发，到1968年联合国才就一项防止核武器扩散、进行同和平利用原子能有关的国家合作，并促进实现核裁军目标的条约达成了最后协议，即《不扩散核武器条约》。此后核战阴云才逐步散去，和平利用核能成为主题。也就是说，受到政治、经济、宗教等影响，由于使用方法不同，某种技术在不同国家可能产生不同程度的社会效应、发挥差异化的潜能。

转基因技术也具有类似性，它可用于动植物、微生物，可用于粮食增产、治疗疾病，甚至可以生产出具有特殊能力的“超人”，当然修改人类胚胎受到宗教和社会伦理限制，目前还只在少数国家有所突破〔1〕。转基因技术如同一匹禀赋异常的黑马，在宗教、政治、社会伦理的牵绊中左右突围，直到今天，国际社会仍然没有就其利用方式和领域以及可能带来的后果达成一致。但是，各国从20世纪90年代开始，已经尝试做出了这样的努力，这就是要在下文详细讨论的生物安全国际立法。

〔1〕 2015年4月，一则中国科学家成功修改人类胚胎基因的消息在国际学术界引发强烈争议，这支研究小组由广州中山大学生物学副教授黄军就和其同事组成，其在国际上首次运用一项号称为“CRISPR 技术”对86个人类胚胎进行了基因修改。研究结果显示，51.9%的存活胚胎被 CRISPR 技术“命中”，基因被修改，但脱靶问题同样明显，不想被修改的基因也被修改发生了变异。研究小组首先将论文投到美国《自然》和《科学》期刊，但因存在伦理问题被拒，之后投稿到中国教育部主管的学术期刊《蛋白质与细胞》被接收确认刊发，4月18日被正式发表。

三、立法基础：从损害预防到风险预防

随着转基因技术的研究和使用领域的扩展，其影响到底如何现在仍未可知，科学界也存在诸多争议。但是，即使在这样的背景下，国际社会仍然试图采取法律手段干预（干预到何种程度则是另一个问题），即我们常提及的“预防原则”在国际法领域的确立。

看似简单的四个字，在法律层面却至少可以分为“prevention 型预防（损害预防）”和“precaution 型预防（风险预防）”，而且针对转基因所做的立法，则是从前者过渡到后者的一个巨大跨越。

首先是“prevention 型预防（损害预防）”。在这种指导原则下的污染防治是一种事后防治，也就是说认为只有在具有明确的科学证据证实某种行为或者物质的释放会导致环境污染的情况下，才会采取相应的控制行动。最为典型的是针对农药、化学品、危险废物等领域的立法，如《关于在国际贸易中对某些危险化学品和农药采用事先知情同意程序的鹿特丹公约》（以下简称《鹿特丹公约》），《控制危险废料越境转移及其处置巴塞尔公约》（以下简称《巴塞尔公约》）。由于这些物质的毒性已经为科学界所认可，是否在全球禁运（生产）或者如何严格监管其运输、存储等环节，便成了法律重点监控的环节。

另一层面便是“precaution 型预防（风险预防）”。其基本含义为：在国际性、区域性或国内的环境管理中，对于那些可能有害于环境的物质或行为，即使缺乏其有害的结论性证据，亦应采取各种预防性手段和措施，对这些物质或行为进行控制或管理，以防止环境损害的发生。[1] 这一概念中最大的突破在于“科学上的不确定性不能成为延迟采取行动的理由”，即使科学

〔1〕 林灿铃：《国际环境法》，人民出版社 2011 年版，第 143 页。

界对某一问题没有取得一致意见，而该问题可能导致环境恶化的风险和不可逆转的后果，那么就可以采取法律手段予以预防。例如气候变化〔1〕以及生物安全领域〔2〕的国际立法均是这一类"预防"在法律上的体现。

从"prevention 型预防"过渡到"precaution 型预防"这一小步，是环境领域法治思维迈进的一大步。涉及影响环境的行为或者物质，在现实中无一不是与行业利益密切相关，对其实施的管制甚至直接决定了一些企业命运。早在 20 世纪 50 年代，杀虫剂 DDT 由于显著的杀虫效果，在多国风靡一时，使用量不断增加，人们也把 DDT 作为减少或消除虫害的突破性成果。而一位美国海洋生物学家蕾切尔·卡逊（Rachel Carson）根据其见闻和专业知识，以敏锐的眼光指出了杀虫剂对生态环境和人类健康造成的损害，并撰写了《寂静的春天》（*Silent Spring*）〔3〕。当该书于 1962 年开始在书店出售后，引发了农药制造商、农场主的激烈反弹，其中的质疑不乏诸多人身攻击。1964 年，卡森在 56 岁时被癌症夺去了生命。当然，农药所引发的支持和抗争的观点在几十年后仍在角力。〔4〕也许到今天，我们仍然时常会

〔1〕 1992 年，《气候变化框架公约》在谈判时，科学界对于是否确定是因人为排放温室气体导致全球暖化还存在争议。

〔2〕《生物多样性公约》以及《生物安全议定书》。

〔3〕［美］蕾切尔·卡逊：《寂静的春天》，吕瑞兰、李长生译，上海译文出版社 2007 年版。在这本书中讲述了：为什么在春天到来的时候，我们再也听不到鸟儿的歌声了？她讲述了农药的使用，如何从根本上改变了水、土壤，那些致命的微量的毒素，是如何通过生物链被一级一级放大，最后到达了人体。

〔4〕 袁越："寂静的春天不寂静"，载《意林》2007 年第 15 期。2007 年是美国科普作家蕾切尔·卡逊 100 周年诞辰纪念，该文对历年来的争论，尤其是 DDT 的毒性及其对减少疟疾的死亡人数的益处进行了详细总结。同时，在刘慈欣的《三体》（重庆出版社 2008 年版）中，《寂静的春天》是一个情节推动点，这在事实上推动了卡逊作品在中国的传播。

看到类似的事件在多个领域发生。针对毒性明显的物质进行管制都能掀起如此风波，更不用说按照预防原则（precautionary principle）来试图管理在科学上还缺乏确定证据的转基因生物了。因此，在后面的讨论中，我们会发现，即使千辛万苦确立了“precaution 型预防”这一原则，但是在落实该原则、制定法律规范时，形成的利益集团和观点之争与几十年前的情景并无二致。

四、平衡立法与执法成本间的鸿沟

当拨开纷纷扰扰的“法制泡沫”，慎重考虑哪些应当成为法律调控的对象之后，接下来感到困扰的便是即便在预防原则的指导下，应该以何种范围、何种手段、何种力度来予以规范。如何确保“所立之法是当立之法”呢？在国际层面，没有中央政府，国家只能根据自己的技术、经济、政治立场，形成不同国家集团，相互角力，以影响立法范围和进程。在国内层面，如通过法律手段，就是按照由政府集中控制管理的思路演进，需要综合考虑信息准确、行政费用成本、监督能力、制裁可靠等要素，这些都没有一定之规。[1]

此处仅以转基因生物安全为例：首先，转基因生物及其涉及的相关行业是一个大概念，至少包括从转基因技术研发、商业应用推广、种植、后期加工、产品销售等若干环节，转基因棉花种植是一回事，棉花采摘后纺织成棉布做成服装销售又是一回事，若是出于生态安全考虑，这些是否都要纳入法律监管体系呢？其次，监管手段也是需要重点考虑的，在转基因生物研发和商业化种植时为保护生态系统多样性，应如何结合事前

〔1〕［美］埃莉诺·奥斯特罗姆：《公共事物的治理之道》，余逊达、陈旭东译，译文出版社 2012 年版，第 13 页。

审批与事中监督？在制成产品后，是否需要对消费者履行明确告知义务，其后就由消费者对其选择承担风险后果即可？最后，转基因生物安全方面的法律责任与一般的责任也存在区别，在上文的基础上，是否现阶段只需要追究违反申请、种植加工程序、标识、告知等方面的责任，而无需考虑转基因生物可能对人体健康造成损害的责任？或者即使应当考虑转基因生物的致损责任，那么又如何协调法律上的因果关系、致损的滞后性带来的时效问题、免责条款等要件呢？这也正是本书试图从先行一步的国际立法中予以总结的一项内容。从某种程度上说，这关乎法律与科技的基本关系，[1]如果没有转基因技术的迅猛发展，也不可能在法律界引发对此问题的热烈讨论。

在国际法层面，对上述问题进行讨论还是20世纪80年代后期的事情。首先，以往就存在的杂交跟转基因有什么区别、探讨法律问题的时候需要关注杂交技术吗？这似乎是考虑转基因安全立法时首先要解决的问题。因此，1992年《生物多样性公约》（Convention on Biological Diversity）中特别关注到了转基因生物可能对生物多样性造成的威胁，从而把生物安全问题作为主要议题之一。当然，《生物多样性公约》遵循了国际环境公约制定的“框架公约＋议定书”模式[2]，把生物安全的立法

〔1〕苏力：《制度是如何形成的》，北京大学出版社2007年版，第91页。其中“法律与科技问题的法理重构”对科学和技术两种因素给法律的因果关系的判断带来的变革有独到的论述。

〔2〕国际环境法领域的全球多边性条约，经常会采用“框架公约＋议定书”模式。开始订立框架公约是为了在国际社会提起对某一问题的法律关注，为了吸引资金技术有限的发展中国家积极参与，内容一般大多都是确立目标、指导原则、缔约方会议等，而不对个别缔约方规定具体需承担的义务。而后续谈判中制定的议定书涉及的议题就非常明确了，不仅要选择公约范围内最重要的内容进行讨论，还会设定强制性的法律义务。这一过程在《生物多样性公约》的制定中得到了很好的体现。1992年通过的《生物多样性公约》虽然没有直接采用框架公约的表述，但是最

放到了后续议定书中再予以细化和完善，其成果就是我们现在看到的《卡塔赫纳生物安全议定书》（Cartagena Protocol on Biosafety）以及《卡塔赫纳生物安全议定书关于赔偿责任与补救的名古屋-吉隆坡补充议定书》（The Nagoya - Kuala Lumpur Supplementary Protocol on Liability and Redress to the Cartagena Protocol on Biosafety，下文简称《名古屋-吉隆坡补充议定书》）。但是，在意识到转基因技术可能给生物多样性带来潜在风险的同时，又需要考虑各国对转基因生物的差异性态度，所以并没有将所有转基因生物或者转基因产品纳入法律规制范围，而只是选取了具有生物活性的、可扩散到自然界的一部分转基因生物。为此还特意将其命名为“改性活生物体”，以区别于其他不具有生物活性的转基因物质。此外，改性活生物体研发、销售、运输涉及多个环节，国际法最终将目光锁定在了改性活生物体跨越一国管辖控制界限发生越境转移的情形。总之，国际立法采取了相当克制的态度，从转基因全过程开发中挑选了越境转移这一个环节，又把转基因生物的范围锁定到改性活生物体这一个部分。而克制之外又有探索，在生物安全的法律责任领域迈出了坚实的一步。

中国分别于1993年、2005年批准了《生物多样性公约》和《生物安全议定书》，这是表示同意接受条约（议定书）约束的一种正式国际法律行为。[1]在批准公约的同时，我国也加快了

（接上页）初涉及的议题也较为广泛，包括生态系统、保护区、生物安全、遗传资源及相关传统知识、技术转移与合作等。生物安全的议题首先就在公约缔约方大会中进行了集中讨论并最先达成协议。

〔1〕 中国有关国际法与国内法关系从整体上缺乏立法统一规定，没有规定普遍性的适用原则，既没规定采纳方式或转化方式，也没规定国际法是否优先于国内法，而只是在一些法律、法规、外交声明和司法解释中作了具体规定。中国有关条约的适用方式是混合方式，直接适用兼采转化适用。对所缔结或参加的条约作补充性立法

国内法律法规制定的探索工作。早在1993年12月，原国家科学技术委员会（现科学技术部）就颁布了《生物基因工程安全管理办法》，对基因工程的实验室安全操作和风险管理做出了规定。我们可以看到，在这一阶段，还是将注意力放在了实验室研究范围内。随后在1996年，农业部颁布了《农业生物基因工程安全管理实施办法》。后来为了有效管理日益增多的农业转基因生物的研究和环境释放，2001年5月，国务院颁布了《农业转基因生物安全管理条例》，该条例规定了中国对农业转基因生物实施安全评价制度、对越境转移的转基因生物实施标识管理制度、生产和经营许可制度和进口安全审批制度。为了实施该条例，2001年，农业部发布了与之配套的三个管理办法，即《农业转基因生物安全评价管理办法》《农业转基因生物标识管理办法》和《农业转基因生物进口安全管理办法》。但是，转基因生物涉及的领域远不止于农业领域。因此，借鉴农业部的经验，针对转基因林木研究、环境释放和商业生产等问题，国家林业局于2006年颁布了《开展林木转基因工程活动审批管理办法》。由上述文件的制定轨迹可以看出，在国际公约发展的推动下，我国国内规章从转基因的实验室研究开始规范，后来扩展至农业和林业领域。

（接上页）和转化性立法。根据《维也纳外交关系公约》和《维也纳领事关系公约》，中国相应地制定了《中华人民共和国外交特权与豁免条例》《中华人民共和国领事特权与豁免条例》。根据1982年《联合国海洋法公约》，我国于1998年6月制定通过了《中华人民共和国专属经济区和大陆架法》。根据1969年《国际油污损害民事责任公约》等，1999年12月全国人大常委会通过了《中华人民共和国海事诉讼特别程序法》。缔结或参加的国际条约与我国现行法律有不同规定的，应适用国际条约。以1982年《民事诉讼法（试行）》第189条规定“中华人民共和国缔结或者参加的国际条约同本法有不同规定的，适用国际条约，但是，我国声明保留的条款除外”为发轫，之后的《涉外经济合同法》《民法通则》《邮政法》《水法》《行政诉讼法》《海商法》《民用航空法》《票据法》等法律法规都作了类似的规定。

最新的立法进展是2015年新修订的《中华人民共和国食品安全法》。对于同样广受关注的转基因食品，新《食品安全法》增加规定：生产经营转基因食品应当按照规定进行标示。同时规定，未按规定进行标示的，没收违法所得和生产工具、设备、原料等，最高可处货值金额5倍以上10倍以下罚款，情节严重的责令停产停业，直至吊销许可证。事实上，如果在理想状态下，这就意味着生产该食品的原料，转基因和非转基因的就要分开存储运输；再回溯一步，转基因种植时就要和同类非转基因作物进行有效区分。同时，还要考虑到阈值的概念，即由于种植、储存、运输等方面的原因，即使是非转基因作物或者是产品，有时也会混杂部分转基因在其中，如果混杂比例非常低，即可忽略不计；但当转基因的混杂比例达到1% ~5%时（各国规定不一），就需要启动告知程序了。那么，我国所规定的标识，需要转基因比例达到多少时才予以申报和告知呢？目前并无细则明确规范。所以，任何法律规范，从立法到执行再到效果评估，都有相当长的一段路要走，而最终效果如何，很多时候与执法意愿、能力和成本密切相关。

五、国内外研究现状

要对改性活生物体越境转移的事先知情协议程序领域的国际立法进行研究，首先不可避免地要了解改性活生物体的基本知识，各国对其技术的掌握程度和对风险的不同态度决定了谈判过程中国家集团的形成、法律条文制定过程的倾向性以及条文严苛与否。

从国内研究层面分析，主要研究内容集中在以下几个方面：①转基因生物安全的背景知识：包括转基因技术的生物学基础、转基因生物安全管理的政策、法规与制度体系、管理实践等

（薛达元，2009 年；农业部农业转基因生物安全管理办公室，2012 年）。在其资料引用中有两个方面值得注意。一是谈及转基因作物在全球的种植面积和接受度时，主要数据来源是国际农业生物技术应用服务组织（ISAAA）的统计，而该组织持有的态度是宣传和推广转基因作物，在数据上也具有夸大的趋向。其二是部分关于转基因玉米中的遗传物质侵入了墨西哥的天然玉米品系的危害等材料，实际上源自 2001 年美国加州大学伯克利分校的科研人员报告，但该文因受到多方质疑在 2002 年被撤稿，因此关于转基因对生态环境和人类健康导致实际损害的案例并无充分证据。②生物安全国际立法及典型国家和地区的国内立法现状：一些学者分析了转基因生物安全监管的基本目标、监管体制、监管原则和监管制度，探讨了转基因生物侵权责任问题、转基因生物安全国际立法以及部分国家和地区转基因生物安全立法，并提出了完善我国转基因生物安全立法的基本立场，以及转基因生物安全法律的基本框架等（于文轩，2009 年；王明远，2010 年；王子灿，2015 年）。同时，转基因生物越境转移损害责任问题研究是一个重点，《转基因生物越境转移损害责任问题研究》探讨建立关于转基因越境转移损害的国际民事责任制度的途径，指出从污染者负担的角度论证由转基因生物越境转移的经营者承担民事责任更有利于损害的赔偿和预防，进而论述国际民事责任制度应包含的基本内容（阙占文，2011 年）。但《名古屋－吉隆坡议定书》通过之后，该领域有一些新的发展需要进一步研究。③与事先知情协议程序相关的国际环境法条约和议定书的分析：生物安全领域的国际立法不是凭空产生的，而是在借鉴其他相关领域立法的基础上制定的，包括危险废物越境转移国际法、遗传资源获取与惠益分享的法律问题、油污损害国际立法等，这些领域的相关研究为开展生物安全立法提供了对比思考的角度（秦天宝，2008 年；陈维春，2013 年；王玫黎，2008 年）。④与改性活生物体越境转移贸易相关的 WTO（国际贸易组织）规则及案例研究：改性活生物体之所以发生越境转移，多数情况下是以商品贸易的方式进行的。进口国不论是审查还是要求标识，都可能造成商品无法顺利入境或者提高入境成本。因此，协调《生物安全议定书》和 WTO 规则就成了不可避免的问题，现有研究对规则和典型案例都进行了较为充分的分析，从不同角度对 WTO 专家小组对相关问题的解读做了分类归纳。主要包括转基因产品的定义、WTO 贸易协定与多边环境协定之间的关系、预防原则的法律地位、对欧盟转基因产品审批程序的认定等（易雪玲，2008 年；李辉，2007 年；江保国，2007 年）。

从国际研究层面分析，前期研究主要集中在：①对转基因生物立法背景的多角度研究。从地缘政治视角入手，通过指出美国社会政治精英如何经由科技进步、粮食援助和知识产权保护的途径，通过转基因作物的种植为粮食霸权创造条件（F. William Engdahl，2008 年）。但是，从转基因种植业的跨国公司的角度看，扩大全球市场份额、打入对转基因有抵触情绪的国家本来就是应有之意，作为进口国也会采取多方面扶持本地企业保护国内市场的措施，例如中国在转基因棉花上就打了一个漂亮的“翻身仗”，而在转基因大豆领域就陷入全面溃败的泥潭。②对事先知情同意程序在国际环境法中的含义及运用的分析，其中有部分研究并未区分 PIC（事先知情同意程序）及 AIA（事先知情协议程序），而是将其整合为一种制度，分析其在国际环境法中的运用；但也有部分学者对二者进行了区分，并将研究重点放在生物安全领域（Anne，Oliva and Maria Julia，2005 年；Anne Perrault and Kirk Herbertson，2007 年），这种差别为本书进行对比分析提供了视角。③《生物安全议定书》的谈判历程的分化和整合（Christoph Bail, Robert Falkner and Helen Marquard, 2001 年）。谈判历程中国家集团的形成及各国观点的变化对理解法律条文的形成背景具有重要的意义，在此基础上才能了解法律后续发展的方向。④《生物安全议定书》在国际和国内层面的实施状况，重点在介绍及分析各国制定的生物安全政策和法律框架（Marie - Claire Cordonier and Frederic Perron - Welch, 2013 年），其中对墨西哥（Alicia Guti'rrez Gonzlez, 2011 年）、欧盟以及一些北美国家的介绍尤为详细（P. Hambleton and T. Salusbury, 2011 年）。当然各国由于生物技术发展水平的差异，立法倾向自然而然受到影响，整体可以划分为攻势和守势，这就需要根据本国情况选择合适的立法体系进行借鉴。⑤对《名古屋 - 吉隆坡议定书》的谈判背景及内容从学术和实践两个层面进行研究，尤其关注其重要价值以及责任实施的两种主要方式（Akiho Shibata, 2014 年）。责任领域的发展是议定书最新最重要的突破口，但由于《名古屋 - 吉隆坡议定书》目前未生效，因此对其研究尚不深入。

综上所述，综观以上著作与论文，国内外学者对改性活生物体越境转移的法律问题已经做了很多研究，这些成果为相关问题的进一步拓展奠定了良好的基础。但不容否认的是，相关认识上仍存在较大的争议：其一，在相关的理念界定上难以统一，如事先知情同意、事先知情协议程序等；其二，由于这种混用导致对法律制度设计上的差异未能有充分辨析；其三，尤其是中国尚未批准《名古屋 - 吉隆坡补充议定书》，但其生效在即，中国应当对此采取何种态度。我们认为，充分借鉴相关理论探讨的成果，结合《生物安全议定书》及改性活生物体损害责任的最新发展，研究该领域的国际立法具有必要性；而且从更多维的视角具体将不同国家集团的国际文件谈判态度与其国内立法倾向结合，对中国生物安全领域立法的发展提出建议也具备可行性。

第一章 改性活生物体越境转移立法背景

国际法领域从20世纪90年代开始提出了生物安全问题，并在《生物多样性公约》（Convention on Biological Diversity，CBD）中得到了反映。此后就事先知情协议（AIA）程序及其相关内容进行了集中探讨，按照《生物多样性公约》的要求制定的《卡塔赫纳生物安全议定书》（Cartagena Protocol on Biosafety to the Convention on Biological Diversity，以下简称《生物安全议定书》）和《卡塔赫纳生物安全议定书关于赔偿责任与补救的名古屋－吉隆坡补充议定书》（Nagoya－Kuala Lumpur Supplementary Protocol on Liability and Redress to the Cartagena Protocol on Biosafety，以下简称《名古屋－吉隆坡补充议定书》）是重要的阶段性成果。《生物安全议定书》制定的根本原因在于：之前的立法没有充分考虑生物技术的广泛应用给生物多样性、生态环境和人类健康可能造成的潜在威胁。特别是在人类还不能精确驾驭生物技术的情况下，这一威胁如果转化成为现实的灾难，后果将是不可逆转的。制定规范改性活生物体国际贸易的新规则以维护多样性和生物安全迫在眉睫。因此，在联合国主导下制定了《生物安全议定书》，它对《生物多样性公约》进行了系统完善。其中，《议定书》所规定的“事先知情协议（Advanced Informed Agreement）程序”是整个《议定书》的核心。

第一节　改性活生物体的利益与风险

一、从转基因生物到改性活生物体

在《生物多样性公约》和《生物安全议定书》中，最终敲定的条文没有沿用“转基因生物”这种一般表述，而重新制定了一个法律概念，即“改性活生物体”。因此，在讨论相关条约内容之前，我们就不得不对产生转基因生物的来源——转基因技术、现实中经常混杂使用的杂交技术以及改性活生物体进行简要的区分。

1. 转基因技术

转基因技术是指利用重组 DNA 技术，将外源性基因整合到动植物基因组中，改造生物的遗传物质，使遗传物质得到改造的生物在性状、营养和消费品质等方面满足人类的需求。〔1〕通俗地说，转基因就是一种生物体内的基因转移到另一种生物或同种生物的不同品种中的过程。转基因技术在农业生产、医药研究以及动植物的饲养和培育等很多领域都有着广泛的应用前景。人们常说的“遗传工程”“基因工程”一般都被认为是转基因的同义词。但随着分子生物技术的发展，尤其是从 20 世纪 90 年代末以来，在不导入外源基因的条件下，科学家能够通过对生物体本身的遗传物质进行修饰、剔除、屏蔽来改变生物体的遗传特性，从而获得人们希望得到的性状。在这种情况下，由于没有引入外源基因，称为“基因修饰”更加合适和全面，因此现在开始用“Genetically Modified Organisms（简称

---

〔1〕陈颖健：“新物种起源——转基因技术纵横谈”，载《国外科技动态》2003 年第 10 期。

GMOs)”。〔1〕

2. 杂交

杂交是遗传学中常用的实验方法。一般情况下杂交有以下两种方式：一种是把生殖细胞相互融合而达到杂交目的；另一种是把体细胞相互融合，这称为体细胞杂交。地理上远缘的种内亚种之间或者不同种属之间个体的交配称为远缘杂交；反之亲缘关系相近的个体间杂交称为近交，近交可以用来建立纯系。需要注意的是，杂交说的是不同个体之间、属间、种内，而难以扩大到不同界之间。

为了改善作物的品质、提高产量并且增强抗病虫的能力，人类常常通过采用远缘杂交、人工杂交等方法来育种，希望借此将不同品种中，甚至是野生近缘种中的有益基因，转移到目标品种中去。这种带有目的性的以人工杂交的方式进行的转基因，培育出了很多优良品种。但是人工杂交的方法仍有很多局限性，例如被转移的基因中仍有很多无用甚至是有害的基因，转基因的效率不高，不能在亲缘关系比较远的物种之间进行杂交等等。因此为了解决上述问题，科学家利用现代生物技术，将需要获得的基因进行定位，分离克隆，然后再将这个基因转移到目标生物品种中去。通过利用这种有很强的目的性的生物技术来进行转基因，就实现了只转移需要的基因，而将不需要和有害的基因排除的目的，大大地提升了转基因的效率，并加快了品种改良的进程。此外，现代的转基因技术还可以将亲缘关系较远的生物中的基因，甚至人工合成的基因转移到需要的品种中，从而扩大了可利用的种质资源。

综上所述，杂交一般是发生在同种、同属或同科物种之间，

---

〔1〕 王明远：“转基因生物安全法律概念辨析”，载《法学杂志》2008 年第 1 期。

亲缘关系很近，如袁隆平的杂交稻是野生稻与水稻杂交，但都是稻属植物。当杂交最远发生在属间、科间时就需要人帮助了，如马与驴的杂交。而在自然中发生的杂交实质上是转基因中的一部分，但是最让科学界感到不安的是那种常常是在不同的类群之间（生物类群中的界有三大类，动物界、植物界和微生物界）进行的转基因，如将微生物的基因转移到水稻中，将深海里的鱼的基因转到西红柿里。杂交在自然界可自然发生，不同界之间的杂交是零概率事件。因此，转基因比杂交更具有明确的方向性，基因来源更具广泛性。这种突破自然界限的技术才是导致人们忧虑的重要原因。

3. 转基因生物与改性活生物体（LMOs）

《生物安全议定书》将改性活生物体定义为：任何通过现代基因技术手段获取的具有新异基因组合的活体生物。[1]

这一定义有两个层面的特点值得注意，这两个特点直接限定了该议定书适用的范围。第一个层面是要求改性活生物体需要利用现代基因技术产生，包括：①试管核酸技术；②超出生物分类学科的细胞融合技术。因此，上文中提到的传统育种技术（杂交）就被排除出了议定书的规范范围。

第二个层面的特点是所谓的“活体生物”，该条文将其进一步定义为：能够转移或复制基因材料的生物体。由于《议定书》的目的是保护和可持续利用生物多样性，并顾及对人类健康所构成的风险，同时考虑到《议定书》是谈判妥协的产物，因此严格来说，转基因生物要比《议定书》所使用的改性活生物体范围更加宽泛。可以这样理解：改性活生物体强调的是能够转移或复制基因材料的“活”的生物体，而转基因生物则在一般

〔1〕《生物安全议定书》第3条。

意义上使用，没有突出改性活生物体所具有的向自然界传播基因特点，其范围要随着具体的使用场合而确定。[1]

二、典型改性活生物体——转基因作物种植统计方法带来的思考

1973 年，美国加利福尼亚大学旧金山分校与斯坦福大学一起，发明了 DNA 重组技术，开创了生物技术产业最重要的一步。[2] 此后，利用 DNA 重组技术，就可以将外源性基因与动植物本身的基因进行整合，有目标地根据人类需求对动植物的性状、品质等进行改造。当然，该技术在农业、林业、畜牧业、医药等众多领域都有适用。然而，在农业领域的应用无疑是争议最为激烈的，因为转基因农业作物既会被人食用，可能造成健康风险；同时也因大面积种植，可能在自然中发生基因漂移，影响生物多样性。2013 年是人类实现转基因技术三十周年，为此《自然》杂志制作了一组转基因专题，介绍了这一生物技术在各种力量的争论和角力中艰难前行的历史。在转基因作物商业化以来的近二十年间，全球对该技术的应用急剧增加。支持者宣称，该技术所带来的农业产值收益超过 980 亿美元，减少杀虫剂用量估计达 4.73 亿千克。但批评者则质疑该技术对环境、社会及经济所造成的影响。[3] 因此，对农业转基因作物的分析便能典型地展现出改性活生物体争议的全貌。

在对转基因作物的利益及风险进行分析之前，应当先来看

---

〔1〕 钱国强：“卡塔赫纳生物安全议定书与 WTO 制度——冲突及其协调途径”，载吕忠梅主编：《环境资源法论丛》（第 6 卷），法律出版社 2006 年版，第 118 页。

〔2〕 王建龙、文湘华编著：《现代环境生物技术》，清华大学出版社 2008 年版，第 2 页。

〔3〕 “转基因，让科学回归科学”，赵瑾译，载《环球科学》2013 年第 7 期。

看转基因作物在全球的分布状况和发展趋势。一旦提到这个关于国际转基因作物种植现状的情况统计，就不能不提及一个国际组织——国际农业生物技术应用服务组织（International Service for the Acquisition of Agri - biotech Applications ，ISAAA）。该组织从1996年开始对全球转基因作物种植的情况进行了逐年的总结报告，这一数据在中国农业部网站〔1〕和多处文献资料〔2〕中均得到引用。根据其统计数据，转基因作物在全球种植的增长速度可谓是突飞猛进。那么，得到国内这么普遍引用的数据从何而来？这样的统计又会给我们的判断带来何种影响呢？

据ISAAA统计，1996年转基因作物的全球种植面积约为170万公顷，此后转基因作物以惊人的速度向世界扩散。到2012年，转基因作物在全球的种植面积翻了100倍，达到1.7亿公顷，种植转基因农作物的国家达到了28个，在北美、拉丁美洲、亚洲、大洋洲、欧洲和非洲等都有转基因作物的种植。全球占主导地位的商业化种植转基因作物包括大豆、玉米、棉花、油菜，其余的转基因作物如南瓜、番木瓜和苜蓿的种植面积都不大。美国、巴西、阿根廷、加拿大、印度和中国是6个主要的转基因作物种植国，2011年之后发展中国家的种植面积跃居发达国家之上。在欧盟，2006年斯洛伐克第一次商业化种植Bt玉米，截至2012年欧盟种植转基因作物的国家上升至5个（西班牙、葡萄牙、捷克共和国、罗马尼亚、斯洛伐克）。

---

〔1〕“2013年全球转基因作物种植面积增加500万公顷”，载http://www.moa.gov.cn/ztzl/zjyqwgz/zxjz/201402/t20140214_3763266.htm，2015年1月11日访问。

〔2〕克莱夫·詹姆士（Clive James）：“2009年全球生物技术/转基因作物商业化发展态势——第一个十四年1996～2009”，载《中国生物工程杂志》2010年第2期；阙占文：《转基因生物越境转移损害责任问题研究——以生物安全议定书第27条为中心》，法律出版社2011年版，第17页。

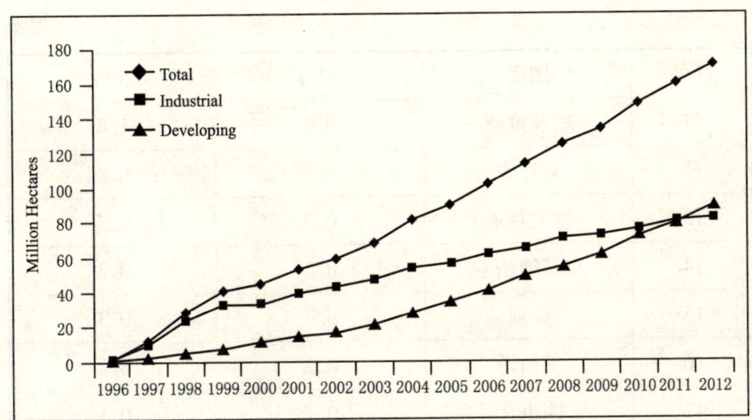

图1 1996～2012 全球转基因作物面积图

资料来源：Global Status of Commercialized Biotech/GM Crops：2012，国际农业生物技术应用服务组织（ISAAA）：http://www. isaaa. org/resources/publications/briefs/42/executivesummary/default. asp.

表1 2011 年、2012 年全球转基因作物种植（按国家分类，百万公顷）

序号	国家	2011	2012
1	美国	69. 0	69. 5
2	巴西	30. 3	36. 6
3	阿根廷	23. 7	23. 9
4	加拿大	10. 4	11. 6
5	印度	10. 6	10. 8
6	中国	3. 9	4. 0
7	巴拉圭	2. 8	3. 4
8	南非	2. 3	2. 9
9	巴基斯坦	2. 6	2. 8
10	乌拉圭	1. 3	1. 4

续表

序号	国家	2011	2012
11	玻利维亚	0.9	1.0
12	菲律宾	0.6	0.8
13	澳大利亚	0.7	0.7
14	布基纳法索	0.3	0.3
15	缅甸	0.3	0.3
16	墨西哥	0.2	0.2
17	西班牙	0.1	0.1
18	智利	<0.1	<0.1
19	哥伦比亚	<0.1	<0.1
20	洪都拉斯	<0.1	<0.1
21	苏丹	<0.1	<0.1
22	葡萄牙	<0.1	<0.1
23	捷克共和国	<0.1	<0.1
24	古巴	<0.1	<0.1
25	埃及	<0.1	<0.1
26	哥斯达黎加	<0.1	<0.1
27	罗马尼亚	<0.1	<0.1
28	斯洛伐克	<0.1	<0.1
总计		160	170.3

资料来源：Global Status of Commercialized Biotech/GM Crops：2012，国际农业生物技术应用服务组织（ISAAA）：http://www.isaaa.org/resources/publications/briefs/42/executivesummary/default.asp.

如果仅仅观察以上数据，读者会形成一种印象：转基因作物的种植面积迅速扩大，增长幅度很大。那么，在对隐藏在数据背后的统计方法进行探究后，会对以下几个方面的问题产生进一步的思考：

1. ISAAA 简况

ISAAA 成立于 1992 年，是一个非营利性组织，坐落在美国康奈尔大学，在菲律宾和肯尼亚也有分支机构。该组织致力于推广生物技术的应用及转基因作物的种植，认为通过生物技术可有助于解决发展中国家农民面临的贫困及环境退化。该组织每年都发布一份关于全球生物技术及转基因作物种植状况的报告。我国农业部及相关研究多有引用该报告数据。

表 2　ISAAA 主要资助者一览表

序号	类别	名称	备注
1.	国家官方机构	• USDA 美国农业部 • US Department of State 美国国务院 • USAID 美国国际开发署 • US Soybean Export Council 美国大豆出口协会	
2.	企业	• Monsanto 孟山都 • Bayer CropScience Ag 拜耳	
		• Maharashtra Hybrid Seeds Pvt. Ltd, India • United Phosphorus Limited 联合磷化有限公司 • Vibha Agrotech Pvt. Ltd, India	均为大型种子公司
3.	机构	• Program for Biosafety Systems, IFPRI 国际食物政策研究所	受 USAID 资助
		• NaCCRI – National Crops Resources Research Institute（NaCRRI），乌干达国立农作物资源研究所	从转基因的全球推广来看，美洲几个农业大国

续表

序号	类别	名称	备注
3.	机构	AATF – African Agricultural Technology Foundation 非洲农业技术基金会	（美国、巴西和阿根廷）已经推广；欧洲各国阻力重重；因此，非洲成为各大生物公司、种子公司和农业公司眼中的处女地
		ACTESA – Alliance for Commodity Trade in Eastern and Southern Africa 东南部非洲商贸联盟	
		ASARECA – Association for Strengthening Agricultural Research in Eastern and Central Africa 中东非农业促进研究协会	
		BBA – Burkina Biotech Association 布基纳法索生物技术协会	为促进布基纳法索当地农民更快地接受转基因技术
4.	大学	• Cornell University 康奈尔大学 • Ain Shams University 埃及艾因夏姆斯大学 • Cairo University 埃及开罗大学	

从上表中我们可以看到，虽然 ISAAA 本身性质是非营利性组织，但其资助者的构成主要有：美国农业部为主的官方机构以及大型种子公司及生物技术公司，而种子销售及技术推广的目标地主要为非洲及诸如菲律宾等少数东南亚国家。因此，该组织的中心是为了宣传转基因技术，从而推进其他国家对转基因种子及配套农药的接受度，进而推广相关公司的全球市场。

2. 数据来源

在 ISAAA 撰写的转基因作物全球种植状况的报告中，数据来源一直是最受质疑的地方之一。除了美国将转基因和非转基因作物的种植面积分别记录，如玉米种植面积就包括转基因和非转基因两种情况之外[1]，绝大多数国家并没有将二者分开统计，而是均按照作物种类进行面积统计。因此，ISAAA 通常只能基于转基因种子销售的产业数据来估算种植面积。

3. 数据准确性

事实上，为了达到推广转基因的目的，对种植国的统计的数值同样也具有倾向性，即存在夸大的迹象。在一个国家转基因作物种植上，应当区分“TRAIT－ACRES”（多为实验观察性）和商业化种植的区别，在 ISAAA 的统计中，将实验性种植面积也计算为商业化种植面积。同时，任何国家国内只要有种植某一种转基因作物，不论种植面积多小、种类多么单一，也不论该国国内采取何种谨慎态度，一律将该国作为转基因种植国放入统计版图。

此外，ISAAA 报告对多组实际数据的放大也是关注焦点。ISAAA 年度简报中对于种植面积以百万公顷为单位，低于 10 万公顷的，一律以“＜0.1 百万公顷”来表示。那么，实际数据到底是多少呢？我们以 2006 年和 2007 年欧洲国家的种植数据为例（见表 3），[2] 其中不论是 30 公顷还是数百公顷，ISAAA 都将其列入 10 万以下的队列。当然，“10 万以下”这样的表述在逻辑上并没有错误，但是将数量单位放大若干数量级的做法让其倾向性过于明显而有失公允。这就如同统计某地区国民收入，在低收入人群月工资只有几百元的时候，把统计标准设置在月收入 10 万元以下和 10 万以上这样的做法一样。

---

〔1〕美国农业部：http://www.ers.usda.gov/data－products/adoption－of－genetically－engineered－crops－in－the－us.aspx，访问日期：2015 年 12 月 15 日。

〔2〕欧盟早在 1998 年就批准了孟山都公司培育的转基因玉米 MON810 在欧洲种植和上市。MON810 玉米也是欧洲种植最广泛的转基因作物。

表3　欧盟转基因玉米种植情况（公顷）

国家	2006 年	2007 年	备注
西班牙	53 700	75 150	2009 年德国禁止种植转基因玉米 MON810，因此 2009 年种植面积比 2008 年下降约 10%
法国	5000	21 200	
捷克	1290	5000	
葡萄牙	1250	4199	
德国	950	2685	
斯洛伐克	30	900	

数据来源：

（1） Assessment of the economic performance of GM crops worldwide, ENV. B. 3/ETU/2009/0010, 29 March, 2011.

（2） http://www. gmo - compass. org/eng/gmo/db.

（3） http://ec. europa. eu/food/dyna/gm_ register/index_ en. cfm.

三、改性活生物体引发的舆论高地战

从 ISAAA 等组织的工作重心可以看到，目前转基因推广的目标地区是非洲和亚洲。其一，因为饥饿与营养不良人群目前集中于非洲与亚洲，其二，这两个大洲还有很高比例的人口生计依赖于农业。上文分析的是数据背后的倾向性，而对于以下一些具体议题，各方观点也存在很大差异。

（一）贫困及营养之争

支持转基因技术的重要理由之一是其在改善人类贫困和健康方面具有不可低估的潜力。在撒哈拉以南的非洲地区，将近 70% 的人口生活在农村地区并以农业为业。然而，相比于世界上其他地区，这一地区对可持续的农业技术接受较为缓慢，再加上较低的农业生产率，使其成了食品净进口地区。因此转基因技术推广者希望通过该技术增加食品的营养，并延长食品保存时间。同时在炎热干旱地带培育耐旱、耐土地贫瘠等作物品种，以提升作物产量。一个非常著名的例子就是 GOLD RICE（黄金大米），它是通过将 β 胡萝卜素合成途径的关键基因转到水稻中去，生产出的大米是金黄色的，这种水稻含有维生素 A 的合成原料，在解决吃饭问题的同时还有助于治疗因缺乏维生素 A 而导致的眼睛失明等疾病。[1]

而许多转基因的反对者出于以下几个理由对上述观点提出了质疑：①因贫困而导致的饥荒是否能通过转基因技术予以缓解？目前日均生活费不足 1.25 美元极度贫困的人口，主要集中在撒哈拉以南非洲、印度、中国和拉美。而撒哈拉以南非洲作为世界上唯一贫困人数不断增加，且增幅显著的地区，冲突连年、政局不稳、疾病肆虐是导致贫困的主要原因。此外，政府执法不力使暴力（家庭内部及外部）成为加剧贫困的重要原因。[2] 也就是说技术层面考虑的是如何将蛋糕做大，而事实上由于战乱、疾病、暴力、身份等级等方面的制约，做大的蛋糕也无法分配到极度贫困的人口那里改善他们的境遇。②抵制转基因的国家实际上还源自另一方面的忧虑，即美国生物技术公司具有领先地位，一旦放开，技术的差距必然导致垄断盛行和行业的

---

〔1〕 黄金大米在中国掀起了一场对转基因大讨论的风暴。2008 年，来自塔夫斯大学的汤光文（Guangwen Tang）组织了黄金大米的营养学试验。研究人员和中国的同事一起，让湖南 68 名 6 岁 ~8 岁儿童食用了黄金大米。研究结果于 2012 年发表在《美国临床营养学杂志》上。在论文发表后不久，绿色和平组织首先提出这些儿童被当成了“实验的豚鼠”。塔夫斯大学启动了由内部和外部工作组展开的调查。2013 年 9 月，调查工作组报告了多项违规行为，例如一些知情同意表是在试验开始后才收到的。2015 年 7 月 17 日，该杂志以在获得中国伦理委员会的批准和所有受试者的知情同意表方面缺乏足够证据为由，将论文撤回。

〔2〕 参见［印度］阿比吉特·班纳吉、［法］埃斯特·迪弗洛：《贫穷的本质》，景芳译，中信出版社 2013 年版；［美］尼可拉斯·D. 克里斯多夫、雪莉·邓恩：《天空的另一半》，吴茵茵译，浙江人民出版社 2014 年版。

溃败，国外的大企业吃大头，国内的一些技术机构吃小头，没有技术的只能被淘汰，进而会使缺乏话语权的小规模农户被大规模耕种欺压。

（二）生物多样性影响之争

转基因生物对生物多样性和生态环境的影响同样也是双方争议的焦点。支持者认为，通过转基因技术提升亩产量，这就意味着农用地用地量的减少和野生地面积的增加，生物多样性将更加繁荣。

而抵制转基因的观点则认为，具有活性的转基因生物将通过虫媒、风媒等传播方式扩散到其他传统栽培作物或野生植物中，从而使得外来基因在自然中传播，造成无法弥补的“基因污染”。在玉米起源地和品种多样性集中的墨西哥，这一争论尤为突出。2013 年 7 月 5 日，墨西哥城一个专门反对转基因农作物的非营利组织——生命之根基金会（Seeds of Life Foundation）的农学家爱德丽特·桑·韦森特（Adelita San Vicente）带头发起了一起诉讼。他们认为转基因玉米会威胁到由墨西哥当地农民和小佃农所种植的传统农作物的生物多样性（biodiversity），并要求墨西哥政府停止为试验性种植转基因玉米的科研工作颁发许可证。同年 9 月，法院批准了该诉讼请求，要求在最终判决下达之前，所有有关转基因玉米的试验性和商业性种植行为全部暂停。而这份最终判决可能得在几个月，甚至是好几年之后才会下达。[1] 这种担忧早在 2001 年就存在，当时美国加州大学伯克利分校的科研人员报告，转基因玉米中的遗传物质侵入了当地的天然玉米品系，但该文因受到多方质疑在 2002 年被

〔1〕 Laura Vargas - Parada，“GM Maize Splits Mexico”，Nature，1 July 2014；doi：10. 1038/511016a.

撤稿。[1] 类似的这种发表后被撤稿的现象[2]也引发了政策制定者的摇摆和民意的分化。

（三）农药化肥减量化之争

事实上，转基因作物之所以能在多个国家推广并得到农民接受，与其在农药使用方面的便利性有直接关联。目前受制于技术发展，还不能减少化肥使用量。因为作物必需的矿质元素就多达十余种，氮、磷、钾是最常见的几种元素，还没有发现哪个基因能明显地调控 N 或者 P 或者 K 的利用效率，都是多基因协作。所以固氮研究一直在进行。

在农药减量领域，最典型的两个例子是转 BT 蛋白的棉花对棉铃虫的抗性以及抗草甘膦转基因大豆。我国种植转基因抗虫棉的背景可以追溯到 20 世纪 90 年代。当时由于棉铃虫在我国大部分棉区持续性、大规模爆发，给棉花生产带来了巨大的威胁，棉农谈“虫”色变。国家持续加大对抗虫棉研究的投入，使我国成为继美国之后，第二个拥有自主研制抗虫棉的国家。中国 Bt 棉花种植面积逐年递增，黄河长江流域棉花产区的转基因棉所占比例已经超过 80%，河北、山东和河南三个棉花主产省的

---

〔1〕 D. Quist, & I. H. Chapela, “Transgenic DNA Introgressed into Traditional Maize Landraces in Oaxaca”, Mexico Nature, 2001, 414, 541 ~543. doi：10. 1038/35107068. PMID 11734853. Retracted in April 2002.

〔2〕 G. E. Séralini et al., “Long Term Toxicity of a Roundup Herbicide and a Roundup – tolerant Genetically Modified Maize”, *Food and Chemical Toxicology*, 2012, 50 (11), pp. 4221 ~4231. 该文是法国卡昂大学教授塞拉利尼（Gilles – Eric Séralini）等人于 2012 年 9 月 19 日在学术期刊《食品与化学毒理学》(*Food and Chemical Toxicology*) 上发表了大鼠长期服用抗草甘膦的转基因农达玉米会致癌的研究。当初该论文刚发表时，引发了媒体广泛的报道，据称文章发表几小时内有关该文章的博客和微博转发就达到了 150 万次，造成了公众的广泛担忧。2013 年 11 月 28 日，该杂志的出版商爱思唯尔公司（Elsevier）终于正式决定，将这一引发了激烈争议的研究撤稿。

转基因棉花的比例接近100%。[1]普遍的反映是在种植前期，种植转基因棉花的确带来了不少好处，首先是农药使用量下降，二是亩产总量上升，三是种植成本下降。但随后几年发现基本抵抗了棉铃虫之后，原本危害居于次要地位的盲蝽象、蚜虫、烟粉虱、红蜘蛛等刺吸式小害虫却集中大规模爆发，小虫成大灾，用药量又随之上升。因此，有观点认为转基因作物在减少农药方面只具有短暂效果。[2]但是，这种观点在逻辑上较难成立，例如孟山都新推出的转基因棉花又具有了抗盲蝽象基因。从另外一个视角看，转基因作物在抗病虫方面还不够理想，也可能是因为转基因技术发展还不够深入。

此外，抗草甘膦的大豆也“可以”减少农药的使用量（而非“一定”）。大豆种植的时候会遇到多种杂草[3]，针对这些杂草，如果不用草甘膦的话，则需要进行苗前除草和苗后除草，用到的农药有乙草胺乳油、氟乐灵乳油、苯达松水剂、盖草能等多种除草剂。[4]而使用草甘膦灭草，不仅使用量上减少，也简化了农民的除草步骤。

但是为什么只是“可以”减少农药使用呢？一是因为大豆转了抗草甘膦基因，农民即使多喷洒，对大豆也没有致命影响。

---

〔1〕环境保护部：《中国转基因生物安全性研究与风险管理》，中国环境科学出版社2008年版，第40页。

〔2〕王海平：“中国转基因棉花种植风险集中爆发”，载《农药市场信息》2009年第21期。

〔3〕①禾本科（Gramin）：蟋蟀草、看麦娘、早熟禾、稗、狗芽根、狗尾草、马唐、千金子；②百合科（Liliaceae）：小根蒜；③酢浆草科（Oxalidaceae）：酢浆草；④菊科（Compositae）：小飞蓬、裸柱菊、野艾蒿、鳢肠；⑤鸭跖草科（Commelinaceae）：鸭跖草等十余种杂草。参见罗耐英等，“大豆田杂草种类调查及防除方法”，载《现代农业科技》2009年第2期。

〔4〕罗耐英等：“大豆田杂草种类调查及防除方法”，载《现代农业科技》2009年第2期。

所以需求用量和实际使用量一般都有较大的差距。二是从实践来看，在美国的一些州，生长在大豆、棉花和玉米田地里的野草已经对草甘膦表现出抗性，能够抵御其他多种除草剂的野草也越来越多。从2005年到2010年，研究人员发现了13种已经出现草甘膦抗性的不同野草。〔1〕为了应对不断发展的草甘膦抗性，农民开始使用多种除草剂，他们通常在一个作物生长期内使用数种农药。因此，基于需求量和使用量的差异、几种农药的混用以及杂草的抗性以及缺乏同产量同面积非转基因作物农药用量的对比，我们很难得到转基因到底减少了多少农药使用的数据，但是其为农民带来的便利性也应当予以客观评价。

第二节　欧盟与美国的政策差异以及给发展中国家带来的困惑

一、欧盟：从铁板一块到自立门户

1. 欧盟改性活生物体进口及种植简况

由于西欧曾接连经历过疯牛病、二噁英污染等危机的冲击，人们对科学的权威性及控制科技的能力抱有较大怀疑，放到转基因议题上，大部分欧洲消费者也对其持排斥态度。除民意基础外，农业生产和食品加工行业一直是欧盟的重要产业之一，欧盟发表的2013年农产品贸易报告显示，2013年欧盟28国农产品出口金额为1200亿欧元，成为世界第一大农产品出口者。〔2〕因

〔1〕参见http://weedscience.org，Weed Science.org（是一个有关野草除草剂抗性的国际数据库），访问日期：2015年12月15日。

〔2〕“欧盟超越美国成第一大农产品出口经济体”，载中华人民共和国商务部：http://www.mofcom.gov.cn/article/i/jyjl/m/201406/20140600638397.shtml，访问日期：2015年9月20日。

此，欧盟一方面除需要考虑转基因生物及产品可能带来的生态和健康风险外，还要衡量商品出口风险：如果世界上大多数国家还没有普遍接受转基因作物、其进出口需要经过严格批准时，作为农产品出口方的欧盟就要打出产品的“绿色牌”，以保持其在国际市场上的竞争力。同时，美国生物技术的研发和产业化水平在国际上还处于领先地位，如果开放转基因农产品的种植和加工，对欧盟本身的农业和食品业也是灾难。在这样的背景下，欧盟对转基因生物的监管政策则比较严格。

在了解欧盟的具体政策之前，因为转基因生物在不同状态下风险不同，所以需要制定不同的政策：①在封闭状态下（例如实验室）的转基因生物，风险很小，管理政策一般较宽松；②释放到环境中的转基因生物（例如种植转基因作物），涉及进出口以及商业种植，需要评估环境风险；③转基因产品（例如转基因食品和饲料），需要评估对人体健康风险，政策也将较严格。

欧盟早在 1998 年就批准了孟山都公司培育的转基因玉米 MON810 在欧洲种植和上市。MON810 玉米也是欧洲种植最广泛的转基因作物。

虽然欧盟国家种植的转基因作物种类很少，但是在食品市场上流通的转基因作物则多一些。截至目前，欧盟一共批准了 22 种转基因玉米上市，所有的这些转基因玉米都可以作为食物使用。这些不同品系的转基因玉米来自不同的公司，包括美国的孟山都和陶氏益农、瑞士的先正达以及德国的拜耳农业。此外，欧盟还批准了 3 种转基因大豆作为食物和饲料的使用。除了大豆和玉米，可以在欧盟上市的转基因作物还包括 1 种甜菜，3 种油菜，以及 1 种土豆。[1]

---

〔1〕 http://ec.europa.eu/food/dyna/gm_register/index_en.cfm，访问日期：2015 年 9 月 20 日。

2. 欧盟立法及最新发展

根据转基因生物在不同状态下风险的差异，欧盟三部最主要的生物安全立法分别是《关于有意向环境释放转基因生物的指令》(2001/18/EC)、《转基因食品和饲料条例》[（EC）NO. 1829/2003]与《转基因生物可追溯性和标识以及转基因食品和饲料可追溯性条例》[（EC）NO. 1830/2003]。

由于本书主题关注的是改性活生物体越境转移，所以，对欧盟立法的分析也放在《关于有意向环境释放转基因生物的指令》(2001/18/EC）及其最新发展上。又因为环境释放的目的包括商业和非商业（比如转基因作物的科学实验及田间释放，但并未将作物品种提供给农民进行商业化种植）两种，与非商业释放相比，商业释放更可能引起多重风险。

根据《关于有意向环境释放转基因生物的指令》，进行转基因生物商业性释放的当事人，应当向首次市场投放活动所在地国家的政府主管部门提出申请，并提交风险评估报告等资料。该主管部门收到申请后，把材料的概要转给其他成员国的主管部门及欧盟委会。

自接受申请之日起算，主管部门在90天内完成对申请材料的审查并制定初始评价报告，报告的决定可以是同意释放，也可以不同意释放或者是附条件释放。主管部门把这一初始评价报告送达申请人和欧盟委员会。欧盟委员会收到该评价报告后30天内，再将其转达给其他成员国的主管机构。[1]

到了这一个环节，矛盾就开始凸显了：①如果做出初始评

---

〔1〕 Article 14, Directive 2001/18/EC of the European Parliament and of the Council of 12 March 2001 on the Deliberate Release into the Environment of Genetically Modified Organisms and Repealing Council Directive 90/220/EEC, http://eur-lex. europa. eu/legal-content/EN/TXT/? uri=CELEX：32001L0018，访问日期：2015年9月20日。

价报告的主管部门否决申请中的转基因生物投入市场，这种情形最简单，释放申请直接被拒绝。②如果初始评价报告的主管部门同意将申请中的转基因生物投入市场，其他欧盟成员国和欧盟委员会也不反对，那么该转基因生物可以在欧盟全境内投放于市场。③关键是第三种情形，因为欧盟是单一市场，任何成员国的商业释放活动都可能影响其他国家，如果做出评价报告的主管部门同意释放，而其他成员国中的一部分反对，这样就只能在欧盟层面做出最终决定。欧盟委员会首先咨询其下属的科学委员会，科学委员会若做出同意释放的意见，欧盟委员会就起草批准决定书并提交监管委员会（Regulatory Committee），若监管委员会也同意，则欧盟委员会即做出批准决定。若监管委员会不同意，批准决定书草案将提交欧盟理事会以多数票通过或否决。如果欧盟理事会在 3 个月内没有做出决定，欧盟委员会可以直接通过决议草案。〔1〕

这里的问题在于，如果欧盟理事会或欧盟委员会通过了某转基因生物商业性释放的决定书，这就意味着在欧盟层面得到授权，可以进行商业化种植，那么持反对意见的欧盟成员国，还有没有办法阻止该转基因生物在本国境内的商业化步伐呢？根据《关于有意向环境释放转基因生物的指令》：“只有成员国有充分理由认定那些已经获得书面批准的转基因生物对生态环境或人身健康构成风险时，允许其暂时限制或者禁止该转基因生物在本国范围内的使用和销售。”〔2〕这无异于给反对释放决

〔1〕关于标识制度和封闭使用的政策请参见王明远：《转基因生物安全法研究》，北京大学出版社 2010 年版，第 144～175 页。

〔2〕Article 23, Directive 2001/18/EC of the European Parliament and of the Council of 12 March 2001 on the Deliberate Release into the Environment of Genetically Modified Organisms and Repealing Council Directive 90/220/EEC, http://eur-lex.europa.eu/legal-content/EN/TXT/? uri=CELEX: 32001L0018，访问日期：2015 年 9 月 20 日。

定书的成员国出了一个大难题，“有充分理由认定风险”就意味着这种风险要有相应的科学研究作为基础，而前文也已经介绍过，一些曾发表在权威性科研杂志上的论证转基因生物风险的文章纷纷被撤稿，风险证据又到哪里去寻找呢？于是，欧盟上演了成员国和欧盟委员会之间的拉锯战，法国就是一个典型案例。

转基因玉米MON810早在1998年就被欧盟批准进入欧洲市场，法国政府一直希望可以合法地在本国农田中消除转基因玉米。因此2008年法国政府发布禁令，停止在法国国内种植MON810转基因玉米，并将其理由和决定上报给欧盟以作出进一步的裁决。随后欧盟委员会委托欧洲食品安全局转基因有机体专家组（EFSA Panel on Genetically Modified Organisms）评估了法国政府提交的证据。随后，欧洲食品安全局得出了评估结果，认为法国政府提交的证据并没有动摇之前对MON810的安全风险评估。因此MON810并不适用于成员国单独发布禁令的条款。[1] 2011年9月，欧盟法院判决法国对MON810的禁令违反了欧盟的法律程序。2011年11月，法国最高法院也确认了欧盟法院的判决，认定对MON810转基因玉米的禁令违法。此后，在2012年，法国收集了一些理由后再次向欧盟委员会提交了申请，要求禁止MON810进入市场，但其理由同样被欧洲食品安全局的专家组否决。[2]

这样让人尴尬的局面终于在2015年得到扭转。

2015年3月，一项对《关于有意向环境释放转基因生物的

---

〔1〕 http://www.efsa.europa.eu/en/efsajournal/pub/850.htm，访问日期：2015年9月20日。

〔2〕 http://www.efsa.europa.eu/de/efsajournal/pub/2705.htm，访问日期：2015年9月20日。

指令》（2001/18/EC）的修正法案通过，该修正案规定成员国有权禁止已经获得欧盟委员会批准的转基因作物。[1]这无疑缓解了诸如法国那样的成员国和欧盟之间的矛盾，各成员国也能更好地顺应国内的民意制定政策和法律。

二、美国的基本政策

1. 政策转折——转基因知识产权范式的确立

在国际立法谈判中，美国一直都扮演着转基因生物的积极倡导者和保卫者的角色。但是，其在历史上对转基因政策也存在重大转折的一刻，即"戴梦德诉查克拉巴蒂（Diamond v. Chakrabart）案"[2]确立的转基因知识产权范式。

在该案发生前，美国农业部（the U. S Department of Agriculture, USDA）和农民在培育多样的作物品种上起到了举足轻重的作用。农业部从世界各地收集优良种子并以将其分发到本土农民手中的方式来发展美国的农业，提升作物品种多样性。农民在选育过程中，将最健康的、最高产的种子保留下来供下一季种植。当然公共部门也资助杂交育种方法，例如，第一代高产杂交玉米品种。从私营部门角度看，杂交种子的一个主要诱惑在于其并非繁殖纯种，因此需要每年购买。这种潜在的商业价值推进了种子和植物专利方面的政策逐步建立。在"戴梦德

---

〔1〕 Directive (EU) 2015/412 of the European Parliament and of the Council of 11 March 2015 amending Directive 2001/18/EC as regards the possibility for the Member States to restrict or prohibit the cultivation of genetically modified organisms (GMOs) in their territory Text with EEA relevance, http://eur - lex. europa. eu/legal - content/EN/TXT/? qid = 1443067329375&uri = CELEX：32015L0412，访问日期：2015 年 9 月 20 日。

〔2〕 Diamond v. Chakrabarty, 447 U. S. 303 (1980), https://supreme. justia. com/cases/federal/us/447/303/case. html.

诉查克拉巴蒂案”发生之前，美国有两个涉及植物的知识权体系节点值得记录，即《1930 年植物专利法》（Plant Patent Act of 1930, PPA）和《植物品种保护法》（Plant Variety Protection Act, PVPA）。

1930 年，国会通过了《1930 年植物专利法》，这为植物无性繁殖建立了一套专利体系（例如，观赏类植物、水果树种以及其他一些通过出芽生殖、插枝和嫁接进行繁殖的植物），提供了 17 年的专利垄断权。然而，PPA 最重大的特点是其没有把绝大多数粮食或食品类植物囊括进法案之中，因为小麦、玉米、大米、燕麦、大豆和大部分蔬菜都属于有性繁殖体系（通过种子繁殖）。[1] 这反映了一种警惕私营部门垄断粮食供应的直接来源的理念。

四十年之后，1970 年国会通过了《植物品种保护法》，该法案授权美国农业部给新的有性繁殖植物品种颁发保护许可证。许可证授予育种者 18 年（后来增至 20 年）排他性的销售权利。但是，许可证列出了两个重要的豁免：①农民被允许保留种子用于来年种植；②获得专利的植物品种必须对研究人员开放。通过与 PPA 的对比可以发现，1970 年的《植物品种保护法》显著地扩大了植物保护类别，有性繁殖植物品种——即以往被排斥在 PPA 之外的食物作物（如谷类和蔬菜）——都可以获得专利那样的保护，只是通过豁免条款保留了农民和培育者销售、交换和培育种子的权利。[2]

真正决定性的模式变化开始于 1980 年联邦最高法院对“戴

〔1〕 李菊丹：《国际植物新品种保护制度研究》，浙江大学出版社 2011 年版。

〔2〕 但在 1994 年，《植物品种保护法》法规进行了修改，农民和培育者的“豁免”待遇被撤销，“知识产权”持有者可以大量地限制甚至是取消农民的历史权利。

梦德诉查克拉巴蒂案”的判决。此案例对通用电气的微生物学家查克拉巴蒂（Ananda Mohan Chakrabarty）所发现的能够帮助分解原油的细菌是否能够申请专利展开了辩论，美国最高法院开启了转基因生物可被授予专利权的大门，是美国专利法历史上里程碑式的案件。《美国专利法》第101条规定：“任何人发现或发明了任何新的和有用的方法、机器、制品或物质组成，或其任何新的或有用的改进，皆可依照专利法规定的条件和要求获得专利。”〔1〕本案主要涉及判断相关微生物是否属制品（manufacture）或物质组成（composition of matter）。联邦最高法院认为，立法者选择含义如此广泛的词语，并用“任何”加以修饰，显然是希望专利法有宽广的视野，除了自然规律、物理现象和抽象概念等非可专利主题外，“太阳下人造的任何事物”皆属可专利主题（见图2），活生物体是可以被授予专利的。〔2〕据高院多数意见，发明人在细菌细胞中引入了新的遗传材料，其主张的微生物不是未知的自然现象，即他制造了非自然生的产品，它显示了与自然状态不同的特征，有自己的独特用途，是发明人聪明才智的杰作，因此是可专利主题。

〔1〕 35 U. S. C. 101.

〔2〕 刘银良：“美国专利制度演化掠影——1980年纪略”，载《北大法律评论》编辑委员会编：《北大法律评论》（第14卷·第2辑），北京大学出版社2013年版，第222页。

判断权利要求是否符合专利法第101条可专利性的流程图

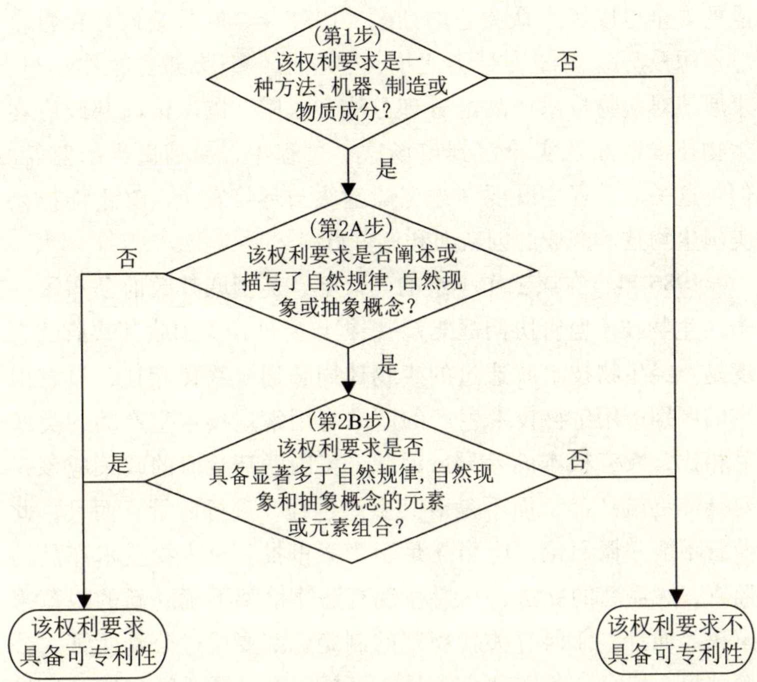

图2　美国《专利法》第101条

从以上记录中我们可以看到，在转基因种子和农民关系这个议题上，美国花费了半个世纪的时间，由最开始的保障农民育种、留种权转为后来通过专利保护刺激创新。这种政策和法律转向促进了美国生物技术产业的迅速发展。但更为重要的是这种倾向不仅融入了美国专利法，还直接或间接地渗透到了世界多国的专利立法，乃至国际条约，例如后文还要谈及的《与贸易相关的知识产权协定》（TRIPS）就是典型。

2. 管理机构

在20世纪80年代，由于生物技术的不断发展，生物技术产品不断开发上市，在美国也引起了激烈的争论，关于转基因食品的安全也成了大众关心的话题。1984 年，联邦政府在白宫自然资源及环境内阁委员会之下，建立了一个跨部委工作小组，来厘清对生物技术产品的管理方法和权限，以保证联邦政府在生物技术产品从实验室到市场这一过程中，受到适当的监管。但是这一监管程序既要考虑保障健康与环境安全，又不能损伤美国生物技术产业的创新力和竞争力。

1986 年，在该工作小组的建议下，美国联邦政府公布了一个《生物技术监管协调框架》。根据该文件，美国联邦政府的态度是：经生物技术改造过的生物体同普通生物体相比，没有根本的区别；用生物技术生产的产品与用常规技术生产的同类产品相比，没有根本的差异。因此，美国联邦政府的政策应该是对具体终端产品，而不是对其生产过程，进行监管。而且，此监管不能一概而论，应当立足于个案审批。对生物技术产品的监管，无需新的立法，只要在现有法律框架下确立新的规范来解决。而且，任何有关新规定的制定，都要通过公众听证、公众评议，要充分考虑公众意见。该规定本身还要经过监管机构之外的同行科学审议。因此，在这一协调管理框架下，对与生物技术作物有关的食品安全就由美国环保局（EPA）、食品与药品管理局（FDA）和农业部（USDA）共同监管。〔1〕其中，FDA 负责监督食品和食品添加剂方面的安全。它主要审查新的生物技术食物或食品添加剂是否同既有食物或食品添加剂一样安全，是否需要特别标记。USDA 负责审查生物技术生物是否会成为侵害性生物。而 EPA 则负责保证生物技术产品及其衍生产

〔1〕 王明远：《转基因生物安全法研究》，北京大学出版社 2010 年版，第 135 页。

品不会对健康和环境产生不合理的影响。[1]

总之，美国是在既有法律框架下，对转基因、转基因生物、转基因产品以及食品安全施行特别条款监管。一个转基因作物，因其所带转基因的性质及最终产物的不同，须接受不同执法机构的监管。USDA 审查的是转基因作物是否可能成为超级杂草，是否会成为新的病原。USDA 不负责管理该转基因作物或其产物是否有食品安全问题。当转基因作物获得了 USDA 的批准后，该作物能否应用于农业生产，能在什么地方种植养殖，在什么地方销售，以及能向谁销售，则由 EPA 管理。EPA 既需要考虑种植该转基因作物对当地生态环境可能的影响，还需要评估该转基因作物或其产物作为食物时对人体健康可能的影响（如是否有毒、是否会引起过敏等）。获得 EPA 批准后，该转基因作物的产品要作为食品或食品添加剂上市，还要经 FDA 批准。FDA 关注的是成品食物中是否含有有毒、有害成分或潜在有毒、有害成分，含量的合理限度是多少，该食品成分是否需要标记以及如何标记等。

由上可见，EPA 的判断最为重要，包括种植转基因作物对环境是否有危害以及该转基因作物的产物对人体健康的潜在影响两个方面。那么，EPA 又是怎样判断一个转基因食物对人体健康是否具有潜在的影响呢？一般来说，EPA 依据以下三个标准：蛋白质的毒性、蛋白质热稳定性和蛋白质酸解度。只要其中一项通不过或有疑问，这个转基因蛋白就不能进入食品。EPA 组织有关专家委员会，针对特定蛋白质制定合理的检测标准，并需要通过同行评议。而且，申请人或机构必须提供有关科技知识和实验数据来证明该转基因蛋白质没有食品安全问题。

---

〔1〕 刘培磊、李宁、周云龙："美国转基因生物安全管理体系及其对我国的启示"，载《中国农业科技导报》2009 年第 5 期。

三、发展中国家的选择难题

在上文对转基因政策的探讨中，我们可以看到美国和欧盟正代表了转基因领域的“立法两极化”。对于发展中国家而言，在两极之间做出自己的选择并不是一件容易的事情。美国的《生物技术监管合作框架》根据“实质等同原则”认定，转基因植物所带来的危害与传统选育品种给人体和环境带来的危害没有什么不同，因此允许大量试验、种植并在市场上销售转基因食品。而欧盟根据“预防原则”立法，限制那些科学家无法确知是否存在风险的转基因技术，并对转基因食品采取了源头可追溯、强制标注的措施。

目前转基因国际立法成果主要有以下两个条约：一是世界贸易组织的《关于实施动植物卫生检疫措施的协议》，这一协议基于世贸组织减少非关税壁垒的初衷，在缺乏国际标准的领域依靠科学判断，只要未确定有风险，就不应执行严格预防性措施。二是联合国主导的《卡塔赫纳生物安全议定书》，这一条约则基于保护生物多样性的初衷，在科学家无法确定新技术不存在风险时，允许采取预防性措施。这两个条约就是美欧双方两种对转基因的对立态度写照。

简言之，美国的标准是：只要科学家不确定有害，就可推广转基因；欧盟的标准是：只要科学家不确定无害，就得限制转基因。为食品安全和贸易计，欧美都试图推动国际标准执行自己的立法标准。

那么，在这样的政策立法分歧下，发展中国家应该做出怎样的选择呢？这无疑是一个难题。以非洲地区为例，大多数非洲国家政府不管从财政上还是从推行政策上，对科学和技术的投入都很少。因此，许多国家在健全现代农业技术应用的监管系统方面进展也极为缓慢，仅仅依靠自身力量难以建立政策框架，因此只能依赖于联合国及环境规划署的支援和培训。例如，非洲地区目前有21个国家确立了生物安全监管框架；2个国家处于生物安全法案通过立法的最后阶段；27个国家仍然致力于在联合国环境署全球环境基因生物安全计划[1]的支持下起草它们国家的生物安全框架的草案；另有5个国家还未建立生物安全框架（见表4）。

表4　非洲国家生物安全法律现状

生物安全文书	国家
已制定生物安全法律	布基纳法索；喀麦隆；埃及；埃塞俄比亚；加纳；肯尼亚；马拉维；马里；毛里塔尼亚；毛里求斯；莫桑比克；纳米比亚；塞内加尔；南非；苏丹；斯威士兰；坦桑尼亚；多哥；突尼斯；赞比亚；津巴布韦
法律草案已准备妥当，等待通过成为法律	尼日利亚；乌干达
国家生物安全框架草案*	阿尔及利亚；贝宁；博兹瓦纳；布隆迪；佛得角；中非共和国；乍得；科摩罗；刚果；科特迪瓦；刚果民主共和国；吉布提；厄立特里亚国；赤道几内亚；加蓬；冈比亚；几内亚；
	几内亚比绍；莱索托；利比里亚；利比亚；马达加斯加；摩洛哥；尼日尔；卢旺达；圣多美与普林希比共和国；塞拉利昂
无国家生物安全框架	安哥拉；加那利群岛；索马尼亚；南苏丹；西撒哈拉

*数据来源：联合国环境规划署/全球环境基金生物安全项目的指导，http://www.unep.org/biosafety/national%20Biosafety%20frameworks.aspx.

〔1〕“联合国环境署全球环境基因生物安全计划”，载 http://www.unep.org/biosafety/national%20Biosafety%20frameworks.aspx，访问日期：2015年12月15日。

一般来说，具有转基因研发能力，并看好未来转基因作物发展前景的发展中国家倾向于选择美国模式，例如中国、墨西哥。但现阶段这些国家普遍面临的挑战是虽然其转基因技术研发居于发展中国家前列，但是国内对转基因生物的态度差别非常大，以至于政策制定过程中阻力重重。〔1〕

在国家层面，这两个国家均在坚持贸易自由化的基础上大力支持生物技术研发。以中国为例，中国将转基因认定为战略新兴产业，政府在转基因研究方面投入力度很大。2014 年 9 月，政府发表了习近平主席的评论，明确了对转基因研究的支持，但指出要谨慎开展商业化。〔2〕并且中国、墨西哥都是《卡塔赫纳生物安全议定书》成员国，体现了这些国家虽然鼓励转基因的研发，但对转基因作物的政策仍存谨慎。

不过，以这两个国家为代表的发展中国家转基因立法并没有成型。仍以中国为例，不同政府部门对转基因生物态度差别较大，农业部主要负责对进口和国内生产的转基因农作物进行审批，同时也负责编制转基因相关政策法规。而环保部是国内谨慎对待转基因的代表机构。早在 1993 年 12 月，原国家科委（现科技部）就颁布了《生物基因工程安全管理办法》，对基因工程的实验室安全操作和风险管理做出了规定。随后在 1996 年，农业部也颁布了《农业生物基因工程安全管理实施办法》。

---

〔1〕 R. Falkner and A. Gupta, "The Limits of Regulatory Convergence: Globalization and GMO Politics in the South", *International Environmental Agreements: Politics, Law and Economics*, 2009, 9 (2), pp. 113 ~ 133.

〔2〕 中共中央文献研究室：《十八大以来重要文献选编》，中央文献出版社 2014 年版，第 658 页。2013 年 12 月 23 日，习近平在中央农村工作会议上的讲话中谈道："我强调两点：一是确保安全，二是要自主创新。也就是说，在研究上要大胆，在推广上要慎重。转基因农作物产业化、商业化推广，要严格按照国家制定的技术规程规范进行，稳打稳扎，确保不出闪失，涉及安全的因素都要考虑到。要大胆创新研究，占领转基因技术制高点，不能把转基因农产品市场都让外国大公司占领了。"

为了确保生态环境安全和健康，有效管理日益增多的农业转基因生物的研究和环境释放，2001 年 5 月，国务院颁布了《农业转基因生物安全管理条例》。为了实施该条例，2001 年农业部发布了与该条例配套的三个管理办法，即《农业转基因生物安全评价管理办法》《农业转基因生物标识管理办法》和《农业转基因生物进口安全管理办法》，要求对转基因食品增加风险评估、安全管理和食品标注。

环保部之所以持谨慎态度，部分与其也承担《卡塔赫纳生物安全议定书》的谈判角色有关。该机构一直希望出台完善的生态立法，对转基因作物形成应急管理系统，但目前尚未成形。

而 2015 年 10 月开始实施的《食品安全法》正式规范了转基因产品标识，取代现有的相关条例。食品安全法草案规定生产者若不能正确标识转基因产品将受到处罚。除了标识规定外，中国近期还开始采取措施防止误导性标识。2014 年 9 月 28 日，中国中央电视台向广告机构发出通知，在农业部与工商局会商讨论转基因产品误导性标识之后，工商局将加强涉及转基因和非转基因产品广告的管理。新规定要求，对我国没有批准商业化转基因的作物（如水稻、花生），禁止使用“非转基因”的宣传。而对于有商业化转基因的作物，商家必须提供充分的非转基因证明来宣传该产品为“非转基因”。此外，规定禁止在广告中宣称非转基因食品比转基因食品“更健康”或“更安全”。

因此，政府在转基因产业上存在一些看似矛盾的举动：延缓乃至阻碍外国转基因产品的审批、阻碍中国自主研发的转基因玉米和水稻商业化、大力支持转基因基础研究和种子公司。本质上是在欧美两种转基因立法博弈中不断寻求自我立场，在限制国外竞争的理念下扶持中国本土转基因产业的发展，在谨慎中逐步放松对转基因的规定。

第二章 事先知情协议程序的确立溯源

第一节 事先知情协议程序在国际立法中的确立

一、缘起《生物多样性公约》

从20世纪80年代中期开始，生物安全问题引起了国际社会的广泛注意。1985年由联合国环境规划署（UNEP）、世界卫生组织（WHO）以及联合国粮农组织（FAO）等国际组织联合设立了一个非正式的生物技术安全的特设工作小组，开始讨论生物安全问题。1992年6月3日至4日在巴西里约热内卢召开的联合国环境与发展大会，第一次在国际范围内讨论了生物技术的安全使用和管理。大会签署的《生物多样性公约》将生物安全纳入法律规制范畴，为《生物安全议定书》的签署奠定了基础。〔1〕

《生物多样性公约》首次通过国际法的途径来调整生物多样性的保护和利用、生物技术安全利用和转让以及生物技术惠益分享等问题。由于《生物多样性公约》的立法目的就是要保护自然界物种的多样性，因此其假定的前提就是改性活生物体在释放到自然环境中时可能对环境产生不利影响，需要各国合作

〔1〕 林灿铃：《国际环境法》，人民出版社2011年版，第357～358页。

进行管理或控制。[1]

但是前文已经介绍，对于改性活生物体对生物多样性和人类健康的影响并不明确，各国科学界争论不休，态度差异极大。因此，作为框架性的《生物多样性公约》能把生物安全纳入法律管制领域就已经是一个巨大的进步了，至于如何管理当时还根本无法达成一致。所以，在公约条文中要求缔约国应考虑是否需要制定一项议定书，规定适当的程序，特别包括事先知情协议（AIA)，适用于可能对生物多样性的保护和持续利用产生不利影响的由生物技术改变的任何活生物体的安全转让、处理和使用。[2]

事先知情协议程序从一开始就是谈判的中心内容之一。《生物多样性公约》谈判的末期，针对改性活生物体将要拟定的议定书的主要内容就被认定为是事先知情协议程序，这在其第19条[3]中得到了确认。在《生物多样性公约》中引入"事先知情协议"程序这一表述在当时还是一个十分模糊的概念。谈判者们只知道它与某种类型的决定程序相关，但是没有人确切地知道这一程序将会如何得以具体化。[4]由于事先知情协议程序受到了如此的重视，一些生物技术较先进的发达国家担心这会导致让所有的生物技术产品受到国际性的事先授权型的强制管制，所以该公约的缔约方对生物安全的谈判很难达成一致。这

〔1〕《生物多样性公约》第8条g款。

〔2〕《生物多样性公约》第19条第3款。

〔3〕《生物多样性公约》第19条：缔约国应考虑是否需要一项议定书，规定适当程序，特别包括事先知情协议，适用于可能对生物多样性的保护和持续利用产生不利影响的由生物技术改变的任何活生物体的安全转让、处理和使用，并考虑该议定书的形式。

〔4〕 Christoph Bail, Robert Falkner and Helen Marquard, *The Cartagena Protocol on Biosafty—Reconciling Trade in Biotechnology with Environment and Development*? Earthscan Publications Ltd, London, October 2001, p. 300.

一艰巨的谈判任务只能推延，1995 年第二次缔约方大会决定建立生物安全特别工作组（BSWG），以拟定《生物安全议定书（草案）》，并指出在该草案中必须规定合理的事先知情协议程序。这也符合国际环境条约在不同国家集团观点差异较大时，采取求同存异的态度，按照“框架公约—议定书—附件”的模式来逐步化解分歧。

此处需要注意的一个问题是，在《生物多样性公约》中的第 15 条涉及遗传资源的取得内容时，规定遗传资源的取得须经提供这种资源的缔约国事先知情同意（Prior Informed Consent，PIC）。[1] 这时稍作考虑，就会发现不论是 AIA 还是 PIC，强调的都是在获取基因或者跨越国界运输改性活生物体时，都要让对方事先知晓。二者在理念设置上具有很多类似之处。那么在《生物多样性公约》谈判的时候，为何规定遗传资源的取得时使用事先知情同意程序（PIC），而涉及改性活生物体的转让处理和使用的时候，却采用了一个新的表述“事先知情协议”程序（AIA）呢？而且只要对 PIC 的历史稍稍往前追溯，就会发现以前在危险废物、农药化学品转移的国际公约中，都出现过 PIC 的身影。适用广泛的 PIC 为何没有在《生物多样性公约》规制改性活生物体时被直接引入呢？要对这些问题进行解答，就需

〔1〕 遗传资源获取需要设立事先知情同意的背景如下：利用生物技术特别是生物基因工程技术有目的地改良特定生物的性状与品质，往往需要借助对其他物种的研究，而这种有价值的物种可能位于一些生物资源丰富的发展中国家境内。这种生物遗传资源分布差异以及生物技术发展差别，使得一些生物遗传资源并不丰富，但生物技术发达的国家通过窃取他国生物遗传资源，在经过其生物技术加工后，开发出新的药品或作物品种，再申请专利保护，并将成果以专利技术和专利产品的形式高价向遗传资源来源国进行兜售，获取高额利润。出于公平考虑，《生物多样性公约》设立了遗传资源的获取和惠益分享机制，而 PIC 就是获取遗传资源时的前置程序。具体案例参见薛达元主编：《遗传资源及相关传统知识获取与惠益分享案例研究》，中国环境出版社 2014 年版。

要了解二者的设立背景以及具体适用的差异。

二、事先知情协议程序在《生物安全议定书》中的具体化

（一）谈判历程：国家集团的分化组合

《生物多样性公约》只是规定了把转基因生物安全纳入国际法规制框架的基调，并提出了事先知情协议程序，可是其内涵是什么、具体如何实施知情同意都是未决问题。因此，生物安全特别工作组（BSWG）举行了第一次和第二次会议后才逐渐明确事先知情协议程序包括通知和决定这两个程序，其后才将比较详尽的提案放上谈判桌面。

之所以初步确定事先知情协议程序需要进行通知和决定，部分原因在于发展中国家在20世纪80年代到90年代成了发达国家的有毒废物和危险化学品的倾倒地。为了应对有毒物品的贸易，国际社会最后达成一致，决定采用事先知情同意的方式。这种惨痛的教训和对发达国家深刻的提防心理，带来了《生物安全议定书》在事先知情协议的拟定过程中参考了事先知情同意程序。在生物安全的国际立法上没有直接采用事先知情同意程序的表述，主要是担心人们混淆改性活生物体的潜在性危险和化学品废物的已知危险。[1]

在确定了事先知情协议程序的基本构成后，接下来需要谈判的就是到底什么改性活生物体需要履行这一程序，以及由谁发出通知、通知什么机构、怎么进行决定等。发展中国家要求《生物安全议定书》中必须要包含事先“需知（need to know）”条款，以使得进口国家对拟进口的改性活生物体做出全面衡量，

---

〔1〕 Christoph Bail, Robert Falkner and Helen Marquard, *The Cartagena Protocol on Biosafty—Reconciling Trade in Biotechnology with Environment and Development?*, Earthscan Publications Ltd, London, October 2001, p. 299.

例如进行适当的风险评估。这一要求后来反映到《生物安全议定书》中就成了出口方通知、风险评估以及决定等重要内容。

由于预计到所面临的困难，生物安全特别工作组（BSWG）在1996到1999年之间举行了6次会议。[1]

在谈判开始阶段，对于事先知情协议程序的适用，谈判参与方的观点差别十分大。一方面，从后来形成“类似观点集团”的一些国家的角度来看，事先知情协议程序应当包括所有改性活生物体的利用和处理，包括研究、密闭使用、越境转移和转让，甚至还提出包括所有来自改性活生物体的衍生物。这反映了生物技术不发达国家内心的忧虑以及对自身检测能力的自知，希望把事先通知的范围建立得越大越好。另一方面，后来形成“迈阿密集团”的一些国家开始反对制定事先知情协议程序，然后退让了一些，认为事先知情协议程序的适用必须基于科学原则，即用于会对生物多样性的保存造成直接不利影响的改性活生物体的越境转移。[2]

科学和预防的争议导致了谈判集团的两极分化：一些集团想要将协议建立在预防原则的基础上，而另一些集团则要求规则的基础是科学知识的证明。这两种意见的代表主要是“类似观点集团”和“迈阿密集团”。“迈阿密集团”是由少数几个转基因生物的主要出口国组成的，包括澳大利亚、阿根廷、加拿

〔1〕 Christoph Bail, Robert Falkner and Helen Marquard, *The Cartagena Protocol on Biosafty—Reconciling Trade in Biotechnology with Environment and Development*?, Earthscan Publications Ltd, London, October 2001, p. 300.

〔2〕 这种思路在国际法谈判中并不陌生，例如，其在各国谈判领海宽度时就有所体现。美、英、日等发达国家凭借经济、军事实力，主张窄领海宽度为3海里，即主权区域越窄，剩余的可自由航行的区域就越大；而发展中国家虽然认识到自身监管能力非常有限，但从发展角度考虑为了将来更好地保护自己领海主权及国土安全，掌握主动权，仍然主张宽领海，即至少12海里。

大、智利、乌拉圭以及美国。他们不愿让《生物安全议定书》影响其产品出口。因此，这一集团拒绝接受任何以环境保护作为借口实施贸易保护的方法。他们力图限制预防原则的适用以及在决策制定过程中考虑社会经济因素，而是强调将风险评估以及科学证据作为决定基础。而与之相对的类似观点集团是最大的谈判集团，由绝大多数发展中国家组成。他们对改性活生物体的国际贸易流向持怀疑态度，因而要求《生物安全议议定书》纳入社会经济因素以及预防原则。[1]

尽管存在以上矛盾，谈判方于2000年1月29日召开的缔约方大会上通过了《卡塔赫纳生物安全议定书》，且该议定书于2003年9月11日生效。该议定书从简入繁，首先解决了事先知情协议程序适用范围、预防原则适用性等问题，但将余下的一些诸如责任以及赔偿等引起激烈的争议的条款留待以后再进行完善。

(二) 范围限定：从转基因生物到改性活生物体越境转移

前文已经提及，在《生物多样性公约》和《生物安全议定书》中采用了一个新的法律概念，即“改性活生物体”，以区别于通常见到的转基因生物。例如很多国家将玉米粉列为转基因生物[2]，而事实上玉米粉已经不具有逸散到自然中的活性，因而不属于改性活生物体。而只有转基因玉米种子才是《生物多

〔1〕 Christoph Bail, Robert Falkner and Helen Marquard, *The Cartagena Protocol on Biosafty—Reconciling Trade in Biotechnology with Environment and Development*?, Earthscan Publications Ltd, London, October 2001, p. 306.

〔2〕 例如2002年我国发布的《农业转基因生物标识管理办法》附件“第一批实施标识管理的农业转基因生物目录”规定：“以下均属于农业转基因生物：一、大豆种子、大豆、大豆粉、大豆油、豆粕；二、玉米种子、玉米、玉米油、玉米粉(含税号为11022000、11031300、11042300的玉米粉)；三、油菜种子、油菜籽、油菜籽油、油菜籽粕；四、棉花种子；五、番茄种子、鲜番茄、番茄酱。”

样性公约》及《生物安全议定书》中所界定的改性活生物体。这是公约谈判的第一场拉锯战，因为转基因技术的推广方希望限定的种类越少越好，这样转基因产品出口的手续将更便利。而对于不掌握基因技术的发展中国家来说，由于对转基因产品难以有效识别和监管，所以希望公约能将更大范围的转基因产品囊括进来，让出口国履行事先通知的义务，以决定是否进口。这也是“改性活生物体”出台的背景所在。

改性活生物体与转基因生物从范围和数量上相比较，改性活生物体只是转基因生物中很少的一部分，在《生物安全议定书》做出除外性规定后，改性活生物体在全部转基因产品中所占据的比例又减少了许多。有人认为改性活生物体的范围过窄，不利于实现《生物安全议定书》的目的。不过，应当强调的是，支持扩大事先知情协议程序的适用范围的国家还是为数不少，但由于《生物安全议定书》还处于初始阶段，从实践来看，如果改性活生物体的范围过宽，能力有限的发展中国家缔约方也无法将其调查检测等内容落实。从长远的情况来看，在取得足够的技术及资金支持的基础上，是可以扩大事先知情协议程序的适用范围的。

在改性活生物体领域，如同个人可以自主选择是否食用其产品一样，国家在主权下亦可以自主选择是否在国内支持改性活生物体的研究和种植。这就可以解释为什么只有当改性活生物体发生越境转移的时候才需要借助国际立法来予以管制了。那么，看似简单的“越境转移”又存在哪些值得关注的点呢？

首先，是关于“境”的基本概念。在国际法中，越境转移对应着英文的“transboundary movement”，这一英文表述在不同文件中主要有“越境”和“跨界”两种表述，在诸如《控制危险废物越境转移及处置巴塞尔公约》（Convention on the Control of Transboundary Movements of Hazardous Wastes and Their Disposal，以下简称《巴塞尔公约》）和《生物安全议定书》中采用的是“越境”的表述，而在国际法委员会的相关文件[1]中采用的是“跨界”的表述。不论是“境”还是“界”，领土边界都是其应有之义，但是除此之外，管辖和控制的“界”也包括在内。穿越管辖或控制的“界”，也会产生一定的法律后果。例如，在领海之外，毗连区就拥有管辖的“界”，可以卫生和海关等事项为由对船舶进行检查；甚至一些非法对他国领土的实际控制行为也可以成为承担责任的基础。[2]因此，这里的“境”指的是一个国家领土、管辖和控制的范围。

其次，是“何者”的边境和边界，这直接关系到要不要把《生物安全议定书》的非缔约方纳入的问题。1998 年在生物安全问题不限成员名额特设工作组第四次会议上，以下问题得到了讨论：①如果改性活生物体越境了，但是目的地是南极等不属于任何国家管辖范围的区域，《生物安全议定书》不适用，即越境转移不包括转移至处于国家管辖控制范围之外的全球公域的情况。②当改性活生物体越境时，必然涉及进出口两方或多方当事人（经第三国过境时即为多方当事人）。对进出口及过境缔约方当事人来说，《生物安全议定书》的适用没有疑义。但一方为非缔约当事人时，《生物安全议定书》则无能为力，只能强调为实现公约目的，各缔约方可与非缔约方订立关于此种越境转移的双边、区域和多边协定。但是如果缔约方境内发生一些特殊事件（比如改性活生物体野外试验、封闭设施意外泄露等，

[1] 国际法委员会“国际法不加禁止行为产生损害性后果的国际责任”专题（international liability for injurious consequence arising out of acts not prohibited by international law）中通用“跨界”表述。

[2] 国际法院“纳米比亚案”，UN Doc. A/CN. 4/487，para. 104.

这意味着该生物体可能未经释放缔约方或者可能受影响国家的任何风险评估），导致本国内的改性活生物体释放并发生无意的越境转移，并可能对其他国家的生物多样性造成影响，则应当通知受影响国，即使该国为非缔约方。〔1〕

行文至此，关于“无意的越境转移”的规定实质上带来了《生物安全议定书》实施过程中第一个较大的漏洞。因为，即使在某缔约方境内发生了导致改性活生物体发生越境转移的事件，但是会不会对其他国家的生物多样性和人身健康造成影响，判断权是在该国手上，该国认为有影响，才会实施下一步通知。那么，如果该国认为没有什么影响呢？尤其是在科学界对改性活生物体对环境和健康的影响还存在非常大分歧的情况下，释放国出于息事宁人的考虑，很少有动力去周知各方改性活生物体越境的事实。

这一点在实践中也得到了证实。据转基因污染登记处显示，自2005年数据库建立以来，共出现了396次已知的污染事件和非法释放。转基因污染登记处由英国基因观察和绿色和平组织管理，主要记录公共报道中出现的转基因污染事件。在2013年，亚洲、非洲、欧洲和美洲出现了26起有记录的转基因污染事件，这之间就有出现许多未经审核的改性活生物体的身影。〔2〕并且在发展中国家和发达国家中有记录的意外越境扩散事件数量存在明显差异——在发达国家中出现了更多的改性活生物体的意外越境扩散事故。当然，我们很难得出“发展中国家发生的意外扩散事件少”这样的结论，这很可能是发展中国家的监督管理体制比较不完善，即便有这样的事件也没有进入公共报

〔1〕《生物安全议定书》第17条。

〔2〕转基因污染登记处：http://www.gmcontaminationregister.org，访问日期：2015年12月15日。

道的视野。所以无论如何这种“无意的越境转移”都是值得警惕的。

虽然转基因污染登记处有大量的越境扩散事件记录，但来自生物多样性秘书处（UNEP/CBD/BS/COP - MOP/6/12）2012年的记录显示，只有4个缔约方报道了辖区内的LMOs的意外越境转移事件，而还有2个缔约方只报道了辖区内可能存在LMOs的越境转移，但不能确定。此外，只有少数缔约方（9个）曾报道过接收到类似的通知，辖区内可能出现LMOs的越境转移，但大部分（133个）表示在其他国家有相关报道时他们都未曾收到类似的通知。在这9个缔约方中，有8个开展了进一步的行动，其中有两个报告中提到他们通知了每个受影响或可能受到影响的国家，而且还适当地向相关国际组织提交了LMOs的释放情况。但其它缔约方中6个明确说已方没有发出任何通知。此外，还有1个在收到消息后立即与可能或已经受到影响的国家做了沟通，以便采取适当的应对。也有其他缔约方说有些事件已经处理完毕，也依旧有6个缔约方没有协商出任何结果。

很明显的是，在意外越境扩散的知情方和应收到通知的可能的受影响方存在信息上的脱节现象。这有可能是扩散源来自其他非议定书缔约方，若是扩散源出现在议定书缔约方辖区内，那么就可以说明某些缔约国没有履行好应尽通知与协商义务。

因此为推进《生物安全议定书》第17条的执行，应该鼓励、督促和支持各方采取适当的措施通告可能的受到LMOs越境扩散影响的缔约方。若未接到通知，相关信息也可以从传媒或非政府组织处获得，还可以采取必要的行动以援助可能受影响的国家对LMOs的扩散情况的监测和处理。

（三）事先知情协议程序的内涵

在解决了《卡塔赫纳生物安全议定书》适用于改性活生物

体越境转移的情形，并对什么是改性活生物体以及何种情况下属于越境二者界定清楚以后，接下来要探讨的就是缔约国到底应该怎样做，才能有效监控改性活生物体呢？《生物安全议定书》最重要的内容之一是对事先知情协议程序的规定，即出口改性活生物体时必须得到进口国家的事先知情同意，进口国家可以为了避免或尽量降低改性活生物体对生物多样性和人类健康的危害，设置进口改性活生物体的限制条件，或者在缺少科学的评估而不能确定改性活生物体潜在的负面影响时拒绝进口。这是一份控制和管理改性活生物体越境转移的国际法律文件，在讨论改性活生物体所带来的健康及环境风险的文字之下，反映了对转基因态度不同的国家派别的力量对比关系。

《生物安全议定书》根据改性活生物体的性质和用途的不同，拟越境转移的改性活生物体可以分为以下两种情况：一是"拟有意向进口缔约方的环境中引入改性活生物体的首次有意越境转移"〔1〕；二是"拟直接用作食物和饲料或用于加工的改性活生物体首次越境转移"〔2〕。由于后者不会引入自然环境，在越境转移的过程中以及其后的使用过程中，对生物多样性造成破坏的可能性比较小，适用的是简化程序。所以，严格意义上的事先知情协议程序的适用是指前一种情况。另外，《生物安全议定书》在做出一般性规定后，还排除了不适用于事先知情协议程序的改性活生物体，包括：药物、过境和封闭使用以及缔约方大会认定的不太可能对生物多样性的保护和可持续使用产生不利影响的改性活生物体的越境转移。〔3〕图 3 列出了这些程序。

---

〔1〕《生物安全议定书》第 7 条第 1 款。

〔2〕《生物安全议定书》第 7 条第 3 款。

〔3〕参见《生物安全议定书》第 5、6 条。

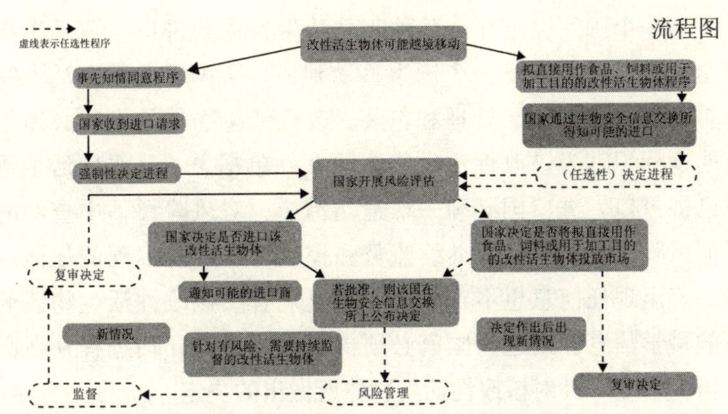

图3　《议定书》规定的内容流程图

来源："《卡塔赫纳生物安全议定书》——减轻现代生物技术的环境风险"，载 www. cbd. int/biosafety.

因此，既然要讨论事先知情协议程序，就需要选择"拟有意向进口缔约方的环境中引入改性活生物体的首次有意越境转移"这种情形，而不是第二种简化程序，这样才能从比较全面的视角对其设置的科学性及存在的漏洞进行剖析。根据事先知情协议程序的要求，有意出口改性活生物体的国家或者出口者在首次发货之前得到可能的进口国的同意。在决定进口改性活生物体之前，进口国须以科学上站得住脚并且透明的方式评估其潜在的风险。

根据风险评估的结果，一个国家可决定进口或不进口某一具体的改性活生物体。当一个国家对于一种改性活生物体对环境的潜在不利影响无法确定时，可依据预防性做法，决定不进口该改性活生物体。此外，在决定是否允许一种改性活生物体进口时，一个国家还可以考虑该改性活生物体可能造成的社会经济方面的影响。各国在有关改性活生物体的决策进程中须与公众磋商。

当一个国家决定允许某种改性活生物体的进口，则《生物安全议定书》要求从一个国家移动到另一个国家的改性活生物体得到安全的运输、处理和包装。改性活生物体的发货必须附有明确标识其为该改性活生物体的文件单据。一旦改性活生物体已被进口，进口国必须采取适当措施，对风险评估中查明的任何风险进行管理，并继续监督和控制将来可能出现的任何风险。若出现任何意想不到的效应或出现有关该改性活生物体的新的科学信息，则这些国家必须再次开展风险评估进程并在必要情况下复审针对该改性活生物体所做出的决定。

当决定进口时，除了在进口国国内采取上述措施外，还须将其决定以及风险评估的摘要通报给生物安全信息交换所（《生物安全议定书》建立的国际信息交换平台）。除这些决定外，生物安全信息交换所还便于各方免费获取一些重要信息，如各国生物安全法律、经批准的改性活生物体登记库及科学文献。

以上关于事先知情协议程序的规定内容似乎并不繁杂，但存在诸多问题值得深思。比如在国际立法层面上，国家本来是权利义务的承担者，为何《生物安全议定书》条文中都要纳入出口者和进口者这样的主体？改性活生物体进入进口国的风险评估到底由谁来做比较合适，如果让出口方做评估，结论基本会倾向于没有风险，反过来如果让进口国做评估，很多发展中国家连转基因技术研发能力都不具备，又何谈风险评估呢？设置生物安全信息交换所，仅仅是为了交换进口国决定信息吗？在下文对事先知情协议程序的进一步分析中笔者将试图解答这些问题。

第二节　事先知情协议程序与事先知情同意程序的辨析

之所以单列“事先知情协议程序（AIA）与事先知情同意

程序（PIC）的辨析”这一部分，是因为国际文件谈判中采用的是英文，中文翻译后并没有统一的规范，在国内相当多的研究资料中对二者不进行区分，造成了混淆使用的局面。因此，本书首先将对两种不同的机制进行比较分析，明确其含义和适用范围。这种区别直接决定了具体法律机制设计上的差异。

一、事先知情同意程序（PIC）的产生及适用

国际环境法中的很多机制并不是凭空产生的，国际法和国内部门法虽然分属不同的法学学科，从不同的角度来研究法律现象，但二者之间经常互通有无，在机制建设上相互借鉴。“事先知情同意”最初就是产生于国内法上关于医患之间医生就医疗风险对患者予以告知，由患者决定同意采取特定的治疗措施这一领域。后来把这种“告知+决定”的模式运用到环境保护国际立法中，涉及危险废物、农药化学品越境转移、生物遗传资源惠益分享等多个领域。

后来，在改性活生物体越境转移立法过程中，也参考了事先知情同意程序。那么，各个使用事先知情同意程序的公约，到底采取了哪些不同的方式来实施呢？我们可以从《巴塞尔公约》《鹿特丹公约》以及《生物多样性公约》中进行总结。

（一）《巴塞尔公约》中的事先知情同意程序

事先知情同意程序在20世纪80年代从国内法引入国际环境法领域，其适用的典型例子就是管控危险废物越境转移的《巴塞尔公约》。[1]

20世纪70年代至80年代，工业化世界危险废物的产生日

[1] 1986年，在美国和加拿大签署的《关于危险废物越境转移的合作协定》以及美国和墨西哥签署的《关于危险废物和危险物质越境运输的合作协定》中，也引入了事先知情同意程序。

渐增多。以美国为例，当时危险废物基本都是在其国内进行填埋处理的。自1980年“拉夫运河事件”和1982年“沃伦抗议”爆发后，危险废物的处置以及对周边居民的影响进入了公众视野，环境正义运动走向高潮。1987年本杰明·查韦斯及查尔斯·李公布了一份《美国的有毒废物与种族：关于有害废物处理点所在社区的种族和社会经济性质的报告》。该报告通过大量调查数据表明，美国国内有害废物处置点大多都设立在黑人和拉美裔社区，并且多数公众对这种选址倾向并不知情。[1]这一调查引起众怒，随后“邻避运动（Not In My Back Yard，NIMBY，不许建在我家后院）综合征”爆发，各地公众强烈抗议在自己周边处理危险废物，国内处置费用和难度急剧上升，这就给政府和企业带来了极大困扰。出路去哪里寻找呢？于是，危险废物处理开始形成国际市场，东欧、非洲、亚洲等发展中国家存在的环境意识落后、缺乏废物条例和执行能力的漏洞为废物的国际转移提供了机会。尤其是非洲很多国家政局腐败，由于贫穷和政治动荡，有些政府或者团体以接受危险废物作为条件换取金钱、武器和满足其他需求。[2]于是，危险废物大量转移到这些地区，并在当地引发了多起居民急性中毒、生命健康受损的案例。[3]《巴塞尔公约》在1992年生效，其主旨就是对抗当时所谓的“毒性贸易”。那么，对发展中国家来说，该公约形成了

---

〔1〕 徐再荣：《20世纪美国环保运动与环境政策研究》，中国社会科学出版社2013年版，第275页。

〔2〕 Andrew Webster－Main，“Keeping Africa out of the Global Backyard：A Comparative Study of the Basel and Bamako Convention”，*Environmental Law & Policy Journal*，vol. 26（2002），p. 81.

〔3〕 例如1988年6月，非洲的尼日利亚科科港发生了有害废物非法进口导致多人中毒死亡的事件。2006年科特迪瓦有毒废弃物事件，总部设在英国的石油商查菲古拉公司，2006年向非洲象牙海岸倾倒了大量有毒废物，科特迪瓦受害人数超过3万人，该事件甚至引发了科特迪瓦国内政治动荡。

一块有效阻挡危险废物的盾牌了吗？无奈的是，这块盾牌上自带的几个重大漏洞直接削弱了其保护功能，所有国际公约的谈判和签订背后都反映着国际力量的对比和角逐。

（1）如果真是决意要解决危险废物越境，那么禁止一切形式的危险废物越境转移是较为彻底的做法，这也是最开始谈判时一些发展中国家的主张。但是，如果采取这种做法，《巴塞尔公约》的命运便很可能跟《〈巴塞尔公约〉缔约方会议第三次会议通过的第 III/1 号决定对〈巴塞尔公约〉的修正》〔1〕一样，至今都无法生效。

（2）无法做到全面禁止，那么就退而求其次，能否做到尽量减少危险废物的越境转移呢？那么，这就需要谈判危险废物的界定和转移条件了。跟改性活生物体越境转移的谈判一样，《巴塞尔公约》如果能将更多的有毒、有害、易爆的物质列入危险废物进行规制，将转移条件设置得越严格，对发展中国家应该越有利。

第一，首先来看“危险废物”的界定。《巴塞尔公约》界定的危险废物包括两个层面：一是国际公约层面，通过附件一、二、三、四、八和九对危险废物进行列表予以明确，即“危险废物名录”；二是国内法上的界定，《巴塞尔公约》第 3 条规定只要国家立法视为或确定为危险废物的都是属于公约范围内的危险废物。很多废弃物都有一个共同特征，就是一方面其具有毒性、易燃易爆性、腐蚀性等，但另一方面其又可以成为资源，从中提取有价值的物质。所以在《巴塞尔公约》谈判时，第一个难题就是对于一些具有价值但又损害环境的物质，是否纳入

〔1〕 修正案禁止发达国家以最终处置为目的向发展中国家出口危险废料，并规定发达国家在 1997 年年底以前停止向发展中国家出口用于回收利用的危险废料。

调整范围呢？比如废船舶、电子废弃物[1]等。《巴塞尔公约》并没有将其纳入管控范围。但是，随着电子商品在全球的普及和更新换代的加速，电子废弃物高速增加，目前诸如非洲加纳的阿博布罗西（Agbogbloshie）、中国广东贵屿等地已经成为全球有名的电子垃圾重灾区。[2] 在这些地区仍然是用原始手工拆解、焚烧处理等方式，清除塑料，获取少量可以回收和出售的金属。而电子废弃物中泄漏有毒元素，如铅和汞等，使得这些地区的土壤、水源污染越来越严重。

第二，即使是被列入《巴塞尔公约》危险废物名录的物质，也不是禁止进出口。为了废物“循环和处置”目的，只要符合事先知情同意程序，依然可以转移。国家有义务采取适当的措施以“无害环境的”方式对危险废物的运输和处置进行管理。这里有两点值得注意。一是“循环和处置”目的，很多危险废物可以在这一合法外衣的包装下进行转移；二是转以后要以“无害环境的方式”进行处理，《巴塞尔公约》只是采用了这一模糊表述，这需要根据本国标准来进行判断，不同国家之间对环境重视程度的差别直接决定了处理方式和处理成本的差异。

第三，《巴塞尔公约》实施的是事先知情同意程序。《巴塞尔公约》允许危险废物的越境转移，但要求必须根据公约规定的事先知情同意程序进行。①出口国应通过出口国主管当局的

---

〔1〕 结果就是，随着人民挖掘这些废弃产品中值钱的金属“内脏”（包括金、银、铜）发展而来的是电子废弃物产业。但是那些有毒物质，例如溴化阻燃剂和电路板中、电池和其他组成部分中的铅和腐蚀性酸，以及用来销毁旧电器所用的燃烧方法，对依靠电子废弃物产业而生活的群体造成了严重的环境和健康风险。

〔2〕 Jay Akbar, “Where Your Computer Goes to Die: Shocking Pictures of the Toxic Electronic Graveyards in Africa Where the West Dumps its Old PCs, Laptops, Microwaves, Fridges and Phones”, http://www.dailymail.co.uk/news/article-3049457/Where-computer-goes-die-Shocking-pictures-toxic-electronic-graveyards-Africa-West-dumps-old-PCs-laptops-microwaves-fridges-phones.html.

渠道以书面通知或要求产生者或出口者通知有关国家的主管当局。[1] 此处，通知的主体有出口国主管当局、产生者或出口者几种。②过境国和进口国有很多选择权：它可以接受该装运，也可以拒绝，还可以要求更多的资料信息，或者附加规定的条件的接受。③出口国在收到过境国的书面同意之前，应当不准许开始进行越境转移。在任何情况下，出口国在得到同意并在处置合同中提供了此类废物的“无害环境管理”之前，不得装运此类废物。

第四，非常重要的一点就是《巴塞尔公约》规定的非法运输控制及“再进口责任”。[2] 前文已经提及，危险废物国际运输之所以有强劲动力，甚至有愈演愈烈的趋势，是因为从出口国的立场而言，其国内经历已经一再揭示了危险废物在国内转移所导致的民怨沸腾和高成本善后的结局。如果《巴塞尔公约》没有对非法运输的作为作出规定，出口国将更愿意对非法出口行为采取睁一只眼闭一只眼的态度。因此，《巴塞尔公约》将危险废物的非法运输列为国际犯罪行为，1992 年国际刑警组织也采取了相同做法，同时出口国应确保废物出口者或者产生者将废物运回出口国。

(3) 如果违反了事先知情同意程序的规定，会引起什么样的国际责任呢?《责任与赔偿议定书》对这个问题进行了解答。[3] 虽然该议定书至今仍未生效，但为我们深入了解改性活生物体越境转移的责任机制的设置提供了对比性思路。

为简便起见，笔者在此对危险废物越境转移的责任列表进行分析。

---

〔1〕《巴塞尔公约》第 6 条“缔约国之间的越境转移”。

〔2〕《巴塞尔公约》第 8 条，第 9 条第 2 ~4 款。

〔3〕 对《责任与赔偿议定书》的具体分析参见陈维春：《危险废物越境转移法律制度研究》，中国政法大学出版社 2013 年版，第 260 页。

表 5 《责任与赔偿议定书》的相关规定

<table>
<tr><td colspan="3">民事赔偿责任</td><td>国家责任</td></tr>
<tr><td></td><td>严格责任</td><td>过失责任</td><td></td></tr>
<tr><td>责任界定</td><td>发出通知者应对损害负赔偿责任，直至处置者接管有关危险废物或其他废物时为止。其后处置者应对损害负赔偿责任。</td><td>任何因其未能遵守《巴塞尔公约》的有关规定或因其有意、疏忽或轻率的不当行为或不作为而造成或促成损害者，应对此种损害负赔偿责任。</td><td rowspan="7">《巴塞尔公约》本身没有关于国家责任的具体条款，但其规定的事先通知义务可以由出口国主管机关或者出口者进行，当事先通知义务落在主管机关头上而其没有履行时，就将导致国家责任。《责任和赔偿议定书》也强调了不影响各缔约方根据一般国际法中有关国家责任方面的规则所享有的权利。</td></tr>
<tr><td>损害</td><td colspan="2">(1) 生命丧失或人身伤害；
(2) 财产丧失或损坏；
(3) 直接产生于使用环境而获取的经济利益的收入因环境遭到破坏而告丧失，同时计算可节省的资金和所涉费用；
(4) 为恢复被破坏的环境而实际采取的措施所涉费用；
(5) 预防措施所涉费用，包括此种措施本身所造成的任何损失或损害。</td></tr>
<tr><td>责任主体风险转移</td><td colspan="2">处置者接管时转移</td></tr>
<tr><td>管辖法院</td><td colspan="2">(1) 已遭受损害；或 (2) 已发生事件；或 (3) 被索赔者惯常居所或其主要经营地点的缔约方法院。</td></tr>
<tr><td>责任补充</td><td colspan="2">环境责任保险　环境基金（《巴塞尔公约》信托基金）</td></tr>
<tr><td>诉讼时效</td><td colspan="2">(1) 索赔要求必须自事件发生之日起 10 年内提出，否则不应予以受理。(2) 索赔者已知悉或有理由认为其应已知悉有关损害之日起 5 年之内提出，且不得超过事件发生之日起 10 年，否则不应予以受理。(3) 如果事件系由一系列起源相同的事件构成，则依照本条所确立的时限应自其中最后一次事件的发生日期算起。如果事件为连续发生的事件，则此种时限应自该连续发生事件结束之日算起。</td></tr>
</table>

续表

民事赔偿责任			国家责任
免责情况	(1) 武装冲突、敌对、内战或叛乱行为；(2) 属罕见、不可避免、不可预见和无法抵御性质的自然现象；(3) 完全系因遵守损害发生所在国的国家公共当局的强制性措施；或(4) 完全系因第三者的蓄意不当行为，包括遭受损害者的不当行为。	\	权利和所承担的义务。
赔偿金额上限	有限额	无限额	

《巴塞尔公约》中的事先知情同意程序及责任存在以下一些特点：

(1) 事先通知既可以由国家主管部门做出，也可以由私人实体进行通知，不同的主体因通知不当行为可引起国家责任或者民事赔偿责任；

(2) 在出口前需要所有相关国家的同意（包括出口、进口、过境国等）。“相关性”是根据可能受到废物潜在影响这一因素判定的；[1]

(3) 诸如贸易实体，废物性质，采用的环境无害化技术等相关可得信息保持透明，所有的适格当局能够获得这些信息；

(4) 如果程序没有得到正确实施，或者相关信息不正确，

〔1〕 Zada Lipman, “A Dirty Dilemma the Hazardous Waste Trade”, *Environment*, Vol. 23 (4), Winter 2002.

那么交易就是违法的，如被进口国发现，则导致退运责任；

（5）根据危险废物的危险性明确、可能引发的后果较严重的特点，责任风险转移以交接为节点，且受诉讼时效限制，赔偿仍以人身财产损失和预防恢复措施费用为限，并设置保险和基金对意外情况进行补充赔偿。

（二）《鹿特丹公约》中事先知情同意程序

除了危险废物越境转移可能给进口国带来严重影响外，危险化学品和农药的国际贸易影响同样不容小觑。联合国环境规划署和联合国粮食及农业组织 1998 年在鹿特丹制定了《关于在国际贸易中对某些危险化学品和农药采用事先知情同意程序的鹿特丹公约》（简称《鹿特丹公约》），该公约于 2004 年 2 月 24 日生效。

该公约的核心内容是，在国际贸易中对列入《鹿特丹公约》的化学品和农药采取“事先知情同意程序”，要求各缔约方对公约管制的化学品未来是否同意进口做出决定，并要求各缔约方通报本国因人类健康和环境的原因而禁止或严格限制使用的化学品，在出口这些化学品前要通知进口方，出口时附带相关健康安全和环境的最新数据资料。通过这种手段来保护包括消费者和工人健康在内的人类健康和环境免受国际贸易中某些危险化学品和农药的潜在有害影响。

缔结公约的目标是控制某些危险化学品和农药在国际贸易中可能的健康和环境影响，加强各国在国际贸易中对危险化学品的技术、经济和法律等信息进行交流，促进缔约方在此类化学品的国际贸易中分担责任和开展合作。

1. 关于确定适用事先知情同意程序化学品农药清单的确定和修改

跟《巴塞尔公约》类似，对于哪些物质需要履行事先知情同意程序，《鹿特丹公约》也通过附件的形式列出了清单，只要是在清单中的化学品，在国际贸易过程中就要适用事先知情同意程序。当然，最开始清单不可能对危害较大的化学品一网打尽，这就需要根据实际情况适时变更清单内容。作为出口方的发达国家在本国采取管制行动或者作为农药使用者的发展中国家在使用过程中发现严重问题，都可以引发事先知情同意清单的变更。

《鹿特丹公约》要求每一个缔约方都要以书面方式通知秘书处它所采取的对某一化学品的禁令或者严格限制措施。秘书处再将这种情况通知所有缔约方。当秘书处至少收到两个区域就同一化学品采取最后管制行动的通知时，应该将通知送交化学品审查委员会，并由委员会向缔约方大会建议是否应当将该化学品列入附件以实施事先知情同意程序。[1] 借助这种信息沟通机制，哪些国家认为哪些化学品是危险的以及采取了何种管控措施，对所有缔约方来说都是一目了然的。这样如果一种化学品在一个国家引发危险，就可以在最短时间内周知所有缔约方，采取适当行动应对，降低危险化学品的风险。

2. 对列入附件三的化学品的事先知情同意

事先知情同意程序适用于《鹿特丹公约》附件三的化学品。当决定把某一化学品列入附件三，秘书处必须将附带有所有相关信息的决定指导文件（DGD）发放到各缔约方，以便让各缔约方能够决定是否在将来仍进口该种化学物。在发放决定指导文件后9个月内，缔约方必须通知秘书处它们今后是否接受该化学品的进口。做出的回复应采取以下形式之一：同意进口，不同意进口，或同意在特定条件下的进口三种；或者临时回复，包括：同意在有特定条件或无特定条件的情况下进口或者不同

[1] 《鹿特丹公约》第5条。

意在暂定时期内进口的临时决定；表示正在积极考虑做出最后决定的说明；向秘书处或通知最后管制行动的缔约方提出提供进一步资料的要求；向秘书处提出协助评估该化学品的要求。[1]不论采取何种形式，该种决定都必须是“无差别对待”。也就是说，如果缔约方决定拒绝进口某一化学品或者同意在特定条件下的进口，或者包含过渡措施，这些限制必须同样地适用于任何来源的该种化学品进口以及国内生产。简而言之，就是进口缔约方有针对附件三化学品的进口与否在无歧视前提下做出决定并通知秘书处的义务。

上文的规定只是一般情况，出口缔约方必须采取适当的立法措施或行政管理措施来保障在其管辖范围内的出口者遵守进口缔约方的决定。但是，《鹿特丹公约》还设置了三种例外情况，符合时仍然可以出口：①该化学品在进口时已作为化学品在进口缔约方注册登记；②或有证据表明该化学品以前曾在进口缔约方境内使用过或进口过，且没有采取过任何管制行动予以禁用；③或出口商曾通过进口缔约方的指定国家主管部门要求给予明确同意，且已获得了此种同意。[2]

从以上表述中看，《鹿特丹公约》似乎建立了这样一种规则：除非得到进口国的明示同意，否则不得进行出口，并且仅在三种例外情况下即使没有明示同意也能进行出口。但是在实践中，第 11 条被称为“status quo”（现状）条款，使得危险化学品仍得以转移，除非进口国有效地参与事先知情同意程序才能阻止。[3]

---

〔1〕《鹿特丹公约》第 10 条。

〔2〕《鹿特丹公约》第 11 条第 2 款。

〔3〕 Paula Barrios, “The Rotterdam Convention on Hazardous Chemicals: A Meaningful Step Toward Environmental Protection?”, *Georgetown International Environmental Law Review*, Summer, 2004.

为了阻止危险化学品的出口，进口方必须通过事先知情同意程序对化学品进口做出否定表示。这一要求假定了进口国具有技术能力、足够胜任该项工作的人员，并且配备有足够的实验室能够为其做出拒绝提供的充分基础。为了做出回复，进口国必须能够分析其所收到的数据，以研究该物质对其本身的环境可能造成的影响，并且考虑可行的替代措施。也许更重要的是，不论是过渡性的还是最终的决定，做出决定的国家必须保证其决定符合国际贸易的规定。这样，为了保证其决定不会因违反不歧视原则被诉至国际贸易仲裁庭，进口国必须公开其从不同来源进口的历史，以及是否存在本地生产。由于很多国家不具备这种能力来满足这样的要求，因此它们更倾向于做出过渡性回复允许进口化学品或者干脆不做出决定。[1]

从事先知情同意程序的设置和内容看，《鹿特丹公约》和《巴塞尔公约》一脉相承，非常类似。二者都是针对发展中国家作为危险废物和危险化学品的进口方，极容易处于不利地位而建立的国际法体系。在哪些危险物质需要进行事先通知方面，都采用了清单方式，列入清单的即履行 PIC 程序。但是，两个公约又都给危险物质的越境转移留了空间，《巴塞尔公约》允许为废物循环和处置目的的越境转移，鉴于诸多废物同时兼备危险毒害性和资源性物质可提取性的特征，这一规定极易形成漏洞，使得废物披上“循环”的外衣，在国家之间流转，最终无法得到有效处置。这也是后来在 1995 年缔约方会议上通过修正案全面禁止危险废物转移的原因。《鹿特丹公约》甚至列出了三种例外情形，在进口国实施 PIC 没有明示同意时都能将危险化

〔1〕 Richard W. Emory Jr.，“Trade and the Environment: Probing the Protections in the Rotterdam Convention on Prior Informed Consent”, *Colorado Journal of International Environmental Law and Policy*, 2000 Yearbook.

学品越境转移，不得不说这是国际力量对比的结果。但是，《巴塞尔公约》在责任追究领域多迈进了一步，《责任和赔偿议定书》尽管没有生效，但其谈判过程厘清了很多模糊的问题，为其他国际立法提供了思路和借鉴。

（三）《名古屋议定书》关于遗传资源获取和惠益分享的事先知情同意程序

在《巴塞尔公约》和《鹿特丹公约》中，事先知情同意程序都是试图扮演发展中国家铸造的一扇防守大门的角色，以避免发展中国家成为发达国家危险品的倾销地。而在《生物多样性公约》关于遗传资源获取和惠益分享领域，事先知情同意程序完成了一次角色转换，成了生物多样性丰富的发展中国家获取利益的进攻手段。在了解事先知情同意程序在这一领域的适用之前，先要对《生物多样性公约》和《名古屋议定书》的制定理念进行简要介绍。

以往生物遗传资源的定位是人类共同的遗产（Common Heritage of Mankind），且可以自由获取。但20世纪以来，许多跨国公司和研究机构大力推行生物遗传资源及其知识产权的“海外战略”，到生物多样性丰富但生物技术较为落后的发展中国家实施“生物海盗”行为，获取生物遗传资源，再运用知识产权对研究成果进行保护，以高价返销发展中国家。发展中国家作为遗传资源的提供方未能从中获得任何利益补偿。据统计，世界农业种子市场所有产品都来自遗传资源，制药领域中25%～50%相关产品来自遗传资源。[1] 随着生物技术的进步，这种不公平的现象日益严重，引起了广大发展中国家的重视，要求合法获取和分享惠益的呼声也不断高涨。

---

〔1〕 武建勇等：“从植物遗传资源透视名古屋议定书对中国的影响”，载《生物多样性》2013年第6期。

《生物多样性公约》对以上呼声进行了回应，将公平公正地分享、利用遗传资源所产生的惠益确立为目标之一。从 2000 年设立遗传资源获取与惠益分享（Access and Benefit Sharing, ABS）工作组开始，经过长达十年的艰苦谈判，终于在 2010 年 10 月日本名古屋召开的《生物多样性公约》第 10 次缔约方大会上，审议通过了《生物多样性公约关于遗传资源获取及公平和公正地分享其利用所产生惠益的名古屋议定书》（以下简称《名古屋议定书》），该议定书已于 2014 年 10 月生效。

发展中国家为了能有效参与惠益分享，就必须要解决“应该怎样参与分享”以及“如果不按规定发生资源窃取时如何处理”两个问题。引申出来就是《名古屋议定书》要包括：“事先知情”——获取遗传资源之前；“同意”——前提是就惠益达成分享条件；“遵约”——如违反事先知情同意的处理。

《名古屋议定书》是否平衡了发达国家和发展中国家的诉求，很好地解决了上面的三个问题呢？总体来说，目前只有事先知情同意中的“获取”制定了详细和明确的规则。但是，有关遵约措施的内容还相当模糊、空洞并缺乏细节。

1. 遗传资源的获取

《名古屋议定书》第 6 条 遗传资源的获取

1. 在行使其对其自然资源的主权权利时，并在符合获取和惠益分享国内立法或监管要求的情况下，为了利用而对遗传资源的获取，应经过提供此种资源的缔约方——此种资源的原产国或根据《生物多样性公约》已获得遗传资源的缔约方的事先知情同意，除非该缔约方另有决定。

2. 各缔约方应根据国内法酌情采取措施，以期确保在土著和地方社区对遗传资源拥有准予获取的既定权利的情况下，获取此种遗传资源得到了土著和地方社区的事先知情同意或核准和参与。

3. 根据本条第 1 款，要求事先知情同意的各缔约方，应酌情采取必要的立法、行政或政策措施，以期：

(1) 对本国的获取和惠益分享立法和监管规定的法律上的确定性、明晰性和透明性做出规定；

(2) 规定有关获取遗传资源的公平和非歧视的规则和程序;
(3) 就如何申请事先知情同意提供信息;
(4) 规定国家主管当局应在合理时间内, 以成本效益高的方式做出明确和透明的书面决定;
(5) 规定应在获取时签发获取许可证书或等同文件, 以证明作出了给予事先知情同意的决定和拟定了共同商定条件, 并相应地通告获取和惠益分享信息交换所;
(6) 在适用的情况下并遵照国内立法, 制定标准和(或)程序, 以便在获取遗传资源时获得土著和地方社区的事先知情同意或核准和参与;
(7) 就要求和订立共同商定条件制定明确的规则和程序。这些条件应以书面形式拟定, 除其他情形外, 内容可包括:
(a) 解决争议条款;
(b) 关于惠益分享的条件, 包括涉及知识产权;
(c) 关于嗣后第三方使用的条款 (如果有第三方的话);
(d) 适用情况下关于改变意向的条件。

从《名古屋议定书》以上条款, 尤其是第3款的表述中可以看到, 该议定书把要求制定国内法律作为提供国实施事先知情同意的先决条件。这对发展中国家来说远非一个好消息, 因为它意味着, 如果一国没有特殊的ABS法律或管理条例, 那么没有获得PIC的获取将会是合法的, 资源提供国将不能强制让使用国遵约。而大多数国家都还没有建立起该领域的国内立法, 在国内立法空白期将会纵容和促进遗传资源剽窃。

1992年的《生物多样性公约》并没有要求国家制定要求事先知情同意的任何法律或法规。它仅要求"获取应服从提供资源的合同缔约方的事先知情同意, 除非该缔约方另有决定"。因此,《名古屋议定书》相当于在《生物多样性公约》基础上强加了附加条件。

此外, 这类法律或管理条例必须制定出针对获取的详细的特殊管理办法。提供国国内法律中必须包含的获取条件有如下一些重点值得关注：

（1）《名古屋议定书》要求国内立法要实现法律明确性、清晰性和透明性。“透明性”这一点比较方便实现，可通过将法律和其他条件放在《名古屋议定书》所指定的 ABS 信息交换所的方式满足透明度要求。但是，对其他有关法律明确性和清晰性的总体要求进行客观评估将存在困难。谁可以决定一国的法律是否满足这一条件?《名古屋议定书》没有指定标准，也没有指定机制，因此没有客观的标准去做出评判。

（2）《名古屋议定书》要求就获取提供公正和非歧视的规范和进程。这一条款最初是由加拿大代表在 2009 年于巴黎举行的工作组第七次会议上提出的，提议指出国外获取申请者应与国内申请者享有一样的待遇；并且所有外国申请者应有同样的待遇。看到这样的表述，自然会联想到 WTO 文件中的“国民待遇”及“最惠国待遇”原则。尽管发展中国家从一开始就质疑《名古屋议定书》中这类与贸易相关条款的适当性，以及这一内容是否有损国家对于确定获取条件的主权，但其最终还是在议定书文本中被确立下来。

那么，可以预见，如果使用国认为提供国的法律不符合条件（不公平或有歧视性），那么使用国可以以这种理由违反提供国的法律。双方发生争议后，《名古屋议定书》没有制定额外的争议解决标准，最终难免损及《名古屋议定书》的效果。

（3）有义务在获取的同时颁发许可证。这种许可证将作为一国根据 PIC 授权的证据以及该资源已根据国家立法条件获取的事实。该许可证还应作为国际认证证书的基础。一旦该证书被递交给 ABS 信息交换所，该证书自动成为国际证书。因为将国际证书递交给信息交换所是强制性要求，因此所有国家所颁布的证书都能够转换为国际认证的证书。

（4）有义务为要求和制定共同商定条件制定明确的规则和进程。其中，第三方后续使用以及意图改变使用，这两种情况对遗传资源提供国尤为重要。如果有意图将资源转移至第三方使用国，或者有意改变最初获取的资源使用方式，那么遗传资源提供国有必要确保再次经过事先知情同意程序及共同商定条件予以确认。

2. 遵约

第 15 条　遵守获取和惠益分享的国家立法或监管要求

1. 缔约方应采取适当、有效和适度的立法、行政或政策措施，规定在其管辖范围内利用的遗传资源是按照事先知情同意获取的并订立了共同商定条件，以符合另一缔约方的获取和惠益分享国内立法或监管要求。

2. 缔约方应采取适当、有效和适度的措施，处理不遵守根据本条第 1 款通过的措施的情事。

3. 缔约方应尽可能酌情合作处理被控违反本条第一款所指的获取和惠益分享国内立法或监管要求的情事。

对于发展中国家来说，《名古屋议定书》“核心中的核心”就是要确保遵约。即使《名古屋议定书》规定了再多的要求，如果不能改变长期以来的“生物剽窃”状况，那么惠益分享也不过是镜花水月。在谈判中，发展中国家一致认为需要制定强有力的遵约保障条款，否则便无法接受该议定书。

因此，发展中国家希望《名古屋议定书》中采纳如下内容，以保障资源使用国遵约：①资源使用国在其管辖范围内有义务采取有效措施，以应对遗传资源盗用情况；②制定监测和追踪遗传资源的措施，将缔约方专利局作为检查点，监测和追踪遗传资源、衍生物和传统知识的使用情况；③在最后制裁未遵约情况。但是，《名古屋议定书》和这些预想存在哪些差距呢？

首先，在第 15 条第 1 款中，稍加留意我们便会发现一个特殊的现象，这在很多法律条文中并不常见："缔约方应采取适当、有效和适度的立法、行政或政策措施……以符合另一缔约方的获取和惠益分享国内立法或监管要求。"其一，这些被认为是使用国措施，或者被简单地称为"使用措施"，必须"适当、有效和适度"，而这些措施并不明确，完全靠使用国的判断来决定；其二，使用国的立法行政要符合资源提供国国内立法要求，而遗传资源是来自不同地区的不同国家，甚至还有不属于任何国家的公域，那么这必然带来标准的混乱。按照这一思路推断，如果乙国从资源的原产国甲国非法获得了资源，丙国使用者根据乙国的 ABS 条例从乙国获取了这一资源，那么使用国丙国就不用确保遵守原产国甲国的 ABS 条例。在谈判中，发展中国家试图将这一条款与 CBD 的相应条款和《名古屋议定书》中的其他条款保持一致，但是以失败告终。

其次，处理未遵约情况的措施和与获取相关的措施一样，《名古屋议定书》要求缔约方在违反国内 ABS 法律时进行合作，但这一条款是有条件的——仅仅是"尽可能和酌情"。

最后，监测遵约措施也是发达国家和发展中国家争论的关键问题。发展中国家在整个协商过程中始终认为使用国必须建立有效的监测、追踪和汇报条件来支持遵约。没有这些内容，遵约不过是印在纸面上的文字，难以落实。监测需要设计检查点，使用者必须披露相关信息。其中信息必须包括以下内容：资源或相关传统知识的原产国、已获得的事先知情同意、已经制定的共同商定条件（MAT）以及附加的重要术语，如使用者是否对特殊资源具有权利以及特殊的使用方式是否由授权获取。

发展中国家建议将检测的检查点设在知识产权局，参与到管理产品或批准进入市场的主管当局，或者是根据公共基金建立的研究机构（这些机构可以发表与遗传资源的使用相关的研究成果)；应建立检查点的指示性清单；制定明确的标准说明组成有效检查点的内容；设立缔约方向秘书处汇报所指定的检查点的时间限制。而发展中国家所提出的所有支持遵约措施的提议均被淡化了。

二、PIC 和 AIA 的比较

(一) AIA 对 PIC 的继承

从上文的梳理中我们可以看到，事先知情同意程序源自国内立法，后来走向国际，并在国际环境公约中逐步扩大适用，从最开始防止危险废物和危险化学品向发展中国家不当流入，到后来减少遗传资源从发展中国家不当流出，它本身也处于发展过程中。

而不论各个公约采取怎样的方式，PIC 有一些最基本的内容是一致的：第一，在根源上，是由于双方主体存在信息上的不对称性，导致了一方国家处于不利地位（这和医院和患者之间信息的不对称性类似)，这是事先知情同意具有存在价值的最本质原因。第二，为了对不公正的现象稍加改变，即使不能禁止有毒和危险品在国家间流动，也应当让进口国对这种流动知晓，并根据其意愿决定是否让物质入境，即“事先通知”。当然，由谁来通知是一个技术性问题，国家为了避免国家责任，一般都是要求私人主体在行动之前进行通知。第三，“知情”即处于优势地位的一方向另一方所应承担的“说明”义务，以让对方知道即将进行的行为本身的性质以及可能导致的后果。在上文提及的公约中，大多采用了“通知”的方式。第四点就是“同意”。即当地位不利方在了解将要实施的行为的利弊并进行衡量后，做出的决定，当然可以是同意，也可以是不同意实施某一行为，或者要求补充资料。换句话说，也就是在实施某一行为前，优势地位方必须获得处于不利地位方的同意。

可以说，尽管不存在对“事先知情同意”的明确定义，但是，只要包含以上一些最基本的要素，我们可以说其本质上就是采用了“事先知情同意”。在关于《生物多样性公约》和《生物安全议定书》中对改性活生物体的越境转移问题所采用的事先知情协议程序，其一部分内容与上文所述的基本要素基本一致。即考虑到拥有先进生物技术的发达国家缔约方在出口改性活生物体之前，由于该生物体可能对发展中国家的环境和人类健康造成不利影响，需要将出口行为及出口货物情况通知进口缔约方，进口缔约方先进行风险评估，然后再决定是否予以进口。因此，从这一方面看，二者具有类似性，我们认为事先知情协议程序是对事先知情同意程序的继承。但是，能否认为二者是相同的呢？如果不能，那么二者的区别究竟体现在哪些方面呢？

（二）AIA 对 PIC 的发展

有观点认为，由于事先知情协议程序所适用的对象是生物安全领域，因此事先知情协议程序就是独立的程序，事先知情协议程序与事先知情同意程序是不同的。但是，如果按照这种观点来推理，事先知情同意程序在《巴塞尔公约》和《鹿特丹公约》中，所适用的领域也完全不同，一个是废物越境问题，一个是农药化学品越境问题。二者适用事先知情同意程序的方式也不同，《巴塞尔公约》中是就单批废品越境实施事先知情同意，而《鹿特丹公约》中就列出了一项清单，对清单内的所有化学品一次性实施事先知情同意程序，即要求缔约方就是否同意进口做出回复。在公约文本中和实践中，并没有因为这些适用领域或者具体程序措施上的不同而肯定一个是事先知情同意程序，另外一个不是事先知情同意程序。因此，由于事先知情协议程序的名称的变化或者由于其适用领域不同而认为其就是一个独立创新的程序是不适合的，这并非二者区别的根本之处。

此外，二者名称上的区别也不显著。事先知情同意程序的英文表述是“Prior Informed Consent”，而事先知情协议程序的英文表述是“Advance Informed Agreement”。那么就 Consent 和 Agreement 来说是否存在区别呢？我们可以看到《生物安全议定书》第 10 条第 2 款的决定程序中规定：“2. The Party of import shall, within the period of time referred to in Article 9, inform the notifier, in writing, whether the intentional transboundary movement may proceed:（a）Only after the Party of import has given its written consent; or（b）After no less than ninety days without a subsequent written consent.”因此，在英文表述中，事先知情协议程序依然是做出书面的同意。在这一方面，二者是相同的。

更进一步思考，我们可以看到，为维护属于出口缔约方的商业秘密，《生物安全议定书》对 AIA 信息交流作出了机密资料的限制：进口缔约方如果决定，发出通知者指明为机密性资料的资料不符合机密资料条件，则应就此与发出通知者进行协商，并应在公开有关资料之前将其决定通报发出通知者，同时根据要求说明理由，且在资料予以公开之前提供进行协商和对该决定进行内部审查的机会。[1] 这一点体现出了事先知情协议程序的一些特殊性。也就是说，对于是否属于机密资料，要求缔约方进行协商并努力达成一致。与之形成对比的是 PIC 在《巴塞尔公约》和《鹿特丹公约》中的规定，因为危险废物和危险化学品的性质众所周知，一般 PIC 仅仅是一个单向的信息交换流程。但是，当 PIC 被适用到《名古屋议定书》中时，情况发生

---

〔1〕《生物安全议定书》第 21 条“机密资料”。

了改变，遗传资源提供方和获得方也要为共同商定条件相互进行协商，因此可以说除了简单同意或者不同意之外，“协商”的元素也被融入了 PIC。

那么，二者之间最重大的区别在何处呢？

第一，制度设立的基础理念之差。在生物安全领域，改性活生物体是否一定会给环境或者人类健康造成损害仍不具有科学确定性。也就是说对这样一种危险性未知的物质的越境转移实施事先知情协议程序，在制度设计上必然要与之前已确定具有危害的物质实施事先知情同意程序区别开来。能在生物安全这个问题上制定国际法，并且还能协商设立责任与补偿机制，这本身在国际法上就是一种巨大的跨越，是预防原则落实到规则中的重要探索。这一点构成了事先知情同意程序和事先知情协议程序的实质区别。

第二，是否要开展风险评估的程序存在差别。AIA 管控的改性活生物体，从出口国到进口国，气候、环境、人种等都发生了重大改变，在出口国被评估为安全的改性活生物体，在进口国造成的影响如何还是未知数。因此，AIA 在实施过程中就需要进行风险评估。而 PIC 就无需对风险已知的物质再次进行风险评估。

第三，正是由于在指导理念上，PIC 和 AIA 存在重大差别，这使得在设立责任和补救规定时也要予以区分：①一般情况下，环境损害包括人身、财产损害以及采取预防和补救措施的费用。在《巴塞尔公约》体系中也不例外，但是到《生物安全议定书》以及《名古屋议定书》的范畴，就需要把对生态环境的损害也纳入考虑，因为转基因生物扩散到环境后，导致的部分后果就是影响生物多样性。②过失责任和严格责任的区分。在危险废物越境转移时，如果出口方有故意或者过失行为，违反了

《巴塞尔公约》义务，则赔偿金额没有上限。反之如无过失，根据严格责任赔偿金额存在上限，也就是对过失和严格责任设置了差别。但是，在改性活生物体领域，即便将来发现对人身健康或者生态环境造成损害，也是数年中多次越境转移的后果，且一般情况下这种转移已经受到过进口国的风险评估和同意，这时区分某次转移行为是否违背《生物安全议定书》义务已经没有实质意义，所以在制定责任文件时没有对是否存在违约状况课以不同责任。③诉讼时效必须进行区分。危险物质如果发生泄漏，一般较容易发现，因此《巴塞尔公约》体系设置的是10 年的诉讼时效。但是，改性活生物体运输如果导致生态环境损害则要花费多年才能显现，且目前还没有科学上确定的证据，因果关系链仍无法确认，因此在讨论责任和补救的民事赔偿责任时，只是先明确了行政补救措施，而没有在诉讼时效、因果关系、证明责任等方面的推进。关于改性活生物体的责任设置，在本书第五章中还将详细展开，此不赘述。

综上所述，从 PIC 的发展来看，它只是为了追求公平目的而设置的一种程序性规则，它包含事先通知、知情同意等一些最基本的要素。其适用范围在近年呈现扩展趋势，从以前的风险防控走向惠益分享。当然，公平的目标能否实现，与一国的国家政局稳定与否、监督能力、执法能力等密切相关，否则根本难以发现公约之下的非法转运、资源偷盗现象。而 AIA 针对的是危险性尚无定论的改性活生物体越境转移问题，其立足点是预防原则。从其内容看，可以说是吸收了 PIC 的一些基本理念，并根据改性活生物体本身的特点进行了改进，尤其是在风险评估和责任追究方面有所突破。

第三章 事先知情协议程序与预防原则

第一节 预防原则在国际环境法中的发展

导论中已经提及，随着转基因技术的研究和使用领域的扩展，其影响到底如何的问题，在科学界也存在诸多争议。但是，基于预防原则，国际社会仍然强有力地建立起了一套法律干预手段，事先知情协议程序就是其中的一部分。

国内一般都将预防原则作为国际环境法领域的一项基本原则，而在界定预防原则时，往往只谈到其一个层面的含义，即对于那些可能有害于环境的物质或行为，科学上的不确定性不能成为延迟采取行动的理由。而法律原则是指在一定法律体系中作为法律规则的指导思想、基础或本源的综合的、稳定的法律原理和准则。它的精神应渗透在法律的具体规则当中。当法律的具体规则发生效力时，自然意味着法律原则因此而发生连带的效力。那么，问题就是既然预防原则被认为具有国际环境法基本原则的地位，而典型符合"科学不确定性"特点的只有气候变化〔1〕、

〔1〕 IPCC 考虑了自然因素的作用，认为其"非常可能造成20世纪晚期全球气温上升的主要因素是人类活动影响，而不是单纯的自然因素影响"。因此，对什么是造成全球气温上升的主导因素在科学界仍然存在争议。

改性活生物体生物安全这两个领域，其他诸如酸雨、农药、持久性有机污染物、危险废弃物等领域的国际环境立法，其危害都是确定可见的，其体现的基本原则又是什么呢？因此，需要从一个更宽泛的范围来理解预防原则。

在国际环境法领域，由于中英文表述差异，相关国际法律文件中的预防原则可以分为“prevention 型预防（损害预防）”和“precaution 型预防（风险预防）”，而且针对气候变化和改性活生物体所做的立法，则是从前者过渡到后者的一个巨大跨越。

在明知某些物质或行为对人类健康可能造成的危害的前提下采取法律预防手段，预防可能产生的危害，这就是损害预防，比如《鹿特丹公约》《巴塞尔公约》《消耗臭氧层物质维也纳公约》等公约中体现的预防原则。这些法律文件或者要求越境过程中采用密闭措施，进行警示标识，或者通过补充文件要求禁止转移，甚至是在全球范围内逐步消减直至禁止生产某物质。

另一层面便是风险预防。它要求在国际性、区域性或国内环境管理中，对于那些可能有害于环境的物质或行为，即使缺乏其有害的结论性证据，亦应采取各种预防性手段和措施，对这些物质或行为进行控制或管理，以防止环境损害的发生。[1] 这一原则不论是已经在国际立法中得到确立，还是之后转化为法律规则，都遇到了很多阻碍，这将在第二、三节中将详细展开。因为本书关注的主题是改性活生物体立法，所以分析的重点也将围绕风险预防这一层面的内容。

总之，从立法的进程看，由以往有害物质污染后的治理到事先预防，这是立法进展的第一步；而从损害预防过渡到风险预防，又是环境领域法治思维迈进的第二步。

---

〔1〕 林灿铃：《国际环境法》，人民出版社 2011 年版，第 143 页。

一、预防原则的起源

预防原则发源于德国的 Vorsorgeprinzip（意为“前瞻原则”）。20 世纪 60 年代，随着环境问题成为德国政治的重要关注点之一，该原则也应运而生。Vorsorgeprinzip 的核心内容就是“为避免环境损害进行长远计划，通过全面调查和研究检测环境和健康危险，在得到关于损害的确定性证据之前采取行动”。[1] 这一环境保护思想的确立标志着预防原则的真正萌芽。到 20 世纪 70 年代，预防原则已经广泛出现在西德关于解决全球变暖、酸雨和海洋污染等问题的环境政策中。

尽管 Vorsorgeprinzip 思想在 20 世纪 70 年代取得了巨大的发展，但是预防原则获得国际社会的广泛认可则是在 20 世纪 80 年代之后。1982 年，联合国《世界自然宪章》首次吸收了预防原则。尽管该宪章本身并没有明确使用“预防原则”的表述，但原则 11 所包含的两点内容依然构成了预防原则的基础：

（1）应避免那些可能对大自然造成不可挽回的损害的活动；

（2）在进行可能对大自然构成重大危险的活动之前应先彻底调查；这种活动的倡议者必须证明预期的益处超过大自然可能受到的损害；如果不能完全了解可能造成的不利影响，活动即不得进行。[2]

尤为引人注目的是原则 11 将“不可挽回的损害”与“科学不确定性”理论结合为一体。1987 年，在距《世界自然宪章》起草五年之后，《第二届国际北海大会伦敦宣言》（以下简称

---

〔1〕 See Ronnie Harding and Elizabeth Fisher, “Introducing the Precautionary Principle”, in Perspectives on the Precautionary Principle, 1999, at 4.

〔2〕 国家环境保护总局政策法规司：《中国缔结和签署的国际环境条约集》，学苑出版社 1999 年版，第 394 页。

《北海宣言》）的代表方则明确提到了预防性方法。《北海宣言》在相关部分声明“即使没有证明（污染物）排放与（环境损害）结果间因果联系的科学证据”，[1] 也应以可能的最好的技术保护海洋生态系统。它的起草和批准标志着国际上对于预防原则的广泛认可和适用的开始。

二、预防原则在国际文件中的发展

自 1987 年开始，预防原则就以不同的形式出现在一些国际文件中。这些国际条约和协定调整的环境问题范围广泛，内容小到具体的环境问题，大到总体环境政策。而且，这些国际法律文件都吸收了预防性方法，包含了预防原则的内容。

（一）不具法律拘束力的国际文件

20 世纪 90 年代初期的一些国际宣言和建议都有关于体现预防原则的规定，反映了国际社会对预防原则的逐步认可。产生于 1990 年 G7 会议的《休斯敦经济峰会宣言》（以下简称《休斯敦宣言》）宣告：“在面临不可逆转的环境损害威胁的情况下，不得以缺乏科学确定性为由延迟采取理应采取的行动。”同年，欧洲各国、美国和加拿大也在《卑尔根可持续发展部长宣言》（以下简称《卑尔根宣言》）中再度肯定了环境政策中预防性方法的重要性。该宣言声明：“为实现可持续发展，应以预防原则为基础制定政策。环境措施必须预见、防止和处理造成环境恶化的原因。在存在对环境造成严重或不可逆转损害的威胁情形下，不得以缺乏充分科学确定性为由延迟采取防止环境恶化的措施。”[2]

---

〔1〕 Second International Conference on the Protection of the North Sea: Ministerial Declaration Calling for Reduction of Pollution, Nov. 24 ~ 25, 1987, 27 I. L. M. 835, 848.

〔2〕 Bergen Ministerial Declaration on Sustainable Development in the Economic Commission for Europe Region, May 16, 1990, U. N. Doc. A/CONF. 151/PC/10 (1990).

从上文可以看出，《卑尔根宣言》与《休斯敦宣言》存在着以下差别：前者通过规定“预见、防止和处理造成环境恶化的成因”明确强调了对于环境保护的重要性。不仅如此，《卑尔根宣言》对于预防原则的适用条件除了包括“不可逆转的环境损害威胁”外，还包括了“严重环境威胁”的情形，扩大了预防原则的适用范围。1992 年《里约环境与发展宣言》（以下简称《里约宣言》）原则 15 规定：“为了保护环境，各国应按照本国的能力，广泛适用预防措施。遇有严重或不可逆转损害的威胁时，不得以缺乏充分确实证据为由，延迟采取符合成本效益的措施防止环境恶化。”[1]《里约宣言》对于预防原则的发展体现在两个方面：①预防原则的广泛适用；②考虑到了利益的平衡，对于原则的适用受到国家能力和防止环境恶化的措施应符合成本效益两个方面的限制。

（二）具有法律拘束力的国际条约

如果仅仅是以上没有法律拘束力的文件中强调预防原则，不论言辞如何华丽，都不免流于形式。因此，应把关注的目光放在国际法律文件的落实上。

20 世纪 90 年代之后的公约，在落实预防原则的时候，都考虑到需要平衡损害严重性、成本和风险三者之间关系。例如 1992 年《联合国气候变化框架公约》就是典型的例子。该公约第 3 条第 3 款规定：各缔约方应采取预防措施，预测、防止或尽量减少引起气候变化的原因，并缓解其不利影响。当存在造成严重或不可逆转的损害的威胁时不应当以科学上没有完全的确定性为由推迟采取这类措施，同时考虑到应付气候变化的政策和措施应当讲求成本效益，确保以尽可能最低的费用活动全

---

〔1〕 国家环境保护总局政策法规司：《中国缔结和签署的国际环境条约集》，学苑出版社 1999 年版，第 394 页。

球效益。[1]《气候变化框架公约》强调采取预防措施，同时也认识到进行成本效益分析的重要性，抓住了正在发展中的预防原则的本质特征。同时，《气候变化框架公约》及《京都议定书》两个法律文件本身就是预防原则落地的体现。《生物多样性公约》及《生物安全议定书》同样也规定了预防性方法。[2]其具体落实情况要在后文中详细分析。

很多对预防原则的批评意见都将预防性行动曲解为全盘取缔或摒弃某些人类活动或技术，从而得出预防原则过于严苛的结论。而事实上，无论是涉及预防原则的国际文件、文本还是倡导预防原则的著述都没有采用这种极端看法。在多数情况下，预防原则只是要求进行生产流程控制、实地试验、深入调查研究、事前试验或研究替代物或替代方法等方式，降低风险。[3]这从《联合国气候变化框架公约》以及《生物多样性公约》中能得到验证，《气候变化框架公约》并非提倡环保极端主义，倒退到能源消费零增长的社会，只是创设了《京都议定书》三个灵活机制（联合履约、排放权交易、清洁发展机制），实现缔约方减排目标。《生物多样性公约》及《生物安全议定书》也不是要禁止改性活生物体的国际贸易，而是通过设置事先知情同意程序，让进口国有自主选择权。因此，那种把预防原则推向极端的扭曲观点无疑是站不住脚的。

上文谈到预防原则要均衡损害、风险和成本效益三者的关系，这仍然只是一个方向性的要求，关键是如何均衡、各国根

---

〔1〕 国家环境保护总局政策法规司：《中国缔结和签署的国际环境条约集》，学苑出版社1999年版，第394页。

〔2〕 国家环境保护总局政策法规司：《中国缔结和签署的国际环境条约集》，学苑出版社1999年版，第96页。

〔3〕 参见林灿铃：《国际环境法的产生与发展》，人民法院出版社2006年版。

据预防原则能做出怎样的行为？例如《气候变化框架公约》和《京都议定书》根据预防原则，就要求发达国家缔约方首先承担强制减排温室气体的任务，未来还可能逐步纳入发展中国家，即所有缔约方都要进行减排。那么，生物安全领域呢？这一领域与温室气体的特性完全不同，且转基因技术在各国所受待遇有很大区别，在法律框架的设置上，又应该如何考虑呢？

如同我们所预测的，就预防原则如何在《生物安全议定书》中进行运用产生了激烈的争论。《生物安全议定书》是在《生物多样性公约》框架下进行谈判的，需要与《生物多样性公约》保持一致。然而，在与生物多样性相关的问题中起到重要作用的预防原则只是在《生物多样性公约》的序言中被提及，〔1〕1995 年《生物多样性公约》第二次缔约方大会上成立了不限成员名额生物安全特设工作组。认为《生物安全议定书》本身就是对预防原则的一种表述，并且其条款应当根据这一原则进行制定和实施。但是，如何制定具体条款以及如何具体实施等问题都是难题，在理论上不存在任何与预防原则的实施相关的明确参考。因此，各国突破了以往的“南北对抗模式”，而是结合自身在改性活生物体研发和贸易中的利益差别，在谈判过程中形成了以下几个集团：

1. 类似观点集团

该集团主要由生物技术应用水平和能力有限的发展中国家组成，包括七十七国集团和中国（不包括参加其他集团的发展中国家）。他们坚持主张《生物安全议定书》全程都要体现预防原则。这意味着不仅在序言以及目标条款中需要对之进行规定，

〔1〕 参见《生物多样性公约》序言：“注意到生物多样性遭受严重减少或损失的威胁时，不应以缺乏充分的科学定论为理由，而推迟采取旨在避免或尽量减轻此种威胁的措施。”

并且在一系列的操作性和技术性条款中也要得到体现，如决策制定程序以及风险评估。非洲团体提案中要求条款规定“对改性活生物体所产生的潜在不利影响缺乏科学定论或者科学一致意见，亦不应妨碍该缔约方决定禁止进口以上第3款（b）项所指的改性活生物体”。[1] 也就是说，进口国不需要有明确的科学证据支撑，就可以根据预防原则自由作出禁止改性活生物体进口的决定。这一表述受到了类似观点集团的支持。

2. 迈阿密集团

该集团主要由美国、加拿大、澳大利亚、阿根廷、智利和乌拉圭等国组成。这一集团是转基因生物的主要生产国和出口国。该集团认为预防原则缺乏准确的法律含义和内容，开始甚至拒绝在《生物安全议定书》的序言以及目标条款中给予预防原则任何特殊地位或者是认可。他们最担忧的是《生物安全议定书》适用预防原则后提高企业成本，并影响农产品市场。[2]

3. 欧盟

前文已经提到，欧盟对改性活生物体一直抱有谨慎态度，因此在谈判中以回应和支持发展中国家的要求为主。由于《生物安全议定书》涉及改性活生物体国际贸易，所以它无疑会成为世界贸易组织协定和多边环境协定的战场，而《生物安全议定书》能否在这场战役中取得有利的防御能力，就取决于能否

---

〔1〕 See Christoph Bail, Robert Falkner and Helen Marquard, *The Cartagena Protocol on Biosafty—Reconciling Trade in Biotechnology with Environment and Development?*, Earthscan Publications Ltd, London, 2001, p. 413. “Lack of full scientific certainty or scientific consensus regarding the potential adverse effects of a living modified organism shall not prevent the party of import from prohibiting the import of the living modified organism in question as referred to in paragraph 3 (b) above.”

〔2〕 Kareen L. Holtby, William A. Kerr and Jill E. Hobbs, *International Environmental Liability and Barriers to Trade: Market Access and Biodiversity in the Biosafety Protocol*, Edward Elgar Publishing Ltd, 2007, p. 18.

将预防原则纳入《生物安全议定书》的法律条款。[1]

4. 折衷国家集团

折衷国家集团包括日本、韩国、墨西哥、挪威和瑞士等国，后来新西兰和新加坡也加入进来。这一集团在谈判中主要起到缓冲器的作用，以弥合迈阿密集团、欧盟和类似观点集团之间的冲突。他们认为预防原则只需要在序言和目标性条款中规定就可以了。

卡塔赫纳会议上各集团互不相让，以至于要将预防原则具体化的问题拖到了蒙特利尔续会上谈判。同时，在西雅图召开的 WTO 部长会议上开始了“千年回合”谈判，并试图对生物技术产品的市场准入机制进行讨论。因为担心改性活生物体领域的预防措施会受到 WTO 争端解决机制的挑战，形成贸易规则一边独大的局面，欧盟以及类似观点集团就更需要通过《生物安全议定书》来抗衡 WTO 的规则。如果要实现这一目的，《生物安全议定书》中有关预防原则的规定和《里约环境与发展宣言》中关于预先防范方法的原则性规定就必须有差别。《生物安全议定书》作为一项具体的国际环境保护方面的法律文件，不可能再像《里约环境与发展宣言》那样仅仅作原则性的规定。因此，经过艰苦讨论，最终形成了我们今天看到的文本，预防原则在《生物安全议定书》中具有可操作性也成为该议定书的一个重要特色。[2]

作为《生物安全议定书》的立法基础，序言中重申了《里约环境与发展宣言》原则 15 所订立的预先防范的方法（precautionary approach），并且在第 1 条目标的规定中再次重申《生物

---

〔1〕 阙占文：《转基因生物越境转移损害责任问题研究——以生物安全议定书第 27 条为中心》，法律出版社 2011 年版，第 34 页。

〔2〕《生物安全议定书》第 10 条第 6 款及第 11 条第 8 款。

安全议定书》依循预先防范的方法，可见预防原则在维护生物安全中的重要地位。最为关键的是《生物安全议定书》第10条第6款和第11条第8款对预防原则的具体规定，这两个条款大大推动了对预防原则的适用。〔1〕

《生物安全议定书》第10条第6款规定："在亦顾及对人类健康构成的风险的情况下，即使由于在改性活生物体对进口缔约方的生物多样性的保护和可持续使用所产生的潜在不利影响的程度方面未掌握充分的相关科学资料和知识，因而缺乏科学定论，亦不应妨碍该缔约方酌情就改性活生物体的进口问题做出决定，以避免或尽最大限度减少此类潜在的不利影响。"〔2〕同时，在规定拟直接作食物或饲料或加工之用的改性活生物体的程序的第11条第8款做出了类似的规定："在亦顾及对人类健康构成的风险的情况下，即使由于在改性活生物体对进口缔约方生物多样性的保护和可持续使用产生的潜在不利影响的程度方面未掌握充分的相关科学资料和知识，因而缺乏科学定论，亦不应妨碍进口缔约方酌情就拟直接作食物或饲料或加工之用的该改性活生物体的进口做出决定，以避免或尽最大限度减少此类潜在的不利影响。"〔3〕

上述两个条款看起来表述很繁琐，简单地说就是不论改性活生物体要释放到环境中，还是只用于食物饲料或加工而不释放到环境中，拟进口国如果不愿意让改性活生物体入境，不必寻找各种科学证据来当作依据，直接拒绝即可。

---

〔1〕王曦主编：《国际环境法与比较环境法评论》（第2卷），法律出版社2005年版，第148页。

〔2〕《生物安全议定书》第10条第6款。

〔3〕《生物安全议定书》第11条第8款。

第二节 预防原则在事先知情协议程序中的具体运用

在改性活生物体拟发生越境转移前，对改性活生物体警惕性高的国家在出口商提出申请的时候，可以按照预防原则直接拒绝。但并不是每个国家都有如此决绝的态度。不排除一些持中间态度的国家，确实想要进口一些具备抗病高产的改性活生物体，但是又对该生物体不甚了解、担忧其风险的情况。并且由于各国的生态环境不同，在一国国内环境中具有安全性和稳定性的改性活生物体被释放到另一国不同的自然环境，就很有可能威胁和破坏传入国的生物多样性。那么，在这种情况下规则应当如何设置呢？这是预防原则具体运用过程中遇到的另一个问题，需要通过风险评估来衡量。

一、风险评估对预防原则的体现

事实上，风险评估构成了一些国家考虑能否让改性活生物体入境的重要参考。屈指一数，风险评估至少有以下问题需要澄清：①既然要做评估，就需要考虑进口国和出口国的生态环境差异，且评估必然要基于一定的科学基础和科学证据水平才能得到有效结论。那么是只需要评估生态环境风险还是要把对人类健康的风险纳入考虑？②上文提到，要进行风险评估的情况包括两种，一是改性活生物体直接引入环境，二是改性活生物体用于食品饲料或加工，那么在后者的情形下，风险评估的范围是否包括改性活生物体衍生的产品[1]？③风险评估应当由

〔1〕 参见《生物安全议定书》第20条：信息交流与生物安全资料交换所。改性活生物体衍生的产品即源于改性活生物体并经过加工的材料，其中含有凭借现代生物技术获得的可复制性遗传材料的可检测到的新异组合

出口方还是进口方承担？④风险评估后，进口国仍然可以拒绝进口，那么最终的评估成本由谁承担？⑤进行风险评估后，如果评估不准确，是否需要追究责任？这些问题在生物安全特别工作组第一次会议上引起了激烈争论。

（一）目标与一般原则

总体来说，不论是国内环境法还是国际环境立法，风险评估都包括：判断会出现什么风险（风险辨识）、发生概率有多大（风险评价）、什么要素会受到影响（后果分析），并提出防范、应急与减缓措施。对改性活生物体进行评估，就是为了让进口缔约方的主管部门就改性活生物体的进口与否问题做出决定时，有参考可依。

虽然迈阿密集团一直主张限制风险评估的范围，主张《生物安全议定书》是建立在《生物多样性公约》的体系内，那么其就应当围绕生物多样性保护和可持续利用，消费者安全问题是其他法律考虑的范围。而类似观点集团和欧盟则认为《生物安全议定书》应当包括对人类健康方面的考虑，尤其是消费者的安全。最后，考虑到世界上很多国家对改性活生物体的担忧，尤其是在欧盟，人类健康问题尤其受到重视，《生物安全议定书》在第15条风险评估中采用了“亦顾及对人类健康构成的风险”的表述。当然，对这一模糊表述的解释仍然存在分歧。在谈判结束之后，迈阿密集团仍强调其内容只包括因为改性活生物体对生物多样性造成的不利影响从而引起的对人类健康造成的非直接影响，而其他代表团的解释是风险评估应当包括改性活生物体的利用对人类健康的直接不利影响。〔1〕

在确定需要评估生态风险和健康风险后，一个绕不开的问

〔1〕《生物安全议定书》附件三“目标”，第1点。

题就是，既然《生物安全议定书》依据的是预防原则，前提就是改性活生物体的不利影响缺乏确定的科学证据，既然缺乏证据，能不能倾向推定是有风险还是无风险呢？尤其从监管者的角度看，在实施各领域的风险评估的时候，不论是农药、化学品、外来物种的引入还是改性活生物体，决策者都无法获得能够据以简单地评判风险的所有的信息。当信息不足、决策者又并非该领域的专家、加之面对的是复杂的生态系统和物种间的相互影响时，就很难在风险评估中得到明确的结论和建议。因此，风险评估为了达到客观性，首选就是应当以透明的方式进行，并可参考有关的国际组织的专家意见及其所订立的准则。退一步说，如果仍然证据不足，《生物安全议定书》明文禁止预设结果，即“缺少科学知识或科学共识不应必然被解释为表明有一定程度的风险、没有风险或有可以接受的风险”。[1] 同时这种不预设结果的做法和后面的事先知情协议程序中的“决定程序”相结合，决策者可以只把风险评估作为参考，根据情况作出决定。

(二) 实施主体

既然改性活生物体的风险评估只是具有参考价值，那由谁来评估较为合适呢？如果涉及评估不准确或有意隐瞒信息，会存在责任追究吗？

在解答此问题之前，我们先来看看国内环境法上存在的一种类似的评估制度——环境影响评价制度。当然，环境影响评价制度非常复杂，并且各国规定差异很大，在此没有必要一一展开，仅选取一些环评的设置思路和实施情况予以分析。通过分析，可以看到在法律设计上合理与否，直接决定了该制度实

〔1〕 参见《生物安全议定书》附件三“一般原则”，第3、4、5、6点。

施的效果。以中国为例，环评也是对拟议活动实施后可能造成的环境影响进行分析、预测和评估，并提出污染防治对策和措施。中国的环评主要是项目环评，其基本程序是，建设单位付费委托环评机构进行环境影响评价，然后将环评文件报送环评审批部门，后者则委托评估单位进行技术评估。政府环保部门只负责审批，且环评通过是项目得到最终审批的前置性程序。这一设置存在的逻辑困境是：项目单位出资聘请环评机构撰写环评报告，作为资方单位一定是希望环评报告得到“从环境保护的角度项目可行”的结论。基于委托关系和多个环评机构的市场竞争关系，环评机构就较难得到不带倾向性的结论。同样，在改性活生物体越境转移的风险评估领域也会遇到以上问题。

1. 两类评估主体

在谈判过程中，由谁来负责实施风险评估成为焦点，一般来说包括进口方、出口方两类主体。

让进口缔约方承担风险评估义务的考虑是：其一，进口方更了解自己保护生态环境和维护生态多样性的客观需要以及国内民情；其二，如果进口方自己进行风险评估，其进口与否的决定与风险评估结果将会更趋向一致，可以防止其滥用知情决定权任意设置改性活生物体国际贸易的壁垒。这种由进口缔约方承担义务的做法在联合国工业发展组织1991年出台的《关于对环境释放生物体的自愿行为准则》以及《国际生物技术安全准则》等国际文件中得到确认。同时在美国、澳大利亚和加拿大，负责进行风险评估的是政府主管机构，他们根据申请人提供的资料信息实施。但是，从改性活生物体越境转移的特殊性（生物技术发达的国家向发展中国家转移）考虑，进口方基于财力、人力和技术能力的限制，很可能根本无法对改性活生物体在本国内释放的安全性进行评估。

而要求改性活生物体出口方进行风险评估的考虑是：以欧盟为代表的地区和一些国家是由申请人自身进行风险评估的，政府机关只是审查风险评估的结果。如果认为评估信息不充分、不确定的情况，可以禁止实施某项行为（例如取消某种商品的流通销售资格）。为此，申请人必须就自己的产品不存在损害举证。谈判中很多发展中国家主张采取欧盟的这种做法，因为他们没有能力来进行风险评估。当然，如同国内的建设项目方委托评估一样，如果采用这种方式，出口方肯定希望打开国际市场的大门，风险评估将倾向于得到“安全等级较高”的结论。

最终的结果是，《生物安全议定书》采取了折衷办法，规定了两类风险评估的实施主体。〔1〕根据《议定书》的规定，风险评估的实施主体是进口缔约方，并且由其指定的一个或者数个国家主管机关作为风险评估的具体实施者；同时，根据进口缔约方的要求，风险评估也可以由出口者负责实施。〔2〕如果进口缔约方要求由发出通知者承担进行风险评估的费用，则发出通知者应承担此种费用。这样的规定相当于把选择权交给了进口方，如果自己有能力评估，则由国内机关负责；如果一些发展中国家确实没有评估能力，也可以通过国内法要求出口方评估，自己只负责审批。

由此可见，当一个国家处于进口国的地位，如果该国缺乏对改性活生物体或者说转基因技术的自主判断能力，实际上是非常被动的：或者干脆不打开国门，拒绝进口；或者依赖出口方评估，许可进口。甚至在一些极端的情况下，当发生改性活

---

〔1〕 Christoph Bail, Robert Falkner and Helen Marquard, *The Cartagena Protocol on Biosafty—Reconciling Trade in Biotechnology with Environment and Development*?, Earthscan Publications Ltd, London, October 2001, p. 330.

〔2〕《生物安全议定书》第15条。

生物体非法越境转移时，连有效检测和监督都无法实现。因此，这也是中国为何将转基因认定为战略新兴产业，政府在研究方面投入力度很大，同时强调要谨慎开展商业化的原因。

2. 评估能力建设

评估主体除了进口和出口缔约方以外，还有一种情况是第三方专家评估，事实上构建第三方专家组也是协助发展中国家得到更客观的评估结果的方式。

《生物安全议定书》要求发达国家协助发展中国家进行能力建设。在第四次《生物安全议定书》缔约方会议上，争论的焦点在于是否成立不限成员名额的风险评估特设技术专家组。以日本、新西兰为代表的发达国家担心增加资金压力，不愿意建立这一专家组，欧盟和挪威等认为可以建立一个小范围的技术专家组，非洲集团等发展中国家则支持建立技术专家组。最后达成的妥协是建立一个名额有限的风险评估和风险管理的特设技术专家组，并通过生物安全信息交换所建立一个不限名额的在线论坛，以讨论有关风险评估和风险管理的各种技术问题。这一风险评估和风险管理的特设专家小组也处理转基因生物的特殊类别，如转基因鱼、转基因无脊椎动物、转基因藻类、转基因药用植物等，并对如何监测这些转基因生物进入环境以后带来的长期影响进行指导，并按照优先次序列出风险评估要考虑的方方面面的问题。〔1〕

3. 缺乏评估责任追究

出于对发展中国家的考虑，《生物安全议定书》将出口者作为风险评估的实施主体之一。但新出现的问题是，如果出口缔约方所实施的风险评估出现了失误，而进口缔约方根据这一错

---

〔1〕 薛达元主编：《转基因生物安全与管理》，科学出版社 2009 年版，第 180 页。

误结果做出了决定，并导致了进口国国内生态环境以及人身健康出现了不可逆转的破坏，出口缔约国或者出口者是否需要对此承担责任呢?《生物安全议定书》本身对这一问题并没有做出进一步规定。

二、决定程序

进口国在决定是否许可进口之前，需要自行进行风险评估或者要求申请者评估，但不论哪种情况，为了做出准确判断，一般要求提交受体生物以及基因来源生物的基本资料、载体的特性资料、移植后特性改变的资料、LMO 与受体生物在生物特性上的差别、LMO 的监测与鉴别方法、LMO 预定用途、该 LMO 与非基因改变受体在用途上的差别、释放环境的位置、释放环境的非生物和生物、生态资料等。同时出口者在越境转移发生前，应向进口国主管部门发出通知。

进口缔约方在收到通知后 270 天内向发出通知者及生物安全信息交换所书面通报其决定的内容，包括①有条件或无条件地核准进口，其中包括说明此项决定将如何适用于同一改性活生物体的后续进口；②禁止进口；③根据其国内规章、条例或根据附件一要求提供更多的有关资料；在计算进口缔约方做出答复所需时间时，不应计入进口缔约方用于等候获得更多的有关资料所需的天数；或者④通知发出通知者已将本款所列明的期限适当延长。[1] 除非已予以无条件核准，否则所作的其他决定应列出做出这一决定的理由。[2]

但是需要留意的一点是，“默示”状态下推定的法律后果是什么？为了保护进口缔约方的利益，《生物安全议定书》规定，

---

〔1〕《生物安全议定书》第 10 条第 3 款。

〔2〕《生物安全议定书》第 10 条第 4 款。

即使进口缔约方未能在收到通知后的270天内通报其决定，亦不应意味着该缔约方对有意越境转移表示同意。[1]也就是“默示”不意味着同意。

随着科学研究的进展，很可能在进口国同意某种改性活生物体进口后，又出现新的风险证据。那么根据《议定书》，进口缔约方可以主动对其决定进行审查并更改。当然，这类新证据也可以由出口缔约方在下列情况下向进口缔约方申请复审：①发生了可能会影响到当时做出此项决定时所依据的风险评估结果的情况变化；或②又获得了其他相关的科学或技术信息资料。[2]这一规定能够在情势发生变化的时候保障进口缔约方的生态环境和生物多样性。

从以上的流程中可以看到，进口方为了判别改性活生物体释放到环境中是否存在风险，需要依靠出口方提供详细的转基因风险评估信息。而不论风险评估结果如何，进口国可以根据自己的判断拒绝改性活生物体进口，而不必受到国际贸易规则的压力。这是《生物安全议定书》赋予发展中国家的一项重要权利。

第三节　机密商业信息制约下的风险评估信息公开

在知识产权和商业秘密盛行、国内公众知情权觉醒的今天，进口国政府如何对待这些信息成了一个需要权衡的问题。进口国收到的改性活生物体申请和风险评估报告是否属于政府信息？是否需要向国内公众公开？如果向公众公开，是否会损及出口商以及转基因研发者的商业秘密？这些思考便引起了关于政府

[1]《生物安全议定书》第10条第5款。

[2]《生物安全议定书》第12条。

信息、机密商业信息和公众知情权的讨论。

一、国内转基因信息公开申请引发的争议

目前中国信息公开仍然是一个有待大力推进改革的领域。绝大部分政府掌握的信息仍处于封闭或者闲置状态。以改性活生物体的受理申请来看，中国自1997年就开始受理转基因生物安全评价申请，但大部分申报审批信息都处于保密状态。后来对1999年以前的审批信息在媒体上做了一定程度的披露，但是自2000年起，中国把转基因生物田间试验、环境释放的审批信息完全置于保密状态。国家公布的批准商业化生产的转基因棉花以及用作饲料或加工原料的进口大豆、玉米、油菜的审批信息仍不完善，仅仅限于申报单位名称、商品名称、产地国、用途、批准文号等。对转基因生物的风险评估报告、安全控制措施等信息不予以公开，公众无从了解转基因生物的安全性。直到2013年，一个案例推动了这个领域信息公开的变革。

2013年6月25日，律师黄乐平向农业部提交了政府信息公开申请表，要求公开五项关于转基因农产品方面的信息，涉及农业转基因生物的进口数量、农业转基因生物商业化种植规划、本土农业保护措施、转基因生物标识制度落实情况等。2013年7月15日，农业部作出了《关于黄乐平申请政府信息公开答复意见的函》[1]，在该函中，农业部对于批准的农业转基因生物种类、标识管理及三种转基因大豆的安全评价资料等信息进行了公开，对于申请公开的其他事项，以属于政府咨询为由不予公开。黄乐平对农业部答复不服，向农业部申请行政复议。

---

〔1〕“农办科函［2013］89号《农业部办公厅关于黄乐平申请政府信息公开答复意见的函》”，载 http://www.yilianlabor.cn/xinwen/2013/1294.html，访问日期：2015年10月1日。

2013 年 10 月 17 日，农业部作出行政复议决定，驳回其申请。

黄乐平认为农业部的行为违反了《中华人民共和国政府信息公开条例》的有关规定，侵犯了其知情权，向北京市第三中级人民法院提起行政诉讼，要求判令撤销《农业部办公厅关于黄乐平申请政府信息公开答复意见的函》，并依法责令农业部答复黄乐平的政府信息公开申请。黄乐平要求农业部公开的部分信息是否为公开范畴，是本案的焦点。

2015 年 4 月 7 日，北京市第三中级人民法院对律师黄乐平诉农业部关于转基因农产品信息公开一案做出宣判。北京市第三中级人民法院审理认为，针对黄乐平提出的“农业转基因生物进口的种类”以及“抗除草剂大豆 CV127、抗虫大豆 MON87701 和抗虫耐除草剂大豆 MON87701 × MON89788 三种进口用作加工原料的转基因大豆的安全评价结果和安全评价报告”的申请，农业部提供了其官方网站的网址，黄乐平可以通过网上查询获得其要求申请公开的信息。经审查，法院确认该部分答复的合法性。诉讼提到的三个要求公开的内容，不属于政府信息公开范畴。因此，一审判决，驳回黄乐平的诉讼请求。黄乐平表示，将继续上诉。〔1〕

虽然该案尚未尘埃落定，但是它如同一块投入平静湖面的石子，激起的波澜影响深远：①农业部《关于黄乐平申请政府信息公开答复意见的函》事实上认可了批准的农业转基因生物种类、标识管理及三种转基因大豆的安全评价资料等信息属于可以公开的政府信息。〔2〕②根据《中华人民共和国政府信息公

---

〔1〕“称转基因信息未公开律师状告农业部败诉”，载《京华时报》2015 年 4 月 8 日。

〔2〕“中国农业部转基因审批信息公开”，载 http://www.moa.gov.cn/ztzl/zjyqwgz/spxx，访问日期：2015 年 10 月 1 日。

开条例》的规定，政府公开信息分两种。一种是政府主动公开，又称依职权公开；另一种是依申请公开，即行政机关依照申请向特定的公民、法人和其他组织公开某些特定信息。且行政机关不得公开涉及国家秘密、商业秘密、个人隐私的政府信息。但是，经权利人同意公开或者行政机关认为不公开可能对公共利益造成重大影响的涉及商业秘密、个人隐私的政府信息，可以予以公开。那么，这就涉及风险评估文件是否会涉及商业秘密，能否公开的问题。2014 年之前，农业部只公布转基因审批信息，而做出审批的依据——风险评估报告并不公开。在本案发生之后情况发生了改变，2014 年年底，生物安全评价资料全部在农业部网站公开。〔1〕对于可能涉及的商业秘密内容，我国在评价报告和入境申请文件中，明示要求出口商统一注明，公开的时候将秘密部分予以省略。

当然，对国外的风险评估文件公开的同时，国内研究机构的转基因风险评估材料也一视同仁地予以公开。2014 年 7 月，农业部公开了华中农业大学对华恢 1 号与 Bt 汕优 63 转基因水稻的安全评价材料，引起媒体和绿色和平组织的一些质疑，随后华中农大对质疑进行了回应。〔2〕2015 年 1 月，华中农业大学生命科学技术学院水稻团队研发的两种转基因抗虫水稻再次获得由农业部颁发的农业转基因生物安全证书（生产应用），该安全证书的有效期为 5 年，自 2014 年 12 月 11 日至 2019 年 12 月 11 日。但目前仍未获得商业化批准。虽然转基因主粮安全证书的发放引起了国内广泛地讨论，但不论如何，在中国这种以往被

〔1〕“中国农业部农业转基因生物安全评价资料”，载 http://www.moa.gov.cn/ztzl/zjyqwgz/spxx/201307/t20130702_3509313.htm，访问日期：2015 年 10 月 1 日。

〔2〕李艳洁：“转基因安全评价材料疑云”，载 http://news.cb.com.cn/html/economy_9_19745_1.html，访问日期：2015 年 10 月 1 日。

视为商业秘密的风险报告能够公开，让公众参与辩论，从某种角度看对消除公众疑虑、建立双方的互信基础也是具有积极作用的。

二、机密商业信息认定带来的难题

以上关于风险评估信息公开与否在中国引起的碰撞，实际上也是《生物安全议定书》谈判以及其他国家面对的挑战。

在《生物安全议定书》的谈判过程中，一些国家担心通过事先知情协议程序或根据其他要求向进口国提供的信息中，可能包含有需要保护的有价值的商业信息（CBI），因此要求对机密信息设立专门的条款。另一部分国家则不愿设立这样的条款。

出于对知识产权的考虑，为了维护出口缔约方的商业秘密，最终，《生物安全议定书》对信息交流做出了机密资料的限制：进口缔约方应当允许申报方对机密信息进行声明，在依据《生物安全议定书》的程序所提交的或进口缔约方作为《生物安全议定书》事先知情协议程序的一部分而要求提交的资料中，应指明哪些资料构成机密性资料；在指明机密性资料时，应根据要求说明理由；同时，每一缔约方均应确保建立对此种资料实行保密的程序，并且对这种资料的保密程度不应当低于其对国内制造的改性活生物体的有关机密资料的保密程度；进口缔约方如果决定，发出通知者指明为机密性资料的资料不符合机密资料条件，则应就此与发出通知者进行协商，并应在公开有关资料之前将其决定通报发出通知者，同时根据要求说明理由，且在资料予以公开之前提供协商和对该决定进行内部审查的机会。[1]《生物安全议定书》第21条第6款规定了不属于机密信息的几种情况：①发出通知者的名称和地址；②关于改性活生

---

〔1〕《生物安全议定书》第21条“机密资料”。

物体的一般性说明；③关于在顾及对人类健康构成的风险的情况下对生物多样性的保护和可持续使用的影响作出的风险评估结果摘要；以及④任何应急方法和计划。

根据以上规定，首先，对于哪些是机密商业信息由出口方的申报者决定，其次，对于是否属于机密资料如果存在争议，缔约方应当进行协商并努力达成一致，当然如果达不成一致，就不会发生后续的越境转移了。最后，对出口方的机密商业信息要与进口国国内生物技术企业的保护等同。与《鹿特丹公约》等文件中所规定的作为单向的信息交换流程的事先知情同意程序不同，事先知情协议程序更多的是依赖双方的平等协商。因此可以认为在事先知情协议程序中的信息交换属于双向性流程。为保证信息交换的实现，需要进出口双方达成协议。

（一）CBI 认定缺乏标准

机密商业信息一般是由公司用来在不同领域保护自身利益的关键信息，这些信息一旦被商业竞争对手知悉则会损害公司利益。在很多研发企业及出口商眼中，环境释放以及食品和饲料用途的改性活生物体的生物安全评价文件和支持材料也经常被视为机密商业信息。具体到《生物安全议定书》中，针对改性活生物体，不论是用于环境释放还是用于食品和饲料加工，都要求进行生物安全评估，并且这也是多数国家国内法上的强制性规定。绝大多数评估和生物安全数据是由申请者进行，并与产品的技术细节一起直接提供给监管机构，通常都统一标记为 CBI。

然而，CBI 没有一个明确的定义，在实际使用中常常是由申请者界定，因此申请者完全可以利用各国监管体系的差异，以 CBI 为由阻止向公众披露有关进入环境和食物链的产品的安全性的数据。此外，生物安全数据一般是在“逐案原则”（case - by - case）的基础上，由申请者根据不同国家的环境情况，结合每一种改性活生物体遗传性状，向监管机构提供信息。

由于在转基因产品申报过程中，没有建立合理的CBI主张的国际指南、标准或者标准格式。对CBI缺乏严格的标准、国际协调和透明度，以及将生物安全相关数据作为保密事项的习惯做法，让公众疑虑顿生，更加难以对改性活生物体或者说转基因生物形成信任态度。

（二）CBI挑战政府监管能力

在大多数国家，尤其是改性活生物体进口国，特定政府部门的雇员负责按照国际和国家赋予的法律职责来监管转基因生物风险评估。在透明度和公众审查机制缺失的情况下，监管者（或指定的兼职专家）需要在规定时间内充当GMOs生产者提供的生物安全数据和风险评估的评议人。监管者/专家定期审查长达数百上千页的申请，其中可能包含大量的原始数据，并需要在几个月内做出决定。此外，在政策不稳定、技术资源和专家资源有限的国家，评估机密生物安全数据的执行力更是可能受到挑战。

（三）CBI导致生物安全研究难以有效开展

不可否认，公司一方面具有市场导向的目标，但是为了证明其产品的安全性也要提供支持数据。可以预见，在环境、健康和经济效益之间将会出现利益冲突。转基因安全事件具有复杂性，所调查的生物指标、区域环境、社会经济差异、在环境变量的研究设计和鉴定中可用的标准的有限性，使得实验设计和数据产生过程容易受到利益冲突和偏好的影响。如果缺乏透明度，就可能会增加在问题框架、方法设计、实验统计分析和数据解释、预警和选择数据等过程中引入偏好的可能性。

事实上，我们制定《生物多样性公约》和《生物安全议定书》的过程中，一直在强调科学不确定性，即现有科学证据无法明确改性活生物体对生态环境和人类健康是否存在损害。但是，如果科学界试图要研究和解决这个问题，对产品安全检测的数据予以公开，让同行参与讨论和验证就是必不可少的。但目前横亘在科学讨论之前的两道鸿沟就是保密性和审查制度。

为了让争议的观点更能经受住考验，需要在以下两个方面改进。首先，要解决由公司获取的、并被监管机构接受的作为产品安全证据的原始数据（例如，转基因作物安全性测试中实验小鼠的总体血液分析）的透明度以及可获取性。只有这样，学术界的研究人员才可能介入到此番讨论中，通过附带原始数据的方式公开刊登文章，以便让研究结果得到充分讨论。

另一方面，应当由独立于企业界之外的实验室，来对新产品进行新的安全性试验。这些独立实验室将经过公共投标来确定，对结果的透明度提出强制要求。这些公共研究将由企业来提供资助，资助的幅度等同于其之前用于监管测试的预算。科学实验方案和结果将被公开，并进行对比测试。因此，不会对当前体系造成额外的财务成本，以及不会产生额外的时间拖延。

针对上述问题，欧洲食品安全局（EFSA）风险评估机构在2013年向公开化方向迈进了重要一步，在其网站发布了孟山都转基因玉米NK603的相关数据以增加评估和决策的透明度。数据包括除了小部分商业机密外的所有内容。之所以公开数据，主要有以下两个原因：首先，2012年9月法国卡昂大学分子生物学家贾尔斯·埃里克·塞拉利尼（Gilles – Eric Séralini）发表的一项研究称大鼠在进食玉米或草甘膦除草剂后遭受到了不利健康的影响，包括增加了患肿瘤的概率。[1] 欧洲食品安全局认

〔1〕 Gilles – Eric Séralini et al.,"Long Term Toxicity of a Roundup Herbicide and a Roundup – tolerant Genetically Modified Maize", *Food and Chemical Toxicology*, Volume 50, Issue 11, November 2012, pp. 4221 ~4231.

定该项研究的试验设计和研究方法有严重的缺陷，因此，没有必要重新评估 NK603 的安全性。而许多欧洲消费者对此认定仍难以信服，对在美国和巴西等国家广泛种植的转基因生物的使用保持怀疑的态度，倡议当局增强决策的透明度。其次，正式将 NK603 数据公之于众，主要是为了满足公众所倡议的透明度，旨在通过数据使得广大科学社团和其他感兴趣的群体能够参与风险评估。现在，任何公众或科学界成员均可以检查和充分利用这些完整的风险评估数据。有必要在为确保质量、提高透明度、降低利益冲突，并且最终增强公众对于 GMOs 的信心的标准的科学程序中，去除对于生物安全数据的机密性的宣称。

事实上，当企业要越境转移某种改性活生物体时，该生物体必然已经获得了专利保护，专利为商业化用途提供了排他的权利。而风险评估中的生物安全数据，包括环境相互作用、过敏性、毒性和其他安全方面的数据对于非专利持有人的商业效用十分有限，对于非法的复制产品也几乎没有用处。因此，影响到公众健康的数据不应当被牵涉到生产专利内容中，并且不应当被作为保密信息，这应当是未来的发展方向。

第四章

生物安全信息交流与生物安全信息交换所

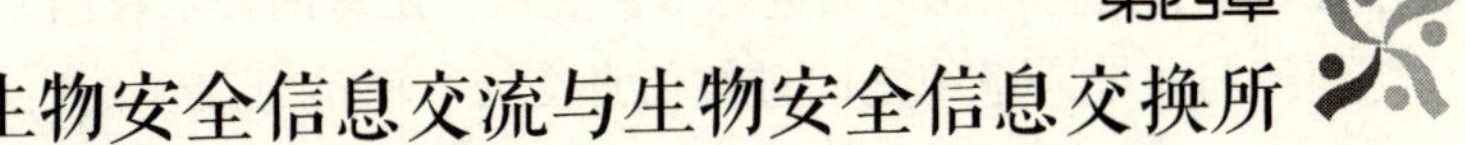

在信息日益变成一种财富的背景下，挖掘信息背后的潜力成了各国竞相追逐的一个新领域。信息的价值能够得到最大的发挥，一是需要信息能够被有效收集，二是信息能够流动到能挖掘其背后价值的人手上。而在不同的国家，国家秘密、商业秘密、个人隐私是拦在信息公开之前的三道高墙，哪些信息能够流动、只能在多大范围内流动的差异极大。放到国际层面，这更加是需要权衡的一个问题。

如同个人要有效参与某活动的前提是他要首先知晓活动信息一样，在国际社会，国家要应对、治理环境问题，前提也是对可能影响环境的活动的信息进行收集和交流。只有掌握了足够的信息，才能够判断现有或即将发生的活动是否会对环境造成不利影响以及在带来不利影响的前提下影响的性质和程度，并以此为根据制定相应的环境政策，采取有效的预防措施。因此，目前很多关于环境保护的条约或公约都将信息的收集与交流作为重要内容之一。那么，在国内可以由政府部门和环保组织、企业等收集，通过政府环境公报、环保组织定期公开报告以及企业社会责任报告书等方式公开和交流信息。而在国际层面，尤其是已经订立了国际公约的情况下，一般都是由国家/缔约国来负责监测和收集相关环境信息，而关于环境信息的交流，各环境条约有不同的规定。

根据条约规定，有的要求在国家之间进行信息交流，有的要求在国家与国际组织之间进行信息交流，还有的要求在国家、国际组织与非政府组织之间进行信息交流。而信息交流的内容也是多种多样，包括国家政策和法律、组织机构、环境决策、整体环境状况或特定环境因子、污染物排放的具体信息，以及环境紧急事故等。例如，1979 年《远距离跨界大气污染公约》第 8 条就规定，缔约各方应在执行机构的框架内和双边范围内，为了共同的利益交流有关污染物质的排放数据、与传送和确定污染及损害程度相关的科学数据以及相关的控制技术和国家的、次区域的和区域的政策和战略。

在信息的交流方面最有影响力的当数《生物多样性公约》及其《生物安全议定书》所确立的信息交换所机制。《生物多样性公约》第 17 条规定，缔约国间应交流包括技术、科学和社会经济研究成果，以及培训和调查方案的信息、专门知识、当地和传统知识本身。保护和持久使用生物多样性的技术以及对环境无害的遗传资源利用技术也在信息交流范围之内。为了保障以上目标能够实现，第 18 条特别规定了应设立信息交换所机制。然后在《生物安全议定书》中，第 20 条规定了信息交流与生物安全资料交换所。在不妨碍对机密资料实行保密的情况下，每一缔约方应向生物安全资料交换所提供各自的关于履行议定书的法律文件，双边、区域及多边协定和安排的信息和资料，对改性活生物体进行风险评估或环境审查的结论，以及针对改性活生物体的进口或释放作出的最终决定和监测报告。

在进行环境信息的收集和交流时，不可避免的障碍是：国家的经济利益和国家安全利益与有效、充分进行信息的收集和交流之间的冲突。这一点，无论是哪个国家，在参与制定或者实施信息的收集和交流时都会顾及。因此各国在环境信息的交流方面，既是开放、自由的，又是有限度的。如上文所述《生物安全议定书》第20条在信息的交流方面就规定了“不妨碍对机密资料实行保密”的前提条件。美国也在1992年的联合国环境与发展大会上以知识产权保护为由，拒绝签署《生物多样性公约》。因此，不论是在事先知情协议程序中出口方对进口方的通知和出口货物的标记中，还是在生物安全信息交换所交换的资料中，信息的种类和内容一直都是争议的焦点之一。下文中，笔者将从出口国、进口国双向的信息交换和生物安全信息交换所的多向信息交换等方面考察这一内容对发展中国家的意义。

第一节　事先知情协议程序中的双向信息交流

事先知情协议程序中，改性活生物体的出口方掌握着跟改性活生物体相关的信息和资料，而进口方往往由于技术、人力、经济上能力的欠缺，难以准确地判断改性活生物体入境和环境释放可能带来的风险。那么，有两个环节非常重要，一个是事先通知，需要让进口方知晓拟转移的改性活生物体的相关信息；另一个是标识，在决定进口后的运输阶段需要清晰注明。通过这样的信息获取和交流渠道，在一定程度上有利于保障发展中国家的生物多样性以及公众健康。

一、通知与决定

（一）发出通知者

由谁来发出通知较为合适呢？虽然在国际条约中，一般都是由国家作为权利和义务的直接承担者，但是，改性活生物体越境转移大多以国际贸易的方式呈现，且出口者对改性活生物体的性质最为熟悉。因此，这就导致了到底事先通知是由出口缔约方还是出口者承担最为合适的争论。

在谈判过程中存在两种完全相反的观点。一种观点是，让改性活生物体的进口国中从事进口业务的法人或者自然人承担通知本国管理机关的义务，加拿大强烈主张这种做法。另一种观点是，让出口缔约方的主管机构进行通知，这为类似观点国家集团所坚持，并得到了欧盟的支持，这种方式能更好地对进口缔约方进行有效保护。双方之所以各持己见，最根本的原因是担忧国家责任，也就是说如果缔约方没有做出及时通知，后果将直接导致国家责任，出口方迈阿密集团不愿意承担这种风险，因此其极力反对欧盟集团和发展中国家的主张。同时，迈阿密集团也反对就出口者提供资料的准确性在国内法中做出保障。

最后两大集团相互妥协，《生物安全议定书》达成了一致，规定出口缔约方负有通知义务，但也可以要求出口者以书面方式履行这一义务。〔1〕因此，只要通知者的义务放宽到私人出口者身上，由出口者发出通知就可以使出口国免于承担国家责任，出口缔约国当然会选择由出口者发出通知。进而只要在出口国的国内法中规定出口者履行通知的义务，那么出口者如果不作为，进口缔约方就难以根据国家责任来对出口缔约方进行追究，只能选择依据其国内法在出口缔约方国内提起诉讼。

此外，还有一种情况比较复杂，就是涉及多个运输主体的

〔1〕《生物安全议定书》第8条："在首次有意越境转移改性活生物体之前，出口缔约方应当通知或要求出口者确保以书面方式通知进口缔约方的国家主管部门。应当由出口缔约方或者出口者向进口缔约方发出通知。出口缔约方负担通知的义务，进口缔约方相应地承担确认通知的义务，但进口缔约方的不作为并不意味着同意改性活生物体的越境转。"

问题。如果改性活生物体的最终目的地在开始越境转移运输的时候并不知道，此后发生多次转运，在到达最后的目的地之前将涉及多个出口者。因此，由于通知和决定程序耗时较长，这种目的地不明确的运输很可能让出口者和转运者放松对事先通知义务的关注，反过来对进口国的实际海关监控能力是一种很大的考验。

（二）通知的时间

何时做出通知是事先知情协议程序中一个非常重要的问题。“事先”二字当然可以解释为改性活生物体越境转移之前必须要提供相关信息。但是针对同种改性活生物体，这一义务是在每一次转移之前都要履行还是在首次越境转移之前要履行呢？发展中国家在谈判中甚至提出了就相同改性活生物体的相同目的利用的情况下，对后续进口问题再拟定一条规定简化程序的规则的建议。后来《生物安全议定书》针对这一问题指出了是“首次”越境转移时就需要履行这些手续。[1]

但是随之而来的问题是，如何判定某一次的改性活生物体的越境转移和上一次的是否相同？如果是为了不同的利用目的，是否需要另行通知？当然，从《生物安全议定书》的附件一（i）款似乎可以推论出不同的利用目的也构成需要另行通知的条件。因为附件一规定的是通知的内容，在（i）款中指出改性活生物体或其产品（即源于改性活生物体并经过加工的材料，其中含有凭借现代生物技术获得的可复制性遗传材料的可检测到的新异组合）的预定用途。当然，由于其表述具有模糊性，

---

〔1〕《生物安全议定书》第8条：“通知①出口缔约方应在首次有意越境转移属于第7条第1款范围内的改性活生物体之前，通知或要求出口者确保以书面形式通知进口缔约方的国家主管部门。通知中至少应列有附件一所列明的资料。②出口缔约方应确保订有法律条文，规定出口者所提供的资料必须准确无误。”

这一决定权就交到了进口国国内法手上。

（三）内容及准确性

当确定了基本的通知程序后，就需要考虑通知到底包括什么内容以及内容的准确性是否有标准。通知内容的详细程度是进口国决策的重要依据，当然详细程度同时又受到商业秘密的制约。此外，虽然改性活生物体出口者提供的资料只是作为决策的参考，但是出口者一定是希望产品能够顺利进入进口国国内。那么其应当在多大程度上对资料的准确性负责，是否只要没有故意造假和隐瞒事实的情形存在，出口者就可以不承担改性活生物体的后续风险呢？

对这一问题进行谈判的时候，以澳大利亚和美国为代表的一方认为《生物安全议定书》中没有必要专门拟定条款来规定通知的内容及其准确性，他们认为在国内法上进行规定即可。但是考虑到发展中国家进口缔约方的实际情况，为了便于其进行有效的风险评估，以决定是否同意改性活生物体的越境转移，《生物安全议定书》在附件一中对通知应当包含的基本材料做出了明确的规定。但是其并没有涉及通知的准确性及责任问题。直到后来的《名古屋-吉隆坡议定书》中才有所突破，这一内容将在第五章中予以具体分析。

根据附件一，出口者做出的通知中至少应当包括下列资料：①出口者的名称、地址和详细的联络方式；②进口者的名称、地址和详细的联络方式；③改性活生物体的名称和标识；如果出口缔约方订有国内改性活生物体生物安全程度分类制度，列出其所属类别；④如已知越境转移的拟定日期，列出这一日期；⑤与生物安全相关的受体生物体或亲本生物体的生物分类状况、通用名称、收集点或获取点及其特性；⑥如已知受体生物体和/或亲本生物体的起源中心和遗传多样性中心，列出此种中心，并说明有关生物体可赖以存活或增生的各种生物环境；⑦与生物安全相关的供体生物体的生物分类状况、通用名称、收集点或获取点及其特性；⑧介绍说明引入改性活生物体的核酸或改变、所使用的技术及其由此而产生的特性；⑨改性活生物体或其产品（即源于改性活生物体并经过加工的材料，其中含有凭借现代生物技术获得的可复制性遗传材料的可检测到的新异组合）的预定用途；⑩拟议转移的改性活生物体的数量和体积；⑪先前和目前根据附件三进行风险评估的报告；⑫建议酌情用于安全、处理、储存、运输和使用的方法，其中包括包装、标识、单据、处置和应急程序；⑬在出口国内对此种改性活生物体实行管制的现状，例如是否已在出口国被禁止，是否对它实行了其他限制，或是否已核准其作一般性释放；如果此种改性活生物体已在出口国被禁止，说明予以禁止的理由；⑭出口者就拟议转移的改性活生物体向其他国家发出的通知的结果和目的；⑮有关上述资料内容属实的声明。[1] 其中，改性活生物体在出口国家管制的状况及其亲本、受体生物体受到何种基因改变的信息尤为重要，可让进口国参照判断是否准予其入境。同时通过《生物安全议定书》这样在附件中的规定，相当于在国际层面的立法中制定出一个指导性框架，让通知的内容和相关改性活生物体的信息得以明确，进口国在实施过程中再根据实际情况予以调整。

（四）进口方确认通知

在收到通知后 90 天内，进口缔约方应当以书面形式向发出通知者确认收到通知。[2] 此外，《生物安全议定书》又规定，即使进口缔约方未能对通知做出确认，也不意味着其对越境转

---

〔1〕 参见《生物安全议定书》附件一。

〔2〕《生物安全议定书》第 9 条“对收到通知的确认”。

移表示同意。[1] 进口缔约方的不作为并不是对改性活生物体越境转移的默示同意。这是从保护改性活生物体输入国的国内生态环境的角度出发而做出的规定。对于同意是要采用明示还是默示的做法在谈判中也引起了激烈的争议。一些迈阿密集团的国家从一开始就主张规定的回复期限届满如果进口缔约方不做出表示就意味着同意。但是大多数国家都认为事先知情协议程序应当采用明示同意,《生物安全议定书》最终也认可了这种观点。

(五) 决定

进口缔约方应在收到通知后 270 天内向发出通知者及生物安全资料交换所书面通报是否允许改性活生物体入境的决定,在有条件或无条件地核准进口的情形下,还应当说明此项决定将如何适用于同一改性活生物体的后续进口。即使进口缔约方未能在收到通知后 270 天内通报其决定,亦不应意味着该缔约方对有意越境转移表示同意。[2] 当然,进口缔约方还可以根据其国内规章、条例或根据《生物安全议定书》附件一“通知”要求提供更多的有关资料,这样即可超过上述 270 天的期限。

(六) 从转基因玉米 MIR162 在华攻防战看通知决定程序的利益纠葛

上文中可以看到,尽管《生物安全议定书》对通知和审批流程及期限有较为明确的规定,但是并没有生硬地将审批期限限制在 270 天,从进口国的角度看,这样当然十分有利,其国内机关及专家组有充分时间进行衡量。但是对出口者来说,如果缺乏对进口时间的准确预期,则很可能带来一场经济灾难。

2013 年 10 月至 2014 年年底,转基因玉米 MIR162 在中国上演的一场“攻防战”就深刻地体现了上述“通知决定程序”带

[1] 《生物安全议定书》第 9 条“对收到通知的确认”。

[2] 《生物安全议定书》第 10 条“决定程序”。

来的利益纠葛。

1. 转基因玉米 MIR162 退运事件及引发的诉讼

2013 年 10 月，在深圳口岸从美国输华玉米中开始检测到转基因玉米 MIR162 成分。由于 MIR162 转基因当时没有被农业部批准发放安全证书，中国开始退运包含有 MIR162 转基因成分的作物，退运量至少达到 125 万吨。为此，美国公司和农民损失近 29 亿美元。

这一事件可能引发我们的如下疑问：既然 MIR 没有被中国农业部批准发放安全证书，为何要铤而走险将玉米输入呢？当退运后，美国农民辛苦种植的玉米到头来却无法通过合法途径完成与主要买家之间的交易，蒙受巨大损失，到底谁该为这次损失负责？

造成这一切的罪魁祸首是瑞士转基因技术巨头跨国种子供应商先正达集团（Syngenta）。先正达集团，其总部设在瑞士巴塞尔，目前在全球 90 多个国家设有分支机构，员工达 2.8 万人。MIR162（又称 Agrisure Viptera）是先正达公司研发的转基因玉米，这一品种于 2008 年获得美国 FDA 核准作为食物和饲料，2009 年正式推出并进行推广，此后在 2010 年获美国农业部批准商业化种植，并相继获得巴西、加拿大、日本、韩国、欧盟等国家和地区批准进口。2010 年 3 月，先正达也向中国农业部提交材料申请转基因玉米 MIR162 入境，农业部认为先正达多次提供的相关材料和实验数据不是很完整，并存在一些问题，因而要求其补充材料和实验数据。直到 2014 年 12 月底，MIR162 才获得中国农业部批准。

从以上时间轴可以看到，MIR162 在 2013 年 10 月还未获得的批准到 2014 年年底就已经放行，“事先知情协议程序”审批时间长短直接影响到转基因种子的生产种植布局。

转基因玉米出口中国遭拒事件之后，先正达官非不断。国际粮商巨头嘉吉公司在美国一家地方法院提起诉讼，指控先正达公司在没有获得中国政府审批前，贸然在美国大范围推广种植含有 MIR162 成分的转基因玉米，导致该公司亏损 9000 万美元以上。之后，第二家美国公司跨海岸供应公司（Trans Coastal Supply Co.）也向伊利诺伊州 Urbana 法院起诉先正达，主张赔偿公司预期将蒙受的 4100 万美元以上的损失。除了企业外，美国农民同样已经“抱团”对先正达集团提出集体诉讼。

2. “事先知情同意程序”流程背后的商业布局

先正达的错误在于没有拿到出口安全批准，却开始提前 2 到 3 年布局商业化生产。企业提前卖出了种子，但收获的玉米却无法出口，农民损失惨重。

之所以做出这种提前布局有几个原因：首先，种子从试种植到商业化铺开种植再到收获出口，有两年左右的时间差，如果企业认为在这段时间内能获得批准，那么就可能提前种植。例如，先正达 2010 年将 MIR162 玉米提交给中国相关政府部门审批，预计审批流程会在 28 个月左右的时间结束，因此在美国大力进行商业化推广，预计 MIR162 实现量产时，中国也批准了 MIR162 的进口。其次，之所以作出这种预估，要以进口国对转基因的总体态度以及以前审批的平均时间为依据。例如，在中国这样的目标进口地，农业部此前已经批准了 12 种转基因玉米，这些玉米获准进入中国作为加工原料使用，其中有 6 种来自先正达公司，只是 MIR162 不在已批准的品种之列，所以 MIR162 通过批准似乎并不困难。但是，实际审批进度晚于先正达公司的预期一年，继而导致了前文提起的多起诉讼。

二、包装和标识

（一）基本要求

当进口国认为某种改性活生物体具有安全性，同意进口之后，就进入了运输环节。在这一环节中，为了不让改性活生物体与其他货物发生混淆，准确向进口缔约方和主管机构提供信息，确保改性活生物体的安全处理和转运，《生物安全议定书》第18条规定了对拟越境转移的改性活生物体的处理、运输和包装要求。[1]

《生物安全议定书》要求出口国应当对改性活生物体附加说明单据，在包装、储存、运输、处理、使用和销售过程中都进行标识，用以说明该出口货物为改性活生物体。此规范具体可以分为以下三种情形：

（1）如果改性活生物体仅仅是作为食物或饲料或加工之用，在能识别时标识为“改性活生物体”，如果无法识别时需要标识为其中“可能含有”改性活生物体，并且二者都要注明“不作为环境释放”（如田间播种）用；并附上可供进一步索取信息资料的联络点。

（2）预定用于封闭性使用的改性活生物体，明确将其标明为改性活生物体；并具体说明安全处理、储存、运输和使用的要求，以及供进一步索取信息资料的联络点，包括接收改性活生物体的个人和机构的名称和地址；

（3）拟有意引入进口缔约方的环境的改性活生物体和《生物安全议定书》范围内的任何其他改性活生物体应附有单据，明确将其标明为改性活生物体；具体说明其名称和特征及相关

---

〔1〕《生物安全议定书》第18条第2款。

的特性和特点，关于安全处理、储存、运输和使用的任何要求以及供进一步索取信息资料的联络点，并酌情提供进口者和出口者的详细名称和地址；以及列出关于所涉转移符合《生物安全议定书》中适用于出口者的规定的声明。

（二）标识需要进一步明确的问题

上文《生物安全议定书》中的条款只是要求“标明”，这二字要落实，需要考虑到标识的方式、内容、位置、例外、豁免、是否需要设计统一单据和标码等诸多问题。如果要求标识的话，那么在生产、运输、储存、加工等各个环节都要区分转基因和非转基因品种，因此将会大大增加成本。各国对此态度不一，反映到议定书谈判中情况也是一样。

1. 标识与标签

不论标识制度如何，都离不开对产品标签的规定。

标签是指贴在或系在物品上标明品名、用途、价格等的纸片。标签是名词，由文字图形等组成。标识是动词或动名词，是指具体在标签上标注转基因成分的行为。标识是一个系统的、动态的过程，在生产、加工环节有不同行为者的参与，标签是一个静态的说明。[1] 因此，在改性活生物体越境转移时，是需要在原有货单上直接注明，还是要用其他的标签方法呢？

《生物安全议定书》生效之后缔约方大会的议题之一就是讨论如何确定标识的问题。有观点认为使用现有的商业货单简便且费用低廉，也有观点认为应当使用专为议定书目的而设计的新单据，单据上应提供更多的信息，包括独特标识生物体主体和导入体等，这将对用户和管理者更为方便。而转基因出口大国的利益方认为应逐字逐句根据议定书的文字行事，除此之外

〔1〕 付文佚、王长林：“转基因食品标识的核心法律概念解析”，载《法学杂志》2010年第11期。

的信息都不可接受。直到2006年在巴西库里提巴举行的第三次缔约方大会上，才达成了决定BS－Ⅲ/10，要求议定书各缔约方并促请其他国家政府采取措施，保证根据国内管理框架得到授权，拟直接作食物或饲料或加工之用的改性活生物体所附文件应符合进口国家的规定。对于标识的内容仍决定采用普通名称、科学名称以及可能有的商业名称，且应标注改性活生物体在生物安全信息交换所登记的特有标识编码或转变活动编码。

因此，从BS－Ⅲ/10决定来看，缔约方在其本国的法律框架内，既可以使用商业发货单，也可以使用现有单据制度所规定或使用的其他文件来进行标识。因此，类似欧盟这种内部已制定实行独特的标识制度的地区可以延续其制度，其他国家也可以根据本国情况选择多样化的标识方法。这实质上是给各缔约方一个实验性质的过渡期，使他们在转基因食品这个领域有更多的行动和实验空间。当然，这种权宜性的方法并不代表未来的发展方向，经过几次缔约方会议后，从第七次缔约方会议开始讨论对标识采用统一的单独的文件形式。

2. 偶然出现改性活生物体时的阈值

大部分国家和地区的转基因标识管理政策，都允许在非转基因食品中存在少量转基因成分，将这种转基因成分的存在作为收获、运输及加工过程中，无法通过技术手段加以消除的意外混杂，而不需要进行标识，并且确定食品中转基因成分意外混杂的最高限制，即阈值。若食品中转基因成分的含量超过这一阈值，则需要对食品进行标识。各国规定的标识阈值从0%到5%不等，欧盟由于对转基因的态度较为严格，在2002年将转基因标识的阈值从1%降低到0.9%。

实际上，从非转基因作物种植开始，在生产、运输、加工、包装、销售等各个环节，完全避开转基因作物或转基因成分非常困难。阈值的规定使得没有达到该标准的转基因成分的偶然出现不需要标识，能够更好地保障法律的可执行性。缺乏阈值的规定，任何转基因成分偶然的、技术上不可避免的出现都需要标识，会在执行上产生困难。《生物安全议定书》缔约方同样意识到了这个问题，在生效之后举行的第一次缔约方大会上就开始讨论对偶然或无意造成的改性活生物体含量的阈值进行规定，并审查现有的取样和检测方法，以便予以统一，目前讨论还在进行中。[1]

第二节 生物安全信息交换所：从双向到多向信息交流的发展

生物安全信息交换所对于成功地履行《生物安全议定书》至关重要。所谓信息交换所，就是《生物安全议定书》秘书处建立的一个中央数据库，存放缔约方交存的改性活生物体越境转移方面的数据及信息，缔约方可以通过中央数据库查询有关信息；所有的缔约方也应当建立本国的生物安全数据库，并将生物安全相关的信息上报中央数据库。

生物安全信息交换所以公开途径，为缔约方获得资料提供了可能，包括国家生物安全管理的法律法规和审批决定等，因而也能够增进《生物安全议定书》执行情况的透明性。这样即使一些发展中国家在风险评估的时候遇到难处，可以参考与其地理气候、人文社会环境类似的其他国家的批准情况，以作出决定。

同时，生物安全信息交换所还能为各缔约方以及其他有关利益相关者在科学和技术方面的合作提供便利。例如，让有关

〔1〕 UNEP/CBD/BS/COP－MOP/1/15.

的利益相关者能够参加现有的生物安全能力建设活动，还可以提供专家名录，向发展中国家缔约方提供咨询意见，帮助其进行风险评估，从而使其能够就改性活生物体的越境转移作出决定。

此外，生物安全信息交换所还能让各行业和其他利益相关者更容易获得开展活动所需要的信息资料，包括管理改性活生物体活动的国家合同、有关法律和规章条例以及各缔约方所作的决定和声明，特别是关于改性活生物体的越境转移的决定和声明。

但是在生物安全信息交换所建立后，也存在不少问题：例如和已经存在生物多样性信息交换所的协调关系，生物安全信息交换所除了建立成为改性活生物体的数据库之外还需要充实什么内容？如何处理商业机密信息？对公众开放的信息和对管理者开放的信息作何区别？不发达国家缺乏完善的网络资源时怎么办？

一、生物安全信息交换所信息资料的种类

如果稍加留意，我们可以发现很多环境公约中都设置了信息交流以及能力建设这样的内容，实际上这是由环境公约的特性决定的。不可否认，环境保护是生活质量提升到一定高度之后，公民和国家才开始关注的议题。而在国际范围内制定环境条约，如果对责任设置过于严格，必将让众多能力不足的发展中国家望而却步；反之，如同《巴塞尔公约》《生物安全议定书》这样利用公约作为抵挡经济技术发达国家的倾销或者其他不公平行为时，如果要走杜绝路线，最终也难免沦为少数发展中国家自己的游戏。环境公约在这两个极端中不断摇摆，逐步寻找到了自己的模式，也就是在臭氧层、气候变化、生物多样性、海洋保护等这些环境要素流动、仅凭一国之力无法解决的

议题上，先尽量把不同类型的国家纳入，然后让发达国家通过资金援助、信息交换、能力建设等方式，促成各国采取协同行动。当然，这一过程注定也是波折不断，资金和信息同样需要对价交换。例如气候变化领域就因为绿色气候基金等达不成协议，导致《京都议定书》第二承诺期迟迟不能启动。

以上的模式放在《生物安全议定书》中同样适用。发展中国家在面对其不擅长的改性活生物体技术时，跟其他国家交流有关改性活生物体的科学、技术、环境和法律诸方面的信息资料和经验就显得十分重要。当生物安全信息交换所这样的平台建立后，在不妨碍对机密资料实行保密的情况下，就可以要求缔约方提供必要的信息和资料。

生物安全信息交换所的资料应由各缔约方提供，例如国家合同、国家法律及决定和宣布，以及与履行《生物安全议定书》有关的其他资料和资源。例如能力建设方面的信息资料、专家名册以及与其他网站的链接、特别是与其他国际生物安全资料交流机制的链接。对非《生物安全议定书》缔约方的国家政府来说，也鼓励它们向生物安全信息交换所提供相关的信息资料。[1]

（一）与各国的联系

《生物安全议定书》的生物安全信息交换所的信息资料要依靠缔约国提供，因此需要指定明确的国家主管当局负责向《生物安全议定书》秘书处提交信息。各缔约方的国家联络点的名称、地址等联系方式都公布在了信息交换所网站上。此外，还有各缔约方与履行《生物安全议定书》相关的国家数据库的链接。以中国为例，我国负责与《生物安全议定书》秘书处联系、提供资料的部门设在环境保护部，而中国改性活生物体进口审

〔1〕《生物安全议定书》第20条“信息交流与生物安全资料交换所”，第3款。

批的部门是农业部，因此信息的顺畅交流还有赖于这两个部门的合作。

（二）法律和规章条例

1. 国家法律、规章条例和准则

这一部分包括为履行《生物安全议定书》而制定的现行法律、规章条例和准则，还包括缔约方为实施事先知情协议程序而要求提供的信息资料。

2. 双边、区域及多边协议

各缔约方应向生物安全信息交换所提供履行《生物安全议定书》所需要的任何双边、区域和多边协议及安排，包括在《生物安全议定书》生效日期之前或之后订立的任何此种双边、区域和多边协议及安排。

当缔约方与改性活生物体相关的法律、法规被公开后，出口方可以对目标国的法律责任、法律执行情况进行评估，以便锁定重要的出口地。进口国也可以参考其他国家的立法情况，对国内法律进行修改完善。

（三）决定

1. 根据事先知情协议程序作出的关于改性活生物体的决定

这一部分包括由于实施《生物安全议定书》的事先知情协议程序而作出的决定。

2. 关于拟直接用作食物或饲料或加工之用的改性活生物体的决定

这一部分包括与各缔约方就为提供直接用作食物、饲料、加工之用而拟予越境转移的改性活生物体的国内用途，包括投放市场的最终决定相关的信息资料。缔约方应在作出上述决定后 15 天之内通过生物安全信息交换所将之通报各缔约方。在这一资料的基础上，任何缔约方得运用其国内规章条例，就拟直接用作食物、饲料、加工之用的改性活生物体作出决定（第11条第4款）。在没有订有这种规章条例的情况下，发展中国家缔约方或经济转型国家缔约方可为了作出决定的目的利用《生物安全议定书》所述之程序。但这种决定应在拟直接用作食物或饲料或加工之用的改性活生物体首次进口之前，通过生物安全信息交换所予以宣布（第11条第6款）。

3. 其他决定和宣布

这一部分包括各缔约方应向生物安全信息交换所提供的有关上述两类情况之外的其他决定和宣布的资料，其中包括：

（1）缔约方关于穿越其领土运输改性活生物体的决定；

（2）缔约方拟免除对进口的特定改性活生物体采用事先知情协议程序的决定；

（3）当缔约国发生某些事件导致或可能导致改性活生物体的无意越境转移时，向可能受影响国发出的通知。

以上这些决定就是缔约方的国内法律法规运用到某个具体的改性活生物体之后的结果。当针对特定改性活生物体能否进口的信息都予以公开时，那些地理气候、经济社会环境类似的缔约方就能参考其他国家的决定。当出现某些没有受到监管的新的改性活生物体越境时，通过对非法情况的公开，也能提醒其他缔约方对特定国家的特定产品提高警惕，强化检测。

（四）风险评估

这一部分包括关于通过定期性进程，并根据《生物安全议定书》第15条进行的对改性活生物体的风险评估和环境审查的摘要资料，并应酌情包括有关其产品（即源于改性活生物体并经过加工的材料，其中含有凭借现代生物技术获得的可复制性遗传材料的可检测到的新异组合）的有关资料。

（五）独特鉴别方式

这一数据库提供了独特识别分类登记册，而这种登记册是获得生物安全信息交换所记录的关键，例如，经合组织鉴别拟直接用作食物、饲料、加工之用的改性活生物体的转基因植物系的独特识别分类。

(六) 能力建设

1. 能力建设机会

这一数据库包括现有或将来短期能力建设机会的资料，例如：技术援助、奖学金和研究金、人员交流/实习、科技合作、伙伴关系、研讨会、专业网络等。

2. 能力建设项目和举措

秘书处建立这一数据库是为了便利获得能力建设方面各项目和其他有关举措的信息资料。这种举措一般而言是长期（即6个月或更长）的举措，并包括在一段时间内开展的数项活动中。

之所以提出能力建设，加强人员培训和网络建设，主要是因为一些缔约方本身的履约能力相当有限。例如，一些非洲国家缔约方。他们存在网络不稳定、计算机硬件软件不完善、人力资源缺乏等困难，在信息交换机制实施初期，有些国家甚至无人了解具体将改性活生物体的信息进行交换的操作流程。[1]为了协助这一类国家参与生物安全信息交换机制，联合国环境规划署和全球环境基金实施了协助项目，该项目能够为国家从BCH中获得、利用以及管理科学技术、环境和法律信息提供培训、设施以及建议。

(七) 专家名册

生物安全信息交换所设立了专家名册，其目的是当发展中国家缔约方请求就越境转移改性活生物体提供咨询时，有专家可供选择，以利于其进行风险评估、作出决定。这一部分包括

---

〔1〕 Biosafety Protocol News, Special Focus Biosafety Clearing House, January 2010, Issue 7, www. cbd. int/doc/newsletters/bpn.

关于专家的信息资料和使用专家名册的准则，包括提名专家和更新专家资料的程序，申请和利用名册上的专家的程序以及关于为利用名册上的专家而提供的自愿基金的信息资料。

现在，一些国家已经按照《生物安全议定书》的要求向生物安全信息交换所上报信息。虽然具体公开的信息内容有所不同，但是基本包括申请者、改性活生物体鉴别办法、性状、基因操作方法、用途、风险评估摘要、批准文件等等。例如日本所建立的生物安全信息交换机制公布了自 2004 年 6 月以来的涉及用于试验、环境释放、食品、饲料的改性活生物体的审批决定。〔1〕此外，欧盟、美国、加拿大、新西兰、瑞士、中国等也建立了国家生物安全信息交换所。〔2〕

二、生物安全信息交换所与生物多样性信息交换所的关系

实际上，《生物安全议定书》建立生物安全信息交换所的思路可追溯到《生物多样性公约》建立的生物多样性信息交换所（Clearing - House Mechanism，简称 CHM）。这二者之间联系紧密，却又为着不同目标各自开展活动。

（一）生物多样性信息交换所

根据《生物多样性公约》第 7 条和第 18 条的规定，缔约方应加强生物多样性数据和信息的管理，建立生物多样性信息交换所机制。CHM 在促进履行《生物多样性公约》义务、推动科学和技术的合作方面发挥了重要的作用。它实际上是一个透明的、分布式的交换生物多样性信息与技术的机制。其有三个目标：一是合作，即促进和帮助成员国内部以及成员国之间的科

〔1〕日本生物安全信息交换所：http://www.bch.biodic.go.jp.

〔2〕生物安全信息交换所：美国，http://usbiotechreg.nbii.gov/database_pub.asp；比利时，http://www.biosafety.be；中国，http://www.biosafety.gov.cn.

学和技术合作；二是信息交流，促进成员国内部和成员国之间交换并综合生物多样性的信息；三是发展网络，即发展信息交换所机制联络点及其合作伙伴。《生物多样性公约》秘书处已建立了基于因特网的生物多样性信息交换所网站（www.biodiv.org）和数据库系统，公众可方便地获取所需的信息和技术，包括公约文本、缔约方大会的决议、工作方案、国家报告、专题报告等。目前，包括我国在内已有152个缔约方设立了CHM国家联络点，其中104个缔约方建立了电子信箱，41个缔约方建立了网站。

信息交换机制的主要特点是，以符合各国能力和需求为动力，对决策过程提供支持，并在可能的情况下争取私营部门的参与。信息交换机制下信息的收集和组织是分散的过程，由缔约国的国家联络处负责协调自身的工作。信息交换机制主要是保证在所有合作方之间传播相关经验和知识，起到协调和帮助作用。

（二）生物安全信息交换机制与CHM的关系

实质上生物安全信息交换机制是CHM的组成部分，它们的宗旨都是为了促进信息交流和推进合作。但是二者也存在明显的不同。

生物多样性信息交换机制的发展方式是根据获得的经验和可以获取的资源，并针对所确定的需求逐渐增加职能。虽然其发展较早，并且现在有越来越多的缔约方制定了联络处或者建立了信息交换机制的网络，但是由于受到资金等方面的限制，它还没有成为一个普遍的合作伙伴的网络。而且虽然一些缔约方还没有建立或者初步建立了信息交换机制，但是这并不妨碍其他缔约方执行公约的能力，即各缔约方在信息交换机制下的信息依赖关系并不是十分紧密。[1]

---

〔1〕 环境保护部：《中国转基因生物安全性研究与风险管理》，中国环境科学出版社2008年版，第615页。

然而，在《生物安全议定书》范围内，改性活生物体进口缔约方和出口缔约方在生物安全信息交换方面存在着相互依赖关系。生物安全信息交换机制要从《生物安全议定书》生效时开始就发挥作用，让缔约各方能够提供《生物安全议定书》规定的信息，让缔约方对改性活生物体的入境知情并作出决定，具体提供的信息以及生物安全信息交换机制在《生物安全议定书》中广泛的运用（参见表6）。如果缔约方和其他利益相关方离开了生物安全信息交换机制，就可能难以履行《生物安全议定书》中承诺的义务。在这一个方面，《生物安全议定书》和《生物多样性公约》的信息交换机制是存在区别的。

表6　生物安全信息交换机制在《生物安全议定书》中的使用情况

条款	生物安全信息交换机制的利用	提供的信息
第10条 决定程序	进口缔约方应在收到首次有意的越境转移的通知后270天内向发出通知者及生物安全资料交换所书面通报其是否：（a）有条件或无条件地核准进口；（b）禁止进口；（c）要求提供更多的有关资料；	a，b，d，e，f，h，i，j，k，l，m，n，o，p，q
第11条 关于拟直接作食物或饲料或加工之用的改性活生物体的程序	一缔约方如已针对为供直接作食物或饲料或加工之用而拟予以越境转移的改性活生物体的国内用途、包括投放市场作出最终决定，则应在作出决定后15天之内通过生物安全资料交换所将之通报各缔约方。 每一缔约方如订有适用于拟直接作食物或饲料或加工之用的改性活生物体的进口的任何国家法律、规章条例和准则，应向生物安全资料交换所提供此种资料的副本。	b，c，d，f，g，h，i，j，k，l，m，n，r
第12条 对决定的复审	进口缔约方可随时根据对生物多样性的保护和可持续使用的潜在不利影响方面的新的科学资料，并顾及对人类健康构成的风险，审查并更改其已就改性活生物体的有意越境转移作出的决定，并应于30天之内就此通知	a，b，c，d，f，h，i，j，k，l，m，n，r

续表

条款	生物安全信息交换机制的利用	提供的信息
	先前曾向其通报此种决定中所述改性活生物体的转移活动的任何发出通知者以及生物安全资料交换所。	
第13条 简化程序	只要已依循本议定书的目标，为确保以安全方式从事改性活生物体的有意越境转移采取了适宜的措施，进口缔约方便可提前向生物安全资料交换所表明： （a）向该缔约方的有意越境转移可在何种情况下于向进口缔约方发出转移通知的同时同步进行；以及 （b）拟免除对向该缔约方进口的改性活生物体采用提前知情同意程序。	a, b, c, d, f, h, i, j, k, l, m, n, r
第14条 双边、区域及多边协定和安排	各缔约方应通过生物安全资料交换所相互通报各自在本议定书生效日期之前或之后订立的任何此种双边、区域及多边协定和安排。 任何缔约方均可决定其国内的规章条例适用于对它的某些特定进口，并应向生物安全资料交换所通报其所作决定。	s, r
第17条 无意中造成的越境转移和应急措施	每一缔约方均应在获悉已发生下列情况时采取适当措施，向受到影响或可能会受到影响的国家、生物安全资料交换所并酌情向有关的国际组织发出通报：因在其管辖范围内发生的某一事件造成的释放导致了或可能会导致改性活生物体的无意越境转移，从而可能对上述国家内生物多样性的保护和可持续使用产生重大不利影响，同时亦可能对这些国家的人类健康构成风险。	c, d, f, g, h, i, j, k, n
第19条 国家主管部门和国家联络点	秘书处应通过生物安全资料交换所提供每一缔约方所指定的国家联络点和国家主管部门的名称和地址的信息资料。	c

续表

条款	生物安全信息交换机制的利用	提供的信息
第23条 公众意识和参与	每一缔约方应力求使公众知悉可通过何种方式公开获得生物安全资料交换所的信息和资料。	t
第24条 非缔约方	各缔约方应鼓励非缔约方遵守本议定书并向生物安全资料交换所提供改性活生物体在属其国家管辖的地区内释放及其出入情况的相关信息和资料。	a, b, c, d, e, f, g, h, i, j, k, l, m, n, o, p, q
第25条 非法越境转移	每一缔约方应向生物安全资料交换所提供涉及本国的非法越境转移案件的信息和资料。	c, d, e, f, g, h, i, j, k, l, n
第33条 监测与汇报	每一缔约方应对本议定书为之规定的各项义务的履行情况进行监测，并按规定的时间间隔项缔约方大会和生物安全信息交换所提交报告。	u

a. 出口者的名称、地址和详细联络方式；

b. 进口者的名称、地址和详细联络方式；

c. 主管部门的名称和详细联络方式；

d. 改性活生物体的名称和标识，如果出口国订有国内改性活生物体生物安全程度分类制度，列出其所属类别；

e. 越境转移的拟定日期；

f. 受体生物体和/或亲本生物体的分类学名、俗名，收集地点或者获取地点的说明；

g. 改性活生物体的任何独特鉴别方式；

h. 引入改性活生物体的核酸或改变、所使用的技术及由此而产生的特性；

i. 受体生物体和/或亲本生物体的起源中心和遗传多样性中心，并说明有关生物体可赖以存活或增生的各种生境；

j. 供体的分类学名、俗名，收集地点或者获取地点的说明；

k. 改性活生物体及其产品的用途；

l. 越境转移的改性活生物体的数量或者体积；

m. 风险评估报告；

n. 用于安全处理、储存、运输和使用的方法，其中包括包装、标志、单据、处置和应急程序；

o. 在出口国内对此种改性活生物体实行管制的现状；

p. 出口者就拟予转移的改性活生物体向其他国家发出通知的结果和目的；

q. 有关上述资料内容属实的声明；

r. 改性活生物体进口管理国家的法律法规和准则；

s. 生物安全的双边、区域及多边协定；

t. 生物安全信息交换机制的联系地址或者网址；

u. 履行《生物安全议定书》的国家报告。

来源：环境保护部：《中国转基因生物安全性研究与风险管理》，中国环境科学出版社 2008 年版。

第五章 事先知情协议程序的责任

越境转移改性活生物体导致的损害的赔偿责任和补救，是2000年《卡塔赫纳生物安全议定书》通过时留待未来审议的问题之一，第27条要求作为议定书缔约方会议的缔约方大会在其第一次会议上通过详细拟定赔偿责任和补救规则的进程。因此，2004年2月，《卡塔赫纳生物安全议定书》缔约方第一次会议建立了详细拟定赔偿责任和补救规则的进程，2010年10月，在日本名古屋召开的《卡塔赫纳生物安全议定书》缔约方大会第五次会议通过了《卡塔赫纳生物安全议定书关于赔偿责任和补救的名古屋-吉隆坡补充议定书》（以下简称《名古屋-吉隆坡补充议定书》或《补充议定书》），这一进程结束。2011年3月7日，《名古屋-吉隆坡补充议定书》在纽约面向《卡塔赫纳生物安全议定书》缔约方开放签字。截至2015年11月，《名古屋-吉隆坡补充议定书》已经有31个国家或区域经济一体化组织交存了批准、接受、核准或加入文书，距生效只差9份批准书。

《名古屋-吉隆坡补充议定书》是旨在补充《卡塔赫纳生物安全议定书》的一项条约，其目标是：通过制定改性活生物体的赔偿责任与补救领域的国际规则和程序，协助生物多样性的保护和可持续利用，同时顾及对人类健康所构成的风险。当然，这一目标非常宏大，且要跨越若干法律追责困境。《补充议定书》设置了两条路径来解决改性活生物体导致的损害：行政路径和民事责任路径。行政路径是授权给特定国家主管机关来处理损害，而不是损害发生之初就求助于法院；民事责任路径是诉讼当事人通过国内法律体系，寻求私法救济。《补充议定书》对行政路径的规定较为详细，而对民事路径的规定只有一个条款，相当简略，只是要求缔约方适用他们现有的国内法或者针对此问题制定新的条款。这样的结果并非谈判初始所欲。最开始发展中国家是希望《补充议定书》能够对民事责任和补救进行实体和程序方面的规定。

在下文中我们将结合谈判背景，分析《补充议定书》是如何走到这一步，现有条款，尤其是行政路径条款在实施过程中遇到的困境。最后指出建立国际民事责任还有何种问题有待解决。

第一节　责任及补救条款的需求及谈判焦点

一、责任及补救条款的重要价值

不论是在国内法还是在国际法领域，法律责任的重要性不言而喻。如果缺乏法律责任的相关规定，我们就难以想象法律能够从纸面文字转化为现实中的维持社会秩序的手段。但是，在改性活生物体越境转移的国际法领域，考虑责任追究有一定的特殊性。

首先，事先知情协议程序已经规定了出口者需要履行的事先通知、标识等义务，如果违反这些义务，需要承担国际法上的违约责任，而具体“违约责任”表现为什么形式，《卡塔赫纳生物安全议定书》并没有明确规定。其次，即使出口者按要求履行了上述义务，如果未来改性活生物体对生态环境的潜在风险浮出水面，且已经是进口若干年之后才得以明确，那么，这种情况是否要求出口者承担责任呢？且这两种类型的责任是否要进行区分，又如何区分呢？

因为《卡塔赫纳生物安全议定书》对以上问题都没有给予明确答案，如果没有一个具有法律拘束力的责任文件，不仅改性活生物体进口国在批准进口时心存担忧，而且进口国的邻国也可能由于基因漂移而受到波及。尽管现在根据预防原则，科学上没有确切证据证明改性活生物体的生态影响，但这不意味着未来也不能发现相关证据。如果将来有明确证据而无法律规定，国家和个人往往只能依据侵权行为法的基本原理来寻求弥补损失，而且这种根据法理来追究国际环境民事侵权责任的行为常常难以奏效，最终导致受害国家和个人自己承担损失，这无疑是很不公平的。为了避免这种情况出现，在改性活生物体越境转移领域应当建立责任条款。

具体来说，责任条款有以下几方面的重要价值：[1]

第一，《卡塔赫纳生物安全议定书》第 27 条明确指出缔约方“应当”拟定“赔偿责任和补救方法的国际规则和程序”，批准了《卡塔赫纳生物安全议定书》就表明缔约方负有这一义务。缺乏责任条款的《卡塔赫纳生物安全议定书》严重地减损了其预期效果。尤其对作为进口方的发展中国家不利，因为很多国家都缺乏国内立法来应对此类问题。

第二，可以让改性活生物体越境转移的权责相当。一般情况下，出口国和出口者能通过出口获得经济利益，如果缔约方拟定了责任机制，改性活生物体出口方将会理性衡量权责轻重，

---

〔1〕 Katharine E. Kohm, “Shortcomings of the Cartagena Protocol: Resolving the Liability, Loophole at an International Level”, *Ucla Journal of Environmental Law and Policy*, 2009.

谨慎进行推广活动。

第三，会使出口方更严格地遵守事先知情协议程序条款。出口者将会更全面地测试改性活生物体的风险，并将与进口方详细交流以防发生不利影响。〔1〕

当然，从出口方的角度看，没有责任条款对他们更有利。他们认为改性活生物体会给环境和人类带来风险的说法言过其实，而且到现在还没有存在大范围的改性活生物体致损的情况。此外，他们还主张国际法已经有了国家责任条款，包括不法行为责任和国际法不加禁止行为导致损害后果的责任两种情况，国际环境法的习惯也要求国家应保证在其管辖或控制范围内实施的行为不会导致对其他国家的损害。因此，不必在条约中制定具体规则。〔2〕

但是，国际立法进程用事实表明了“采用基于条约的责任机制来追究可能导致环境损害的行为”是必需的。这一进程因为观点和利益分歧巨大，注定是一个多方角力的场所。

二、创设改性活生物体责任机制的国际谈判中的焦点问题

为生物多样性的全面保护和利用构建了法律框架的《生物多样性公约》在生物安全损害责任与补救方面只作出了非常笼统的授权性规定，《生物安全议定书》在损害赔偿方面也没有实质性规定。〔3〕根据《生物安全议定书》第27条的规定，《生物安全议定书》第一次缔约方大会在其第 BS－1/8 号决定中，设

---

〔1〕 Elizabeth Duall, “A Liability and Redress Regime for Genetically Modified Organisms under the Cartagena Protocol”, *George Washington International Law Review*, 2004.

〔2〕 Elizabeth Duall, “A Liability and Redress Regime for Genetically Modified Organisms under the Cartagena Protocol”, *George Washington International Law Review*, 2004.

〔3〕 参见《生物多样性公约》第14条以及《生物安全议定书》第27条。

立了赔偿责任和补救问题不限成员名额特设法律和技术专家工作组（以下简称“特设工作组”）。特设工作组的目的是拟定赔偿责任和补救办法的国际规则的备选案文，以便就这些规则和程序的性质和内容达成共识。从 2005 年 5 月在蒙特利尔举行第一次会议，到 2010 年名古屋会议召开之前，特设工作组花费了 5 年时间，对改性活生物体越境转移造成损害的补充议定书草案的条款展开了深入讨论。〔1〕虽然，国际或区域一级不存在具体处理改性活生物体越境转移所造成损害的赔偿责任和补救办法的国际文件，但是特设工作组仍然参考了其他多边环境协定所建立的国际赔偿责任，认为赔偿责任和补救所涉及的一般性规则可以在国际范围内适用。〔2〕

（一）焦点问题

为了创设改性活生物体越境转移导致损害的责任追究，谈判《生物安全议定书》的代表们重点考虑到了以下几个方面内容：什么才能构成损害、如何评估、可能的责任主体、归责原则、责任期间、因果关系、免责情形以及受理争端的机构等。

（1）首要的分歧就是改性活生物体需要造成何种损害才需要承担责任。从损害性质来看，一般情况下，环境损害责任的前提一般是要造成人身损害或者财产损失。但是，需要注意的是该谈判是在《生物多样性公约》和《卡塔赫纳生物安全议定书》下进行的，不论是公约还是议定书，都强调对生物多样性和生态环境的保护。因此，损害性质就必须扩大到对生物多样性保护和利用的损害，这样才能体现公约目的。而接下来的问

〔1〕 See http://www. cbd. int/doc/? Meeting = Bsgflr – 01, Report of The Group of The Friends of The Co – Chair on Liability and Redress in the Contex of the Gartgena Protocol on the Work of its First Meeting.

〔2〕 UNEP/CBD/BS/GF – L&R/3/4, 19 June 2010.

题就是“对生物多样性保护和利用的损害”如何进行判定，存在量化指标吗？还是只考虑采取恢复措施的费用？这在落实损害责任时无疑需要澄清。

（2）谈判方还需要决定哪些主体有可能成为潜在的责任方。一些国家代表认为应当将责任限制在改性活生物体的开发者和制造者身上；另一些代表则要求参与越境运输的运输方也应当承担责任；还有一些代表主张除了私人主体应当承担责任外，起源国也不能例外。当然，我们不能忽视的现实是，一些最大的改性活生物体出口国尚未批准《生物多样性公约》以及《生物安全议定书》，如果要将改性活生物体起源国纳入，根据国际法基本原理，将无法要求这样的国家承担责任，这也是最棘手的问题。

（3）从损害的地理范围看，一般条约权利义务都限于缔约方，但改性活生物体可以借助自然风力、鸟类等进行传播，即“基因漂移”，这样就很可能传播到邻近的非《生物安全议定书》缔约方的国家境内。那么，非《生物安全议定书》缔约方能否向缔约方提起赔偿要求呢？此外，改性活生物体越境转移行为是一个链条，尤其涉及过境和转运环节，那么进口国、过境国是否应当都享有相同的起诉标准呢？

（4）从归责原则看，国际法上一般有绝对责任（外空领域、核设施领域）、严格责任和过失责任几种。对一个生态系统来说，生物多样性效果要等到很多物种变化和基因交叉发生后才会显现出来。如果采用过失责任，这将要花费多年时间并需要追溯最初的改性活生物体出口者的过失，因果关系的确定则变得尤为困难，因此过失责任并非较好选择。如果采用严格责任，也需要确认几种特定的免责情况，避免让出口者承担过重的责任。此外，由于越境转移是一个行为链，包括改性活生物体的研发、销售、出口、转运、进口、环境释放行为等，是否需要从中选定特定身份人群并要求其承担连带责任以及责任分摊，都是需要斟酌的问题。

（5）另外一个引起争议的问题是剩余赔偿责任，各方对于遭受损害的国家或者经营人的注册国是否应当承担剩余国家赔偿责任的观点分歧很大。多数发展中国家支持由经营者承担主要赔偿责任，同时国家承担剩余赔偿责任。一些国家支持当赔偿无法满足补救的费用时，使用补充性集体赔偿，另一些国家则支持建立额外的资金机制来保证赔偿费用的支付。

（6）即使缔约方解决了上述所有问题，他们还需要决定受理改性活生物体争议的可能的裁判场所。

综上所述，在国际法领域制定跟责任相关的议定书本来就并非易事，在改性活生物体越境转移领域建立责任和补救的条款就更是艰难，需要突破以上谈及的若干焦点问题。而"无责任就无议定书"〔1〕，在下文中我们将分析谈判方是如何解决以上问题的。

（二）重要成果

1.《名古屋－吉隆坡补充议定书》

2010年10月15日，在日本名古屋召开的《卡塔赫纳生物安全议定书》第五次缔约方会议通过了《名古屋－吉隆坡补充议定书》，这份补充议定书规定了改性活生物体破坏进口方生态系统时的补救和赔偿办法。《补充议定书》吸取了以往国际环境法中责任条约规定的生效条件过高而无法落地的教训，规定如

〔1〕 Kate Cook, "Liability: No Liability, No Protocol", Christoph Bail, Robert Falkner and Helen Marquard, *The Cartagena Protocol on Biosafty—Reconciling Trade in Biotechnology with Environment and Development*?, Earthscan Publications Ltd, London, October 2001, p. 410.

果获得40个国家和地区批准，《补充议定书》就将在90天后生效。截至2015年11月，《名古屋－吉隆坡补充议定书》已经有31个国家或区域经济一体化组织交存了批准、接受、核准或加入文书，距生效只差9份批准书。[1]

表7　《名古屋－吉隆坡补充议定书》批准国（截至2015年11月）[2]

所属地区	国家
欧洲	欧盟、丹麦、芬兰、德国、捷克、荷兰、挪威、罗马尼亚、瑞典、瑞士、阿尔巴尼亚、保加利亚、爱沙尼亚、拉脱维亚、匈牙利、爱尔兰、立陶宛、卢森堡、斯洛文尼亚、西班牙、斯洛伐克
非洲	布基纳法索、几内亚比绍、乌干达
亚洲	越南、柬埔寨、印度、蒙古、叙利亚、阿拉伯联合酋长国
北美洲	墨西哥

从以上批准国家和地区的分布看，欧洲占了大部分，且都是对改性活生物体持谨慎态度的国家。且公约秘书处正加大对《补充议定书》的宣传力度，力求尽快使其生效。在这样的背景下，中国对《补充议定书》应该采取何种态度呢？这与该议定书内容以及中国目前对转基因的整体政策密切相关。在对《补充议定书》内容阐释的基础上，本书将结合中国情况在本章第四节中进行分析。

《名古屋－吉隆坡补充议定书》确定了改性活生物体导致生物多样性或者人类健康损失时，赔偿责任与补救的国际规则及程序。简而言之，基本的赔偿和补救包括两种方式：行政应对措施以及民事赔偿责任。除非天灾、不可抗力、战争或内乱行

〔1〕交存批准书状况参见 https://bch.cbd.int/protocol/supplementary.

〔2〕资料来源：http://bch.cbd.int/protocol/NKL_ ratification.shtml.

为的情况下，损害可以免除责任。其他情况，不论改性活生物体是提供环境释放，还是无意中的释放，抑或是违法的释放，如果能确定改性活生物体与损害的因果关系，经营者都应当立即通知主管机关，承担补救的义务，并需要向主管机关缴纳评估损害和采取适当应对措施的费用和开支。主管机关则应当确定造成损害的经营者、评估损害程度并决定经营者应当采取的应对措施。这里的经营者作广义解释，包括许可证持有者、将改性活生物体置于市场者、开发者、生产者、通知者、出口者、进口者、承运人或供应者等。

2.《关于有害环境活动所造成损害之责任、应对行动和赔偿的国内法的编制准则》

当然，《补充议定书》还有很多内容十分模糊，并将民事责任追究交给了国内法解决，而一些作为改性活生物体进口国的发展中国家并没有足够能力制定该领域的立法。因此，除了具有拘束力的《补充议定书》以外，2010 年联合国环境规划署（环境署）理事会/全球部长级环境论坛第十一届特别会议又通过了《关于有害环境活动所造成损害之责任、应对行动和赔偿的国内法的编制准则》（后简称《准则》）〔1〕。《准则》的目的是强调《卡塔赫纳生物安全议定书》的缔约方如果选择起草关于改性活生物体越境转移导致损害的民事赔偿责任的国内法律或条例的话，不得不解决的核心问题，《准则》将有助于发展中缔约方和属于转型期经济体的缔约方拟定该领域的国内立法或政策。当然，这一准则并没有法律拘束力，仅仅具有参考价值。

因此，本书将以《名古屋－吉隆坡补充议定书》为重点讨

〔1〕“关于有害环境活动所造成损害之责任、应对行动和赔偿的国内法的编制准则”，载 http://www.unep.org/gc/gcss－xi/working_ docs.asp，访问日期：2015 年 12 月 15 日。

论的对象，《准则》的性质是自愿性的，分析时将其作为参考。

第二节　生物安全损害责任与补救的基本内容

所有的法律文件都不会凭空产生，虽然《生物安全议定书》要创设的责任追究具有一定特殊性（基于预防原则建立，目前没有确切证据证明改性活生物体对生物多样性的损害），但以前存在的条约和议定书构建的责任条款对其仍然具有参考价值，例如先前的《巴塞尔议定书》，核损害责任以及油污损害民事责任中确定的责任承担者、责任形式、损害的计量、因果关系证明等。在谈判过程中，需要审慎地考虑哪些规则能够加以利用。之所以选取这三个作为参考标准是因为《巴塞尔议定书》针对的是危险废弃物的越境转移责任，且《巴塞尔公约》中也实施了类似的事先知情同意程序（事先知情协议程序也是从巴塞尔公约中借鉴并发展的，因此在责任追究领域也具有参考价值）。核和油污损害被认为是最成功的民事责任机制且已经在实践中得到了实施。

一、先前存在的赔偿责任体系及其可借鉴性

（一）《巴塞尔公约》的责任和赔偿

如同《生物安全议定书》将责任问题留待以后解决一样，《巴塞尔公约》中也是要求“尽快”建立责任机制。缔约方大会花费了 7 年时间讨论这一责任机制，但是《巴塞尔议定书》至今仍未生效。

尽管还未生效，《巴塞尔议定书》为《生物安全议定书》的责任机制提供了类似的模式：①二者的母体《巴塞尔公约》和《生物安全议定书》涉及的都是可能导致危险的物质的越境

运输，尽管危险废物的运输导致损害的风险是预知的，改性活生物体的运输以及环境释放的损害还缺乏证据证明；②二者都是依靠设置“事先通知”和“知情同意”两个环节来让进口方知晓的。因此，我们先看《巴塞尔议定书》设定的责任规则。

1. 归责原则和责任风险转移

《巴塞尔议定书》采用了严格责任和过失责任两种形式来解决危险物质出口者的责任。严格责任适用于出口者和进口者都是《巴塞尔议定书》的缔约方的情况。严格责任还适用于一缔约方批准了《巴塞尔议定书》并且当废物在该缔约方控制的时候损害发生的情况。过失责任适用于当一缔约方没有按照《巴塞尔公约》中的条款要求履行义务时。由于运输链由多个当事方组成，《巴塞尔议定书》的运输责任从生产者到出口者到进口者到处理者。当运输结束之后并且进口方安全接收了废物，《巴塞尔议定书》就不再适用于该次运输了。在进口方接管废物之后发生的任何损害责任都由进口方承担。在出口者控制下发生损害就是出口者责任，而在进口者控制下发生的损害就由进口者承担责任。[1]

对《生物安全议定书》来说，减轻的严格责任是可选的方式之一，但是当运输到达目的地之后就由进口方承担所有风险的条款不能在《生物安全议定书》中适用。反而责任机制应当要求由出口者负责。对于改性活生物体交易的主要关注点在于改性活生物体对生物多样性和人类健康带来的影响可能会在进口方种植转基因种子后经过多年才显现出来。此外，一些干扰因素，例如风或者气候，会妨碍或混淆改性活生物体的因果关系链，因为改性活生物体致害的时间周期要比危险废物致害的

〔1〕 Zada Lipman, “A Dirty Dilemma the Hazardous Waste Trade”, *Environment*, Vol. 23 (4), Winter 2002.

周期长得多。此外，除了进出口之外的来源也会促进或者直接导致不利影响。如果在进口国接管所进口的改性活生物体种子以后不要求出口方承担责任的话，将使得出口者在损害可能发生的相当长的一段时间里逃避责任。《生物安全议定书》要求出口者在改性活生物体运输完成后相当长的时间内对人类健康和环境影响负责，这是对国际法责任追究的一个突破。[1]

2. 损害界定

《巴塞尔议定书》从5个方面定义了损害：①生命丧失或人身伤害；②财产丧失或损坏，但根据《巴塞尔议定书》应对损害负责者所持有的财产的丧失或损坏不在此列；③直接产生于通过以任何方式使用环境而获取的经济利益的收入因环境遭到破坏而告丧失，同时计及可节省的资金和所涉费用；④为恢复被破坏的环境而采取的措施所涉费用，但只限于已实际采取或拟采取的措施所涉及的费用；⑤预防措施所涉费用，包括此种措施本身所造成的任何损失或损害，只要此种损害系由受《生物多样性公约》管制的危险废物和其他废物在越境转移及处置中因其危险特性而引起或造成的。

《生物安全议定书》也可以类似地界定损害，要求出口方赔偿人身、财产或环境损害。但是在《生物安全议定书》中使用这一定义的缺陷是它没有很好地规定对生物多样性损失进行的赔偿。生物多样性包括所有来源的活的生物体中的变异性，这些来源包括陆地、海洋和其他水生生态系统及其所构成的生态综合体；还包括物种内、物种之间和生态系统的多样性（基因多样性、物种多样性和生态系统多样性）。只是简单地赔偿活

---

〔1〕 Katharine E. Kohm，"Shortcomings of the Cartagena Protocol：Resolving the Liability Loophole at an International Level"，*UCLA Journal of Environmental Law and Policy*，2009.

生物体及其栖息地的物质损失不能很好地包括基因多样性的损失。

此外，《巴塞尔议定书》没有对《生物安全议定书》中谁有权起诉生物多样性损失给予启示。《巴塞尔议定书》应对的是影响个人和国家的可计量的实体损失。按照《生物安全议定书》的要求，要计量基因损失导致的损害并且确定谁受到了这种损害无疑是十分困难的。

3. 赔偿限额和财务担保

《巴塞尔议定书》可以通过在实施严格责任的时候对损害的赔偿金制定一个限额来协调出口者和进口者的利益。这样以防止某一方负担所有的安全保障责任，并且同时保障受害者受到相当比例的补偿。由于缔约方没有遵守《巴塞尔议定书》条款的过失导致的损害，就不存在赔偿限额。《巴塞尔议定书》另一个比较好的条款就是要求进口者和出口者订立和保持不低于附件B中列明的最低限额的保险金、保证金或其他财务担保。这些条款也可以运用于《生物安全议定书》中。对损害赔偿规定上限能够保护改性活生物体出口方不会由于过重的责任而退出生物技术领域。〔1〕

（二）核损害民事责任

1960年《核能领域第三方责任公约》（《巴黎公约》）、1963年《核能领域第三方责任布鲁塞尔补充公约》、1963年《核损害民事责任维也纳公约》以及1997年《修正〈1963年核损害民事责任维也纳公约〉的议定书》四个主要的文件构成了国际核损害民事责任机制，它们能够有助于《生物安全议定书》责任机制的构建。所有的核条约都对实施者附加了严格责任，不

---

〔1〕 Zada Lipman, "A Dirty Dilemma the Hazardous Waste Trade", *Environment*, Vol. 23 (4), Winter 2002.

论过失。受害方只要按要求提供其所受损害和核事故之间的因果关系的证明即可。即使这些条约都生效了，但是主要的拥有核设施的国家都没有批准它们，以至于这些条约并没有发挥预想中的作用。尽管它们缺乏国际影响力，但是该民事责任机制还是为责任工作组提供了一些值得借鉴的地方。

类似于《巴塞尔议定书》，该机制将责任承担者扩大到私人行为者身上，还有国家，要求操作者必须加入保险以保证对其核设施导致的损害进行赔偿，并对损害赔偿设置了上限。因为核设施导致的损害可能超过上限，因此 1963 年《布鲁塞尔公约》要求在赔偿上限仍不足以弥补损害的时候，起源国应当提供一部分赔偿。对损害赔偿设置上限并且提供其他的国家或者市场机制来分担责任，这有助于在分散责任负担的同时为受损害者提供赔偿。

如果《生物安全议定书》的缔约方想要求制造者或者种植者完全承担责任，这种提案必然会遭受强烈的反对。核事故导致的损害几乎可以说是毁灭性的，然而在非故意情况下发生的转基因生物的扩散所导致的损害却并非一定会发生，尽管其产生影响的范围很广并且也会很严重。因此让出口者或者其他参与改性活生物体工业的人承担如此重的责任会使生物技术的开发陷入困境。责任工作组必须创设出一种机制，使其很有可能获得通过生效，而不仅仅是限制在如何使赔偿最大化方面。因此，要求某一行为者完全承担责任是不可行的做法。〔1〕

这些核条约对损害的定义集中在对人类健康、财产或者环境造成的可量化的损害上。它们并不要求赔偿对生物多样性造

〔1〕 Katharine E. Kohm, "Shortcomings of the Cartagena Protocol: Resolving the Liability Loophole at an International Level", *UCLA Journal of Environmental Law and Policy*, 2009.

成的非定量化损失。除了要求损失必须是可量化的之外，核条约也面临着类似于改性活生物体的迟延效果的问题。放射物质的存在可能并不为人知，可能要到后一代甚至后几代其损害结果才会显现出来，而且即使损害结果显现出来，其原因也可能无法知晓或者说是与放射物质的因果关系很难证明。对核条约的规定存在异议的一些人指出应当将举证责任倒置，要求被告方证明其行为没有导致损害。

《生物安全议定书》的因果关系问题类似于核损害条约的时间迟延问题。正如放射效果一样，改性活生物体需要在运输并且种植多年之后对人类健康和生物多样性的效果才能显现出来。责任工作组应当考虑到核损害赔偿机制受到的批评并且制定限制条款，规定受害方何时应当认识到损害作为起算点，而不是从改性活生物体何时发生越境开始起算。《生物安全议定书》的责任机制也应当将举证责任倒置，使得受害方不需要确定地列出是哪一类改性活生物体导致了他们的损害，而出口方也能够证明其对特定损害不需要负担责任。〔1〕

虽然核损害条约对损害的定义不能适用于生物多样性损害，但针对改性活生物体的责任机制能够从中获得对损害赔偿规定上限、强制责任保险、举证责任倒置以及对于超过上限的损害由国家和其他缔约方分担等等方面的启发。

（三）油污损害民事责任

国际油污损害民事责任机制在规范跨境运输油类导致损害的时候，对船舶所有者附加了严格责任。《生物安全议定书》责任机制应当借鉴在这些文件中规定的强制责任保险，损害的定

〔1〕 Elizabeth Duall, "A Liability and Redress Regime for Genetically Modified Organisms under the Cartagena Protocol", *George Washington International Law Review*, 2004.

义以及公约基金。

油污损害条约要求船舶运营者根据油类运输登记吨位以及船舶大小来进行保险。如果发生了意外性的溢出，船舶所有人的保险人将负担主要的赔偿。但是，在故意或者有重大过失发生的溢出或排放的情形下，船舶所有人本身对损害负责。如果船舶所有人享有免责情形（例如溢出是因为战争行为导致的），所有人没有进行足额的保险并且没有经济能力予以完全赔偿，或者进行补救的成本超过了所有人的船舶的吨位所应承担的义务，受害方可以通过公约基金来获得额外的赔偿。基金是由公约成员国的石油工业根据油类进口量捐款而成的。总之，油污损害的赔偿机制运作得非常好。

《生物安全议定书》可以借鉴采取强制保险机制以及赔偿基金，类似于油污损害条约所采用的基金。改性活生物体的主要出口者都是世界上大型的生物技术公司，并且拥有资金能力来获得保险。这一机制可以基于改性活生物体的出口量来限制出口者的责任，因此小型的公司不必承担不成比例的改性活生物体所造成的影响。《生物安全议定书》的缔约方可以成立一个赔偿基金来补充缔约方保险责任范围外的损失。这种机制能够让污染者承担责任，同时在生物技术产业范围内分散成本。

1992 年《国际油污损害民事责任公约》将“污染损害”界定为油类从船上溢出或排放引起的污染在该船之外造成的灭失或损害。但是，对环境损害（不包括此种损害的利润损失）的赔偿，应限于已实际采取或将要采取的合理恢复措施的费用、预防措施的费用及预防措施造成的进一步灭失或损害的费用。一般的这些损害由财产损害、清理费用、渔业和旅游业的经济损失以及环境损失构成。油污损害条约基金聘请了外部专家组，这些专家为了使得损害的定义一致的适用于每一起排放，都促使并支持损害赔偿要求。《生物安全议定书》也可以建立这样的专家组来统一评估那些对生物多样性和人类健康造成的损害是可以赔偿的。具有内部连贯性和一致性的决定将会有助于细化生物多样性损失的定义并减少赔偿金额的任意性。

二、《名古屋－吉隆坡补充议定书》构建的责任和补救机制

（一）责任和补救的承担范围

> 第3条　范围
>
> 1. 本补充议定书适用于源于越境转移的改性活生物体所造成的损害。所指改性活生物体为：
>
> （a）拟直接作食物或原料或加工之用的改性活生物体；
>
> （b）指定为封闭使用的改性活生物体；
>
> （c）拟有意引入环境的改性活生物体。
>
> 2. 关于有意越境转移，本补充议定书适用于本条第1款提及的改性活生物体的经授权使用造成的损害。
>
> 3. 本补充议定书还适用于《议定书》第17条提及的无意越境转移造成的损害以及《议定书》第25条提及的非法越境转移造成的损害。
>
> 4. 本补充议定书适用于改性活生物体越境转移至缔约方管辖范围内造成的损害，且此越境转移发生在本补充议定书对该缔约方生效后。
>
> 5. 本补充议定书适用于在属于缔约方国家管辖地区内发生的损害。
>
> 6. 缔约方可使用其国内法规定的标准处理其国家管辖范围内发生的损害。
>
> 7. 执行本补充议定书的国内法还应适用于来自非缔约方的改性活生物体越境转移造成的损害。

生物安全立法上的“法律责任”有两个层面的含义，一是指由于违反生物安全法律或者约定的义务，行为人应当承受的不利法律后果；二是即使按照法律或者约定履行了义务，后来由于改性活生物体对生物多样性造成损害，而需要承担的责任。在国际法文件中“责任”有Responsibility和Liability两种用法，但使用情况比较混乱。如果细究其差别，前者与基本的实体性

法律义务联系，而后者与违反基本法律义务的具体法律后果（如损害赔偿）相联系。[1]一般情况下，例如在《巴塞尔议定书》中，对存在过失和不存在过失两种责任会进行区分。《卡塔赫纳生物安全议定书》也对用于不同途径（封闭使用、有意引入环境、直接作食物或原料或加工）的改性活生物体规定了不同严格程度的程序规范。但是《名古屋 - 吉隆坡补充议定书》没有区分不同用途的改性活生物体，也没有区分经营人有无违背《生物安全议定书》规定的事先知情协议程序，而是统一适用同一套责任和补救机制（包括封闭使用，有意引入环境，直接作食物、原料、加工，无意越境转移，非法越境转移五种情况），并将其责任形式分为“行政应对措施”和“民事赔偿责任”[2]（参见图4）。这主要是因为目前还没有表明改性活生物体对生态系统和人类健康危害的确凿证据。如果随着科学发展，致损的因果关系能够确定，那么到时区分多年以来数次越境转移的行为中哪些导致损害已无实际意义。只要能确定某种改性活生物体是由哪几个经营人运输销售入境的，即可追究责任。这也是让责任追究便利化的一种做法。但是，这种不加区分的做法无疑给经营人带来了很重的负担，且经营人包括了将改性活生物体置于市场者、开发者、生产者、通知者、出口者、进口者、承运人等国内国外的众多主体，涉及的主体越多，针对损害赔偿的责任推诿或者相互追偿就会越复杂。尤其是在非法越境转移成功的情况下，改性活生物体的入境逃避了进口国监

---

〔1〕 薛达元主编：《转基因生物安全与管理》，科学出版社2009年版，第255页。

〔2〕 Gurdial Singh Nijar, “The Nagoya - Kuala Lumpur Supplementary Protocol on Liability and Redress to the Cartagena Protocol on Biosafety: An Analysis and Implementation Challenges”, *Int Environ Agreements*, 2013, 13: 272.

管，不论是行为本身还是行为主体，都难以确认，所谓的责任追究就更是难上加难。

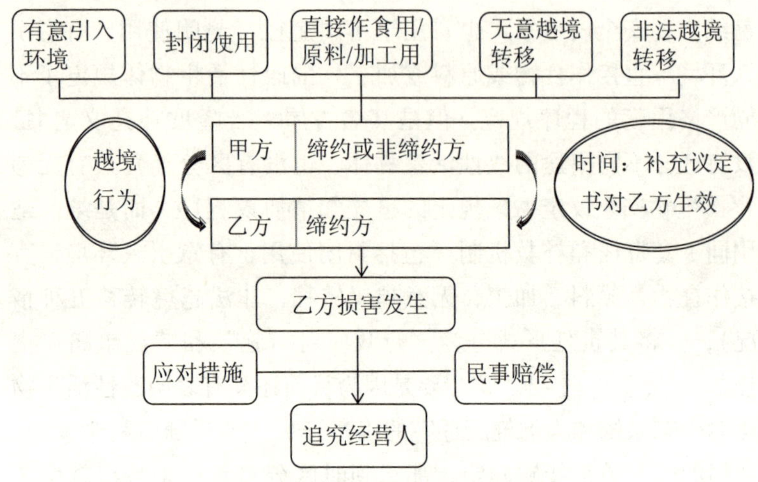

图4　责任和补救机制的范围构成

其次，需要关注的是《补充议定书》适用的地理范围——只看损害发生地，只要损害发生在属于缔约方管辖地区内，都可以适用缔约国国内法规定的标准来追究损害责任。而改性活生物体不论是来自其他缔约方还是非缔约方，都不会改变责任追究的结果。这样的规定就避免了改性活生物体出口国不批准《补充议定书》而让其国内经营人逃避责任的情况。在谈判过程中讨论的改性活生物体越境转移对不属于任何国家管辖范围内的生态造成的损害，《补充议定书》没有将其纳入考虑。

此外，需要留意未来损害追究时有一条明确的时间界限，就是导致损害的越境行为必须发生在《补充议定书》对受到损害的缔约方生效之后。也就是说，某国只要一天不批准《补充议定书》，就相当于放弃对《补充议定书》生效之前所有越境转移经营人的索赔权。这对加快《补充议定书》的生效进程不失为一种有效的手段。

（二）损害的界定

> 第2条　术语的使用
>
> …………
>
> 2. 此外，为本补充议定书的目的：
>
> （1）“损害”是指对生物多样性的保护和可持续利用的不利影响，同时顾及对人类健康的风险，且这种不利影响：
>
> （a）是可测量或可观察的，只要可能，应顾及主管当局所认可的科学确定的基线，这些基线应顾及任何人为变异和自然变异；
>
> （b）如本条第3款所述是重大的；
>
> 3. “重大”的不利影响应根据以下因素确定，如：
>
> （1）长期或永久性的改变，可以理解为在一段合理时间内无法通过自然恢复进行补救的改变；
>
> （2）对生物多样性的组成部分造成不利影响的质变或量变的程度；
>
> （3）降低了生物多样性组成部分提供商品和服务的能力；
>
> （4）在《议定书》范围内对人类健康造成任何不利影响的程度。

不同的公约或者议定书必须要结合该领域行为的特性来制定责任条款。例如《生物多样性公约》第14条针对的只是生物多样性的风险，并不考虑来自改性活生物体的具体损害，也没有提及人类健康问题。而在《卡塔赫纳生物安全议定书》中就必须要考虑改性活生物体造成损害时的责任赔偿问题，并在后续的补充议定书中予以明确。其中，考虑“损害”时需要明确：①必须在事实及法律上确定，损害是直接由改性活生物体（特别是其属性、繁殖或修饰）导致的，或是与之相关的活动引起的；②必须确认因果关系，例如，一旦改性活生物体在环境中被释放，转基因将不能被召回或从环境中移除，甚至还有可能会需要一定时间才能显现的长期效应或者是累积效应，这时将会影响对损害严重程度的判断；③生物多样性损失的真正价值如何计算，基于此来确定环境破坏者的责任和补救措施。以上这些问题在实践中一直困扰着法律界和实务工作者，谈判各方也争议不断。

最终，《名古屋-吉隆坡补充议定书》规定“损害”是指对生物多样性的保护和可持续利用的不利影响，同时顾及对人类健康的风险，且这种不利影响是可测量或可观察的，只要可能，应顾及主管当局所认可的科学确定的基线。在此“可观察”和“只要可能”的表述柔化了损害的科学证据标准。[1] 同时，损害在《补充议定书》中没有包括财产损失这样的传统界定，而只是包括对“生物多样性的不利影响”，“人身健康”的损害也只是用了“顾及”的表述。那么，如果对人类健康造成损害，根据《补充议定书》，是必须直接因改性活生物体造成，还是可以因改性活生物体损害生物多样性进而造成人类健康损害呢？这两种解释从字面上看都不违反议定书规定，因而只能交由缔约方的国内法予以解决。当然，从另一个角度看，《补充议定书》能够将“生物多样性的保护和可持续利用的不利影响”作为损害的形式，无疑是国际法上的突破[2]，这对将来缔约方国内立法的完善同样具有里程碑式的示范作用。

此外，其定义中明确规定，根据“生物多样性组成部分提供商品和服务的能力”是否降低可作为“重大”损害的判断标准。因此，这一标准与近些年研究的“生态系统服务”概念重合，生物多样性保护的论述渐渐演变为以“生态系统服务”为

---

〔1〕 Gurdial Singh Nijar, “The Nagoya - Kuala Lumpur Supplementary Protocol on Liability and Redress to the Cartagena Protocol on Biosafety: An Analysis and Implementation Challenges”, *Int Environ Agreements*, 2013, 13: 272.

〔2〕 S. Jungcurt and N. Schabus, “Liability and Redress in the Context of the Cartagena Protocol on Biosafety”, *Review of European Community and International Environmental Law*, 2010, 19 (2): pp. 197 ~206.

中心。事实上，这种趋势值得留意，它体现了从保护地球生物繁盛的内在价值的承诺转变到更严格强调生物多样性为生态系统服务提供的实用价值。生物多样性价值究竟几何呢？对此有以下两种理论：根据“铆钉假说”（P. R. Ehrlich，A. H. Ehrlich，1981年），生态群落是相关联的，当一个物种的丰富度发生变化会影响到其他物种，因此任何一个物种的丧失的影响将会愈演愈烈（就如飞机机翼上的铆钉）。与此相反，“冗余假说”（Walker，1992年）认为生态群落的结构是松散的，物种很大程度上相对独立，如果一个物种丧失会有另一物种上升取代它，在自然系统中物种存在一定程度的功能冗余。因此，对生物多样性本身价值或者生态系统服务价值的判断基于不同理论，差别非常大。作为一种理念，生态系统服务可以被限定于生物物理范围，或者它也可以包含更广泛的社会文化服务，比如教育价值、娱乐价值、灵感或者精神桥梁的价值。亚行等国际组织近年也强化了生态系统服务相关研究，其中就包括针对生态系统服务的价值评估核算[1]等，并积极推动在一些国家的试点与实践。

表8 生态系统服务的种类和示例

支持服务： 土壤形成、营养循环、鱼类产卵地、昆虫授粉	**供给服务：** 食物、织物、燃料作物；海洋捕捞；药用植物；转基因产品
文化服务： 娱乐、旅游；环境教育基地	**调节服务：** 减缓洪水、干旱；碳汇；大气、气候调节；生物病虫害防治；水资源净化和供给

〔1〕 例如“Wealth Accounting and Valuation of Ecosystem Service，WAVES”就是世行下重点从事生态系统服务核算的项目之一。

但是，与“损害”相比，生态系统服务的范围也非常模糊，它并非一个操作性更强的指标，在《补充议定书》中作出这样的规定，最终还是要落实到各国国内法中。以我国为例，目前国内讨论的生态补偿范围比亚行等组织的试点研究要宽广，国际组织一般是从创建“环境”商品和服务的角度考虑；而我国目前研究包括流域治理与水土保持、耕地占用、退耕还林（草）、矿产资源税及矿产资源补偿费等相关政策。其中以矿产资源开发为例，当耕地、林地因采矿而遭到破坏的，矿山企业应当采取复垦利用、植树种草或者其他利用措施。开采矿产资源给他人生产、生活造成损失的，应当负责赔偿，并采取必要的补救措施。〔1〕由此可以看到，国内的生态补偿将环境破坏者采取的补救措施或者支付相应的对价都纳入了价值考虑，要求支付的环境对价不限于通过创设市场方式对保护环境行为的正面激励，还包括了对环境破坏行为的惩罚或补救措施（这具有负面惩治效果）。所以，关于“损害”的研究和争议仍然会成为一个长期的课题。

（三）责任主体的确立

> 第2条　术语的使用
>
> …………
>
> (3)“经营人”是指对改性活生物体有直接或间接控制的任何人：酌情并依照国内法所确定的，包括，除其他外，许可证持有者、将改性活生物体置于市场者、开发者、生产者、通知者、出口者、进口者、承运人或供应者。

〔1〕《中华人民共和国矿产资源法》以及《中华人民共和国矿产资源法实施细则》。参见任勇等：《中国生态补偿理论与政策框架设计》，中国环境科学出版社2008年版。

对于如何确定责任承担者，有以下几种选择：一是责任全部由出口改性活生物体的国家承担；二是将责任归咎于负责改性活生物体越境转移的机构或者组织或个人，不论是出口国还是进口国都应当追究当事者的责任；还有一种是混合责任的形式。从以上《补充议定书》第 2 条中可以看到改性活生物体致损的责任附加在“经营人”身上，也就是按照“控制标准”，直接或间接控制改性活生物体的任何人都可能担责。毕竟改性活生物体越境大多数的表现形式都是国际贸易，且根据《生物安全议定书》事先知情协议程序的规定，履行事先通知义务的一般都是出口者，出口国不会直接介入具体贸易行为。而进口国审查材料批准进口后，具体落实进口活动的也是进口者。如果此后造成了损害后果，私人行为者（经营者）无疑最应当承担损害赔偿责任。当然，由于改性活生物体的越境转移涉及出口国、进口国等多国经营者，如果一国国内法对经营者课以严厉的责任，本国国内企业无疑也难辞其咎，由此引发的责任分担也将异常复杂、耗时冗长。

此外，《补充议定书》以上规定也引发以下担忧：①根据《生物安全议定书》，履行事先知情协议程序过程中，改性活生物体是否能越境，其风险评估主体包括进口国和经营者两种。当进口国自行进行评估时，改性活生物体的出口方一般是主动提交或根据进口国要求补充相关资料。因此，如果出现《补充议定书》规定的损害，完全忽略进口国的风险评估而不加限制的要求经营者承担全部赔偿责任，在法理上存在是否合理的问题。②《补充议定书》中的经营者还囊括了承运人、进口者等，而这些主体在最开始决定进口的风险评估环节中，都还未参与。是否要在改性活生物体致损情况下，要求这些主体都分担责任，还是仅仅根据其自身行为是否存在过错来判断要不要承担责任，需要予以明确。

与赔偿主体相关的是索赔主体。在这一领域由于涉及“应对措施”和“民事赔偿责任”两种，索赔的主体也应当包括国家和受害者。国家作为索赔主体的原因主要有以下两个：一是受害者没有能力提出损害赔偿请求，此时需要受害者申请国家代其进行索赔；二是生物多样性的保护和可持续利用受到不利影响时，进口国国家机关可以行使国家监管职能并调动资源，进行最迅速的反应，并采取应急措施，然后再向经营者索赔。当然，一国建立了改性活生物体致损的民事赔偿规则之后，索赔时也不能忽视财产或者健康受损的个人。

（四）责任承担方式之一——应对措施

《补充议定书》设立了两种方式来应对改性活生物体越境转移导致的损害，一是应对措施，二是民事赔偿责任。首先来看应对措施的相关内容。

1. 应对措施源起

应对措施源于美国1980年《综合环境反应补偿与责任法》（又称超级基金法，1980 Comprehensive Environmental Responsibility, Compensation and Liability Act）。后来在《欧盟环境责任指令》（2004/35/CE号指令）中也得到引入。指令基于污染者付费原则构建了法律框架，要求污染者对损害进行修复和补偿。整个处理过程是由特定的行政机关予以执行，而如果污染者认为行政机关规定的应对措施不合理，可以申请法院进行司法审查。此类应对措施的优点在于：第一，它是基于严格责任确定；第二，在需要立即采取补救措施或者预防马上就要发生损害的情形下，行政机关可以立即要求采取应对措施而无需拖延到损害发生或者扩大之后再去诉诸法院；第三，在损害扩大但又一时无法找到污染者的时候，行政机关有权采取应对措施，事后追偿的规定也极具意义；第四，当一些不属于个人所有环境要素遭受破坏的时候，例如空气、生物多样性等，这种应对措施不用受制于传统的诉讼条件（自己所有的财产所受的直接损失）和程序限制；第五，该指令将“污染者付费原则”中的污染者进行了扩展，将涉及某活动的行为人都包括进来，可以要求其采取应对措施。[1]但是，采取这种做法实质上对一个国家调动资源和采取行动的能力提出了很高的要求，一国机关需要在短时间内判断让哪些行为人采取何种补救措施，甚至在一时无法判断时，自己采取控制和补救活动。而这又恰恰是发展中国家的短板。因此，《补充议定书》在斟酌其优劣势的基础上进行了发展。

2.《补充议定书》规定的应对措施

> 第5条　应对措施
>
> 1. 一旦损害发生，缔约方应要求相关的一个或多个经营人，遵照主管当局所提任何要求行事：
>
> （1）立即通知主管当局；
>
> （2）对损害作出评估；
>
> （3）采取适当的应对措施。
>
> 2. 主管当局应：
>
> （1）确定造成损害的经营人；
>
> （2）对损害作出评估；
>
> （3）决定经营人应当采取的应对措施。
>
> 3. 当相关信息，包括现有科学信息或生物安全信息交换所的现有信息表明，如果不及时采取应对措施就非常可能发生损害时，应要求经营人采取适当的应对措施避免此种损害。
>
> 4. 主管当局可采取适当的应对措施，特别包括在经营人未这样做时采取适当的应对措施。
>
> 5. 主管当局有权向经营人收回评估损害和采取适当应对措施产生

[1] S. Jungcurt and N. Schabus, “Liability and Redress in the Context of the Cartagena Protocol on Biosafety”, *Review of European Community and International Environmental Law* (2010) 19 (2): pp. 197 ~206.

和附带的费用和开支。缔约方可在其国内法中对不要求经营人承担的费用和开支的其他情况作出规定。

6. 主管当局要求经营人采取应对措施的决定应理由充分。应将此种决定通知经营人。国内法应规定补救措施，包括对此种决定进行行政或司法审查的机会作出规定。主管当局还应根据国内法将可采取的救济措施通知经营人。对此种救济措施的追索不应妨碍主管当局在适当情况下采取应对措施，除非国内法另有规定。

7. 在执行本条并确定由主管当局所要求的或采取的具体应对措施时，缔约方可酌情评估其关于民事赔偿责任的国内法是否已涉及这些应对措施。

8. 应依照国内法实施各项应对措施。

《补充议定书》要求在以下两种情形下，经营人做出应对措施：一是对生物多样性的损害已然发生，二是如未及时采取应对措施则损害非常有可能发生。如损害已然发生，经营人有义务立即通知主管当局，对损害作出评估并采取适当的应对措施。当损害极有可能发生，经营人应采取措施避免损害。同时主管当局也应当行动起来，确定造成损害的经营人，对损害作出评估，决定经营人应当采取的应对措施。并在经营人无力采取应对措施时先行行动，然后向经营人收回评估损害和采取适当应对措施时产生和附带的费用及开支。

"应对措施"是指所采取的合理行动以①酌情防止、尽量减少、遏制、减轻或避免损害；②恢复生物多样性。应对措施必须根据国内法执行。其中恢复生物多样性行动判断的标准，是要将其恢复到损害发生之前的状态，如果不可行，则在同地或其他地点，用同种用途或其他用途的生物多样性其他组成部分替代受损的生物多样性以进行恢复。具体采取何种应对措施由国内法规定。

当然，主管机关要求经营人采取的应对措施并不是没有制约。主管当局要求经营人采取应对措施的决定应理由充分。应将此种决定通知经营人。主管当局还应根据国内法将可采取的救济措施通知经营人。如果经营人认为决定不合理，应当有权申请对此种决定进行行政或司法审查。

《补充议定书》除了把具体的应对措施形式交给国内法决定之外，还将责任的豁免〔1〕、追责时限〔2〕、责任限额〔3〕交给了国内法决定。其中，在对损害赔偿设置方面，不论是危险废物还是核损害，对这些后果严重且明知的损害国际法中都设置了上限，那么基于预防原则的改性活生物体损害也应当设定赔偿上限，对差额部分可适当提供其他的市场机制来分担责任。

（五）责任承担方式之二——民事赔偿

1.《补充议定书》下的民事责任

除了上文中行政主管当局要求采取应对措施之外，《补充议定书》还要确立私人之间就损害提起的民事诉讼，以满足经济赔偿或者是停止侵害、解除排除或妨害等强制救济的需求。一般各国的立法体系内都存在民事求偿权，但具体到改性活生物体领域，就有一些传统的理念需要突破，比如生物多样性损失如何确定、致损人如何确认、因果关系如何建立等。那么，《补充议定书》是否对以上内容进行了突破呢？我们先来看一看其具体条款。

---

〔1〕《名古屋－吉隆坡补充议定书》第6条豁免：（1）缔约方可在国内法中规定以下豁免：（a）天灾或不可抗拒力；（b）战争或内乱行为。（2）缔约方得在国内法中对其认为适当的豁免或减轻作出规定。

〔2〕《名古屋－吉隆坡补充议定书》第7条 时限：缔约方得在国内法中规定：（a）应对措施相关的行动的相对和（或）绝对时限；（b）时限适用情况下的开始时间。

〔3〕《名古屋－吉隆坡补充议定书》第8条 资金限制：缔约方得在国内法中对收回与应对措施相关的费用和开支的资金限额作出规定。

第 12 条　实施及与民事赔偿责任的关系

1. 缔约方应在国内法中规定处理损害的规则和程序。为履行这一义务，缔约方应根据本补充议定书对应对措施作出规定，并可酌情：

（1）适用其现有国内法，包括适用的民事赔偿责任一般规则和程序；

（2）适用或制定专门为此目的的民事赔偿责任的规则和程序；

（3）适用或制定以上二者。

2. 为在国内法中对第 2 条第 2 款（b）项所述与损害相关的物质或人身损害制定充分的民事赔偿责任规则和程序，缔约方应：

（1）继续适用其现有民事赔偿责任的一般法；

（2）制定并适用或继续适用专门为此目的的民事赔偿责任法律；

（3）制定并适用或继续适用以上二者。

3. 缔约方在制定本条第 1 或第 2 款（b）或（c）项所述民事赔偿法律时，除其他外，应酌情顾及以下内容：

（1）损害；

（2）赔偿责任的标准，包括严格或基于过失的赔偿责任；

（3）酌情确定赔偿责任的归属；

（4）提出索赔的权利。

第 4 条　因果关系

应根据国内法确定损害与所涉改性活生物体之间的因果关系。

2. 对《补充议定书》民事责任的评价

在谈判之初，发展中国家集团的理想是要为改性活生物体越境转移致损建立民事责任的国际法律条款，确立如何、何时、在何地、针对谁提起民事诉讼，包括责任标准，且这些条款明确清晰。[1] 同时，在上文中也分析到在目前的国际立法中有一些责任机制可以予以借鉴和模仿。而当阅读完以上跟民事责任相关的议定书条款后，绝大多数人无疑十分失望。《补充议定书》既没有借鉴以往民事责任国际立法的成果，自身在这方面也无建树，而是将所有内容都留给了缔约方适用现有国内法或

〔1〕 G. S. Nijar, S. Lawson - Stopps and P. F. Gan, *Liability and Redress under the Cartagena Protocol on Biosafety*: *A Record of Negotiations for Developing International Rules*, Kuala Lumpur: CEBLAW/NRE, University Malaya, 2008.

者制定新的国内法去解决。可以说，在生物安全国际立法领域，这样的结果错失了一次促进国际民事责任机制发展的机会。而目前极少有国家在国内法中建立改性活生物体侵权致损的赔偿规则。因而，这样的国际法规对实践没有起到任何指导性作用。

第三节　转基因生物致损责任的国内立法示范

在民事责任领域，《补充议定书》规定在对生物多样性的损害方面，并顾及人类健康的风险，缔约国可以适用其现有国内法民事赔偿责任一般的规则和程序，也可以适用专门为此目的制定的民事赔偿责任的规则和程序，或适用或制定以上二者。这相当于将规范内容都转嫁到了国内法上，那么目前到底有哪些国家就改性活生物体损害设立了责任规则呢?

国内法上对改性活生物体的态度差异非常大，进而责任追究的规则差别也很大。在选择国家考察其国内立法的时候，考虑到了以下因素：①由于国际立法对转基因生物的限制，其必须具有生物遗传活性，所以采用改性活生物体（LMOs，Living Modified Organisms）的表述，而目前各国国内立法一般是将转基因生物（不论其是否具有生物活性）放在一部立法中对其进行管理，因此均使用转基因生物（GMOs，Genetically Modified Organisms）的表述。因此，本部分探讨国内立法过程中，尊重其原有表述，均采用“转基因生物”。②选择示范国家时，考虑对转基因态度最为严格的国家（批准了《名古屋－吉隆坡补充议定书》），如德国对责任的规定。③同时，考虑较为管理较为宽松的国家，例如在欧盟范围内国家对转基因的态度也有分化，比利时对责任的规定则较为宽松（尚未批准《名古屋－吉隆坡补充议定书》）。④考虑转基因种植大国的立法情况，例如巴西、南非的责任规定（批准了《生物安全议定书》、但尚未批准《名古屋－吉隆坡补充议定书》）。

一、德国

德国在1990年颁布了一项关于转基因的法案——《基因工程法案》（The Act on Genetic Engineering），规定了转基因的发展、生产与使用，其中也包括转基因生物致损的责任规范。[1]

德国对转基因生物对环境的试验性释放与投向市场规定了具体措施：转基因作物种植者有尽量避免异花授粉的注意义务；田块之间有一定距离；在自己的作物与周围的土地间设置缓冲区或者花粉传播屏障；在耕种、收获、储藏、运输和加工过程中进行严格监测；对转基因作物的使用和采取的安全措施都要记载；单独使用贮存工具并对这些工具或者其他生产过程中用到的工具进行充分的清理。[2]

该法案建立了一个严格的不法行为责任。当任何转基因的散布造成《德国民法典》第906条意义下的“重大损害”时，就会引发散布者赔偿随之而来的损失的义务，而无论是否有过错。损害赔偿责任的上限可达8500万欧元，且转基因生物研究者或者生产者必须通过政府保证人购买责任保险。

该责任机制还适用于对附近财产的意外污染。如果转基因作物的种植者让其转基因漂移到了邻居土地上，导致邻居种植的作物必须被销毁，那么改性活生物体的种植者就必须为这种损失负责。此外，如果用那些被转基因污染的作物生产食品，并达到规定需要进行标识的含量，或者不能再使用“非转基因制造”的标签，导致这种基因污染的种植者就要承担产品市场

〔1〕 Genetic Engineering Act，§ 32～36a.

〔2〕 Genetic Engineering Act，§ 16.

价值减损的责任。

以上严格的责任规定可能带来巨额的赔偿，且德国国内市场并不接受各种转基因产品。出于市场和责任两个阻碍因素，德国农民协会激烈反对转基因作物的种植。

二、比利时

在欧盟成员国中，比利时可谓是生物技术研发的先行者。1983 年，两位比利时研究人员和一位美国科研人员一起研发了世界上第一种转基因植物。很多比利时的大学在转基因研究领域仍然非常活跃。但是在其国内，民众对转基因技术及作物抱有敌意，这就造成了技术研发和市场态度的脱节。这种矛盾同样反映到了政策和法律制定中：比利时国内针对转基因生物的规定不像美国那样宽松，但也不像德国那么严格。

在比利时不论是国家层面还是地方层面，都是按照民事责任的一般规则来适用，而没有专门解决转基因生物的责任机制。只是在佛兰德（Flanders）和瓦龙（Wallonia）两个区有转基因生物的间接责任规范。佛兰德设立了一种强制保险体系，所有农民都要向农渔基金（Fund for Agriculture and Fishing）支付一定费用，当其遭受特定经济损失的时候就可以通过基金支付的保险止损。如果农民种植的是转基因作物，他们就需要向该基金再支付额外的费用，这一部分费用是为了在转基因发生漂移后，支付给那些没有种植转基因作物而受漂移之害的农民的。此外，如果种植转基因的农民没有遵守隔离等规定而导致基因漂移时，基金可以向其进行追偿。在瓦龙也有类似的规定，也同样设立了类似的基金。

三、巴西

《巴西生物安全法》（第 11105 号法）在 2005 年 3 月 24 日

由巴西国会核准通过，由此结束了巴西国内围绕转基因生物（GMO，Genetically Modified Organisms）的立法争议。除了在生物技术研究方面增加了新的一般性规定之外，第 11105 号法对宪法提出的原则进行细化，为监管涉及转基因生物及其副产品的活动建立了安全标准和机制。《巴西生物安全法》对科研及市场产品研发过程中如何安全运用遗传工程技术建立了指导准则。该法设立了新的机构并使高校与政府机构参与进来共同制定生物安全指导方针、进行风险评估和行政监督。根据该法，巴西设立了“国家生物技术安全理事会”（CNBS），并重组了“国家生物安全技术委员会”（CTNBio）。CTNBio 负责建立生物安全指导准则，并向转基因生物相关机构颁发“生物安全许可证”（CQB）。《巴西生物安全法》将所有违反其准则的行为或不作为均视为违法。在注册与监督机构（OERF）确定制裁标准、规定罚金数额并提交给联邦政府后，即可对违法行为实施制裁。除此之外，巴西有关转基因生物的重要法规还有第 8078 号法，该条款赋予国内所有消费者以知情权。依据这一法律，巴西司法部建立了食品标识体系，规定人体食用或饲料用食品或食品成分若含有超过 1% 的转基因生物成分，必须在商品标签上注明并附转基因标志（如图 4 所示）。

图 5　巴西转基因标志

《巴西生物安全法》将违反 11105 号法规的所有行为或不作为均视为违法。对违法行为可处以下制裁：警告；罚款；查扣转基因生物及其副产品；勒令中止转基因生物相关活动；对获授权进行转基因相关工作的设施处以部分或全部废止；中止或吊销注册、许可或授权；取消或削减政府给予的税收优惠及补助；取消或中止在官方信贷机构的信贷额度；介入其相关设施；至多 5 年内禁止与公共部门签订任何协议。注册与监督机构（OERF）负责确定制裁标准、规定罚金数额，并提交给联邦政府。根据对人畜健康及对环境危害的严重程度，处以 R＄2000（约合 1000 美元）至 R＄1 500 000（约合 75 万美元）的罚金。该罚金可累积处罚，若再次违反本法，应处加倍罚金。若造成持续性侵害，处罚应以每日计算，直到该违法行为或不作为停止。[1]

除了上述的处罚与措施以外，《巴西生物安全法》还设立了刑事责任。若在未告知并得到 CTNBio 授权的情况下，违规将转基因生物释放/排放至环境，将处以 1 年～4 年监禁，并处罚金。如果第三方财产受到损害，可增加 1/6 至 1/3 的监禁时间；如果环境受到损害，可以增加 1/3～1/2 的监禁时间。

如果违反 CTNBio 和其他监管部门设立的标准，违规生产、储存、运输、销售或者进出口 GMOs 及其产品，将处以 1 年～2 年监禁，并处罚金。

四、墨西哥

墨西哥 2005 年颁布的《转基因生物安全法》（Law on Biosecurity of Genetically Modified Organisms）对转基因生物的研究、

〔1〕《巴西生物安全法》，Lei No. 11105，art. 29，载 http://www.planalto.gov.br/ccivil_03/_ato2004－2006/2005/lei/l11105.htm，访问日期：2015 年 12 月 1 日。

释放、商业化、进出口设立了一系列规则，同时还对转基因生物可能造成的环境、人类健康、生物多样性的风险规定了预防措施。[1]

该法拟定了一系列规定保障转基因生物在释放、商业化、进出口过程中的安全。在供人类用作食品之前，需要对转基因生物进行风险评估，来判定其给人身健康可能造成的风险。在环境释放之前，同样要进行风险实验，如果会对人类健康、生物多样性，或者动植物和水生生物健康产生不利影响，则不能释放到环境中。《转基因生物安全法》中规定对违反该法的行为可处以以下处罚：①没收因违法行为获得的财产或者其他产品；②暂扣或者撤销政府许可；③36 小时内拘留；④罚款。《转基因生物安全法》还规定如果自然人因违法使用转基因生物导致他人受损，应当根据侵权法对损失承担责任。

此外，墨西哥刑法对违规将转基因生物商业化、运输、储存、释放到环境，且造成了生态系统的组成、结构或者功能退化的自然人，可处以 1 年 ~9 年监禁，并处罚金。

五、南非

南非的生物多样性政策和立法具有相当的系统性和参照性，与其他非洲国家相比，南非是最早的对转基因持开放态度的国家。早在 1997 年，南非就开始了转基因玉米和转基因抗虫棉的商业化种植。[2] 针对转基因生物的管理，南非最重要的立法是

---

〔1〕 "Ley de Bioseguridad de Organismos Genéticamente Modificados [Law on Biosecurity of Genetically Modified Organisms (hereinafter GMO Law)]", art. 1, DIARIO OFICIAL DE LA FEDERACIÓN [D. O.], Mar. 18, 2005, http://www. diputados. gob. mx/LeyesBiblio/pdf/LBOGM. pdf.

〔2〕 "Department of Agriculture, Forestry and Fisheries, Trends in the Agricultural Sector - 2012 at 11 (2013)", http://www. nda. agric. za/docs/statsinfo/Trends2012. pdf.

1997年实施的《转基因生物法》（Genetically Modified Organisms Act of 1997）。[1] 根据该法，成立了三个转基因生物主管部门：一是由政府部门的代表组成独立的决策机构——执行理事会（Executive Council），该理事会对所有转基因生物的申请作出审批决定；二是科学咨询委员会（Advisory Committee），负责评估转基因生物对人类和环境的安全性，向执行理事会提出咨询意见；三是登记局（Registrar），其职责是根据执行理事会的要求发放许可证，并监测和检查当地开展的转基因生物工作，建立转基因生物信息数据库。2006年《转基因生物法》修改，但到2010年修正案才生效。此外，跟转基因生物管理相关的立法还有《国家环境管理：生物多样性法案》（National Environmental Management：Biodiversity Act，NEMBA）、《消费者保护法》（Consumer Protection Act）、《食品、化妆品和消毒剂法案》（Foodstuffs，Cosmetics and Disinfectants Act）。

南非转基因法案设立了两种形式的责任：民事和刑事责任。在《转基因生物安全法》之下，转基因生物利用者应当采取适当措施避免对环境和人类健康产生不利影响。当损害发生时，利用者负责清除损害的所有费用，并采取一系列行为：包括停止致害行为、减缓转基因生物的扩张、减少损害源头、弥补损失。如果转基因利用者没有及时采取以上措施，前文提及的执行理事会将代表政府介入采取适当措施，费用由利用者承担。

〔1〕 Genetically Modified Organisms Act（GMO Act）No. 15 of 1997，as amended，2 Butterworths Statutes of the Republic of South Africa [BSRSA]（rev. ed. 2012）；The 1997 GMO Act is available on the Department of Agriculture，Forestry and Fisheries（DAFF）website，at http://www. daff. gov. za/doaDev/sideMenu/acts/15% 20 GMOs% 20No15% 20% 281997%29. pdf；The Genetically Modified Organisms Amendment Act No. 23 of 2006（Apr. 17，2007）is available on the South Africa government portal，at http://www. info. gov. za/view/DownloadFileAction？id = 67850.

但是，另一方面立法也规定了免责情形，即如果转基因生物受到合法监管，且利用者不能预见或者防止损害发生，转基因生物利用者即可免责。

《转基因生物法》也对特定行为追究刑事责任。当行为人违反该法规定，或者拒绝与监管者合作，有意误导监管者，提供虚假信息时，都属于犯罪行为。行为人可被处以罚金或者不超过2年的有期徒刑。在累犯情形下，可被处以高达4年的有期徒刑。

除了《转基因生物法》，《消费者保护法》也对含有一定量的转基因食品设立了标识义务。当行为人在没有得到主管部门授权时，改变、隐藏、伪造、删除、省略标识时，同样会被处以罚金，并处或单处一年以下有期徒刑。

综上所述，各国对转基因生物损害责任的立法从抽象到具体可以分为几个层次：一是没有将转基因生物特殊化，仅仅适用民法的责任体系；二是设立了转基因生物管理的一系列规则，如有违反则处以行政处罚，同时受到转基因漂移损害的受害者可以向致害者主张民事赔偿；三是一些对转基因生物控制严格的国家不问转基因是否致害，只要在种植过程中发生漂移，就要追究责任，且这种责任不再限于民事、行政责任，刑事责任也被纳入。此外，为了保证转基因利用者的赔偿支付能力，部分国家还设立了特别基金。

但是，以上谈到的所有国内法上对损害的界定和责任追究与国际立法仍具有本质差别。在国内法中，目前民事责任都是考虑财产损失，因为转基因生物扩散到临近地块后，该地块作物的销售将直接受阻，损失既可以按照转基因和非转基因的市场差价计算，也可以按照销毁作物导致的经济损失计算，这些都较为明确。而在《名古屋－吉隆坡补充议定书》中，确立的民事损害必须是改性活生物体扩散后对生物多样性的损害（也顾及人类健康损害），这种损害暂时由于因果关系难以确认而处于探索阶段。

第六章 

从"欧盟——影响生物技术产品许可和销售措施案"看事先知情协议程序对国际贸易的影响

虽然《生物安全议定书》这一国际法文件给缔约国提供了依据，以便制定相关的国内规范。但是，议定书出发的角度是考虑改性活生物体的国际运输。而很多改性活生物体（如转基因大豆、转基因玉米）等大宗商品也常常具有遗传活性，因此需要依据国际贸易规则予以检视。这就不可避免地引发国际环境规则和国际贸易规则之间适用的问题。

第一节　事先知情协议程序对贸易的潜在影响

一、对国际贸易可能造成的影响

《生物安全议定书》可以说是一个在生物技术贸易与环境和发展之间协调的多边环境协议，该议定书中的以下内容对改性活生物体的国际贸易将产生较大影响。

（一）事先知情协议程序的设立

在《生物安全议定书》生效之前，改性活生物体的进出口一般只需和对方国家的商业外贸公司签订协议。而其生效之后，事先知情协议程序使得改性活生物体的进口程序变得复杂，其进口需要国家主管当局的确认，而且主管当局往往涉及国家环保、农业、卫生等等部门，审批时考虑面广，包括农业生产、生物多样性保护以及人类健康等多个方面，直接增加了批准改性活生物体进口的难度。

（二）预防原则和风险评估

《生物安全议定书》把预防原则作为一项重要原则，允许进口国在风险评估时考虑预防原则。首先，缺少科学知识或科学共识不应必然地被解释为表明有一定程度的风险没有风险，或有可以接受的风险。其次，即使由于对改性活生物体潜在不利影响的程度方面未掌握充分的科学资料和知识，因而缺乏科学定论，亦不应妨碍进口国就改性活生物体的进口问题做出决定，以避免或最大限度地减少此类潜在不利影响。[1] 依据《生物安全议定书》的规定，缺少存在相关风险的科学知识可以等同于具有潜在的风险。可见，预防原则在《生物安全议定书》中显然比其他一般规定具有更高的法律效力。从目前改性活生物体对生物安全可能造成的影响看，采取预防原则是具有合理性的。但是缔约方在使用这一原则时因其目的和利益出发点的不同而存在很大的灵活性，若一味强调这一原则并对缺乏科学定论情况下采取管制贸易的措施严格进行规范和限制，那么这一原则就容易被滥用，成为贸易保护主义的工具。

相比之下，预防原则在指导国际贸易的重要文件——WTO相关协议中并没有如此高的地位。以《SPS 协议》（SPS：Sanitary and Phytosanitary Measures）为例，其第 2 条第 2 款明确规定：“各成员应保证任何卫生与植物卫生措施仅在为保护人类、动物或植物的生命或健康所必需的限度内实施，并根据科学原

---

〔1〕《生物安全议定书》第 10 条第 6 款及第 11 条第 8 款。

理，如无充分的科学证据则不再维持。”还有第5条第7款也规定：“在相关科学证据不充分的情况下，成员方可以在可获得的有关科学信息，包括来自相关国际组织或其他采取SPS措施的成员方信息的基础上临时性地采取SPS措施；在这种情形下，成员方应该为了作更加客观的风险评估的需要而去获取进一步的信息，并在合理的期限内对这项临时SPS措施进行复审。”但荷尔蒙案的上诉机构明确指出，预防原则本身并不是《SPS协议》中的一项更高层次的原则，在任何情况下都不能优先于《SPS协议》其他条款所包含的义务要求，尤其是第5条第1、2款的风险评估义务。协定第5条第7款所体现的预防原则只是对科学原则的有限的例外，在对相关事项的科学证据还不充分的情况下，它只允许成员方在“可以获取的有关信息”的基础上采取临时措施。这里要注意区分SPS措施与临时措施，成员国的所有SPS措施都必须符合科学原则与风险评估要求，第5条第7款的预防原则只能在例外情况下支持临时措施，而且一旦实施了临时措施，成员方有义务为了作更加客观的风险评估的需要而去获取进一步的信息，并在合理的期限内对这项临时SPS措施进行复审。相反，在《生物安全议定书》下，缔约方在对相关事项的科学证据还不充分的情况下做出的进口决定是最终的而不是临时性的，缔约方采取的措施并不需要有“可以获取的有关信息”，采取措施的进口国也没有获取进一步信息并对进口决定进行复审的义务，《生物安全议定书》只是规定进口缔约方“可以”随时根据新的科学资料，审查并更改其已经做出的决定。

此外，在风险评估中的举证责任问题也是需要考虑的重要环节。《生物安全议定书》把证明改性活生物体安全的举证责任倒置给了出口国。由于关于改性活生物体的危险性还没有被完全了解，要证明改性活生物体绝对安全实际上不是一件容易的事情。如果出口国做不到这一点，进口国可以推定改性活生物体具有危险性。这样，由于《生物安全议定书》对改性活生物体的基本态度是推定它们天生具有危险性，因此可以说《生物安全议定书》在确定某项“风险确实存在”时本身就体现了预防原则。在这里决定能否对相关改性活生物体采取措施的关键实际上是举证责任的分配问题。首先，进口国可以依据预防原则对相关改性活生物体采取安全措施。其次，受到这项措施影响的出口国可以对这项措施提出质疑，但该国有责任提供充分的证据证明相关改性活生物体是绝对安全的，否则就可以推定相关改性活生物体是危险的，这样进口国的安全措施自然也推定为有科学证据的支持。

（三）标识单据

《生物安全议定书》对有意引入环境的改性活生物体、越境转移的 LMO - FFP（Living modified organism intended for direct use as food or feed or for praessing）所提出的单据要求，增加了出口方的成本，而且还可能由于公众对改性活生物体的恐惧程度而对改性活生物体的市场销售产生负面影响。

（四）资料提供

改性活生物体的出口方往往从保护知识产权的角度出发，不愿意提供改性活生物体的资料。而《生物安全议定书》将出口方提供的资料作为进口方是否同意进口改性活生物体的评估基础，这对资料的提供就提出了强制性要求。从而资料评估就可能为进口国拒绝进口提供了机会，进口方可以资料缺乏完备性为由拒绝或者推迟进口。

（五）非歧视原则与事先知情协议程序的个案审查

非歧视原则是国际贸易中的重要原则之一。而《生物安全议定书》依据预防原则和事先知情协议程序，采取的是个案审批法。实际上隐含着加工和生产方法问题。第16条第4款要求每一缔约方应做出努力，确保在把无论是进口的还是当地研制的任何改性活生物体投入预定使用之前，对其进行与其生命周期或生殖期相当的一段时间的观察。这就意味着同类产品可以享受不同的待遇，与非歧视原则是冲突的。[1] 两者因此而导致了在控制、检查和批准程序及时间上的巨大差别。[2]

综上所述，《生物安全议定书》的宗旨是防范转改性活生物体越境转移对生物多样性产生的不利影响，同时顾及对人类健康构成的风险，期望能在开发和利用现代生物技术的同时也采取旨在确保环境和人类健康的妥善安全措施，因此，贸易发展不是《生物安全议定书》考虑的重点，在国际贸易过程中，很可能会带来贸易摩擦。

二、事先知情协议程序对贸易影响的有限性

谈判时很多国家担忧环境保护正在成为控制国际贸易的重要条件之一，并有形成新的非关税壁垒——“绿色贸易壁垒”的趋势。[3] 但是，在现阶段上述《生物安全议定书》的事先知情协议程序的条款对国际贸易的影响效果仍然是非常有限的，主要有以下几个原因：

（一）非缔约方影响了《生物安全议定书》的效果

截至2010年11月，《生物安全议定书》已经有160个缔约方。[4] 但缔约方大多是改性活生物体的进口国或者并非改性活

---

〔1〕 环境保护部：《中国转基因生物安全性研究与风险管理》，中国环境科学出版社2008年版，第178页。

〔2〕 参见《SPS协议》附件C和《生物安全议定书》第3~8条。

〔3〕 王曦主编：《国际环境法与比较环境法评论》（第2卷），法律出版社2005年版，第149页。

〔4〕 See http://bch.cbd.int/protocol/parties.

生物体生产和出口的发展中国家，改性活生物体的主要出口国至今仍不是《生物安全议定书》的缔约方，如美国、加拿大、澳大利亚和阿根廷等。当然，其改性活生物体出口到《生物安全议定书》的缔约国时，仍需要遵守进口国的规定。

（二）事先知情协议程序的适用范围有限

事先知情协议程序的适用范围较为狭窄，仅适用于有意引入环境的改性活生物体的越境转移，目前，这类改性活生物体的国际贸易只占所有转基因生物国际贸易的一小部分，LMO-FFP的国际贸易份额更大，但根据《生物安全议定书》其风险评估的要求要宽松很多。

（三）责任与赔偿规则的缺失

出口国本应对其出口的改性活生物体对进口国造成的生物多样性与人类健康所造成的损害承担责任，但是《生物安全议定书》责任和赔偿规则的缺失无疑使这一应有效果大打折扣。

（四）发展中国家履约能力的限制

由于判断改性活生物体是否会对一国的生物多样性和人类健康构成潜在威胁是一项非常困难的工作，尤其是考虑到各个国家不同的地理情况以及经济社会状况，批准《生物安全议定书》的发展中国家很多缺乏履行《生物安全议定书》所需的技术、资金和人才，因此即使将进口与否的决定权交予了进口国，往往由于能力上的欠缺，进口国也较难以作出准确判断。

因此，为了减少《生物安全议定书》可能对改性活生物体的国际贸易造成的影响，还需要进一步加强贸易规则与《生物安全议定书》之间的协调。目前，WTO成员一致认为应将《濒危野生动植物种国际贸易公约》《关于消耗臭氧层物质的蒙特利尔议定书》和《控制危险废物越境转移及其处置巴塞尔公约》列入多哈回合的正式谈判，但《生物多样性公约》和《生物安全议定书》尚未被列入 WTO 的谈判范围。《生物安全议定书》和 WTO 相关的协议在国际法上处于平等地位，并且在多哈回合谈判中对 31 段的授权进行了限制，规定谈判不能损害不属于所涉多边环境协议参加方的 WTO 成员的权利，这使得谈判无法修改会影响一些成员权利的条款。但最近几年国际社会也注意到了这一问题。《生物多样性公约》秘书处和 WTO 相关委员会秘书处围绕贸易与环境协调问题采取了一系列措施，加强了信息交流和活动的协调。《生物多样性公约》秘书处已公开邀请 WTO 相关委员会秘书处以观察员身份出席《生物多样性公约》和《生物安全议定书》项下的所有会议。并且《生物多样性公约》也成了贸易与环境委员会的观察员，成为其组织的 14 个多边环境协议交流机制的重要成员之一，但《生物多样性公约》还不是 TBT 委员会和 SPS 委员会的观察员。[1]

为了实现二者的进一步协调和支持，各国政府在《生物多样性公约》和《生物安全议定书》的谈判中也应当考虑相关的 WTO 规则。当贸易与环境问题出现交叉领域时，WTO 相关委员会和《生物安全议定书》秘书处之间的信息交流是十分重要的。

第二节　“欧盟——影响生物技术产品许可和销售措施案”视角下的规则冲突

2003 年 8 月开始的 WTO “欧盟——影响生物技术产品许可和销售措施案”（European Communities—Measures Affecting the

〔1〕 Samuel Blaustein, “Splitting Genes: The Future of Genetically Modified Organisms in the Wake of the WTO/Cartagena Standoff”, *Penn State Environmental Law Review*, Winter 2008.

Approval and Marketing of Biotech Products，也称“欧盟转基因产品案”）是WTO争端解决机制审理的有关转基因农产品贸易的第一个案件，也是以美国为首的转基因农产品种植大国和以预防性原则来对待转基因技术及其产品的欧盟和其成员国在转基因农产品贸易上长期对立的结果。〔1〕WTO争端解决机制专家小组于2006年11月发布了最终报告，对双方争议焦点问题进行了裁决，解释了本案的一些基础性问题。这不仅能够使我们更清晰地理解本案的法律问题，同时也有助于正确认识转基因产品的国际贸易问题及其未来的走向。

一、案情简介

美国和欧盟对转基因产品的贸易态度一直以来差异很大。美国作为积极推广转基因作物的国家，迫切地希望进一步拓展转基因农产品的国际市场。而欧盟及其成员国对转基因技术及转基因产品持相对保守的态度，尤其是“疯牛病”公共卫生事件发生之后，欧洲国家一直十分重视食品安全问题。

1990年，欧共体理事会通过了转基因微生物在封闭环境中使用的90/219/EEC指令和关于转基因生物体向环境的有意释放的90/220/EEC指令。为了预防向环境故意释放转基因有机体可能产生的对人类健康和环境造成的危害，90/220号法令中专门规范了“向环境有意释放转基因有机体”的行为。但该法令没有要求上市的转基因产品必须进行分类和标识，且没有规定风险评估的基本标准和产品投入市场后的监控措施，因此使得欧洲消费者以及环境团体对该指令的质疑不断。在1999年欧盟委员会的各国环境部长会议上，法国、丹麦、希腊、意大利和卢

〔1〕陈俊红、孙东升：“WTO对转基因农产品贸易争端案有关问题的分析和认定”，载《世界农业》2008年第9期。

森堡等国表示如果 90/220 号法令不修改，它们将拒绝对新的转基因产品的上市申请进行核准。芬兰、奥地利、比利时、德国、荷兰、西班牙和瑞典等国家也表示将慎重地考虑新的转基因产品的上市申请。这一情况导致了在 1998 年至 2003 年这 5 年期间，欧盟对转基因产品上市申请的许可出现了“事实上暂停”的局面。此外，对已取得在欧盟境内销售许可的转基因产品，当某成员国基于新信息或科学知识有充足理由认为特定转基因产品对人类健康或环境可能造成危害时，欧盟还允许其成员国在一定条件下采取保障措施，限制或禁止该产品在其境内销售和使用。奥地利、意大利、法国、希腊、德国、卢森堡六国据此对在其境内已获得许可的转基因产品采取了临时禁止措施。这一事实直接损及转基因产品的出口大国美国的利益。因此，2003 年，美国、加拿大和阿根廷正式向 WTO 提出申诉，指控欧盟违反了其在 WTO 法律体系中所应承担的若干义务，认为欧盟法律造成了转基因产品准入的事实上的延迟。这种不正当的延迟违反了《实施卫生与植物卫生措施协定》（以下简称《SPS 协议》）和其他 WTO 条款。欧盟以《生物多样性公约》和《生物安全议定书》为依据进行了抗辩，认为《SPS 协议》第 5.7 条体现了预防原则，该条款允许在科学证据不充分的时候采取临时措施，因此自己对转基因产品的法律规定是没有违反 WTO 相关协议的。2003 年 5 月 13 日，美国与加拿大要求对欧盟及其成员国影响农产品贸易的措施进行磋商。美国和加拿大认为：自 1998 年以来欧盟延迟批准转基因农产品进口的行为已经构成了对美国和加拿大转基因农产品正常国际贸易的损害，尤其是一些欧盟成员国对某些已经获得进口批准的转基因农产品的进口仍然实施了禁止。随后在 2003 年 5 月 14 日，阿根廷也基于同样的理由对欧共体及其成员国提起磋商。[1]

此外，澳大利亚、智利、巴西、中国等国家请求以第三方的身份参与了争端的磋商和解决。[2]根据《关于争端解决规则与程序的谅解》第6条和第9条的规定，WTO争端解决机构于2003年8月29日决定对这3个案件进行合并审理。由于专家组成立之后，争端各方多次要求还需要额外的准备时间，专家组也多次申请了延长时间，最终专家组报告在2006年9月29日才出台。2006年11月21日，争端解决机构采纳了专家组的报告。这一案件成为WTO争端解决历史上耗时最长的案件。

二、本案争论焦点

本案中，虽然美国、加拿大和阿根廷三方原告在对欧盟暂停措施进行描述时，所采用的词语略有不同，但原告都质疑欧盟针对转基因农产品实施了“事实上的暂停”（de facto moratorium）。所谓“事实上的暂停”，表现为以下三个方面：第一，欧盟事实上的普遍暂停，也称普遍暂停，即自1998年10月以来，由于欧盟自身程序问题，造成了转基因农产品申请审查或审批被全面中止；第二，特定产品市场禁令，也称特定产品措施，即欧盟对一些特定的转基因产品，主要是转基因油菜籽的审查或批准程序方面的“不当”延迟；第三，成员国的国内措施（简称“保障措施”或“成员国措施”），即一些欧盟成员国对6种转基因油菜籽和玉米品种实施了进口、上市或销售禁令，尽管根据欧盟生物技术产品审批制度这些产品已经获得了批

〔1〕 参见江保国：“WTO转基因农产品贸易争端第一案述评”，载《法商研究》2007年第5期。

〔2〕 陈俊红、孙东升：“WTO转基因农产品争端案中第三方的立场和观点”，载《世界农业》2008年第4期。

准。[1]

本案原告方（美国、加拿大和阿根廷）诉被告方（欧盟及一些成员国）在事实上普遍暂停、特定产品市场禁令和部分成员的国内保障措施等三方面对转基因产品生产、上市或进口实行的暂停，违反了 GATT（General Agreement on Tariffs and Trade，1994 年，《关税及贸易总协定》）、《SPS 协议》《TBT 协定》《农业协定》及等 WTO 协定相关条款。

（一）欧盟事实上的普遍暂停

自 1998 年 10 月以来，欧盟转基因审批程序，造成了转基因农产品申请授权或审批被全面中止，也就是所谓的“事实上普遍暂停”。争论的焦点在于其他国际法准则的适用性问题。

美国、加拿大等国认为“事实上普遍暂停”具有如下特征：①暂停措施虽然不是欧盟正式法规决策程序，但不论怎样，措施的制定都是归因于欧盟的；②暂停措施适用于相关期限内的所有被推迟或新提交的转基因生物申请；③欧盟通过利用该措施，有效中止了一些转基因生物申请的最终审批决定。[2] 以上情况使得欧盟违反了《SPS 协议》的一些条款。

欧盟认为 WTO 的协议不能与其他相关国际条约割裂开来，对 WTO 协定（包括《SPS 协议》在内）调整的法律问题的理解需要参考 WTO 之外的有关国际法准则。在本案中所涉及的相关国际法文件有 1992 年的《生物多样性公约》和 2000 年的《卡塔赫纳生物安全议定书》。欧盟、阿根廷和加拿大已经是《生物多样性公约》的缔约国，美国也已签署了该公约。阿根廷和加

---

〔1〕 陈俊红、孙东升：“美欧诉 WTO 转基因农产品争端案及对中国的政策启示”，载《国际贸易》2008 年第 1 期。

〔2〕 付仲文、李宁：“美欧转基因农产品争端诉 WTO 案例分析”，载《世界农业》2008 年第 3 期。

拿大已经签署了《生物安全议定书》，而美国参与了该议定书的生物安全信息交换所。欧盟认为，WTO 协定与《生物安全议定书》之间联系紧密，互相补充，在涉及改性活生物体越境转移问题上是不能完全割裂开来考虑的。其本身所采取的措施完全符合 WTO 协定，同时也体现了《生物安全议定书》中预防原则和风险评估的国际法准则。〔1〕

美国认为除了 WTO 协定外，不能参考其他的国际法文件。根据《维也纳条约法》第 31 条第 3 款的规定来解释 WTO 协定，国际规则必须适用于相关当事人之间的关系。因为美国没有批准《生物安全议定书》，所以不适用于欧盟和美国之间的法律关系。

（二）特定产品市场禁令

另一个引起争议的是欧盟对一些特定的转基因产品（如转基因油菜籽）的批准程序方面的延误。美国认为，欧盟委员会及其成员国没有考虑批准 40 项特定产品的申请，其中根据《转基因生物有意环境释放》（EC/200118）法规暂停了 28 项申请，根据《新食品和新食品成分》（EC/258/97）法规暂停了 12 项申请。他们将欧盟实施的这项措施称为“特定产品暂停”。特定产品暂停措施独立于所有转基因生物申请的全面暂停措施，特定产品销售禁令是全面暂停应用于个别申请的直接后果。特定产品暂停措施不符合 GATT（1994）、《SPS 协议》和《TBT 协定》的相关条款。

（三）部分成员国国内保障措施

第三个引起争论的焦点是预防性原则的法律地位问题。尽管根据转基因产品审批制度欧盟已经批准了转基因玉米和油菜

〔1〕付仲文、李宁：“美欧转基因农产品争端诉 WTO 案例分析”，载《世界农业》2008 年第 3 期。

籽产品，有6个欧盟成员国根据预防原则，采取了共9项保障措施，这些保障措施只适用于成员国各自领土内，对6种转基因油菜籽和玉米品种实施了进口、上市或销售禁令。

欧盟则认为这些保障措施是各成员国基于预防原则而采取的正当防卫措施。某些转基因生物对人类健康安全以及环境存在潜在威胁，正是由于考虑到这些危险，对个案进行风险评估和采取特定产品保护措施是十分合理的。此外，欧盟还主张预防原则已经成为一项完全成熟的一般性的国际法准则。例如在1982年联合国大会通过的《世界自然宪章》中预防原则首次得到承认，后来很多环境保护领域的国际公约都援引了预防原则。还有1992年的里约会议上公布的《里约宣言》中第15条原则就指出了预防原则的内涵。此后在《联合国气候变化框架公约》以及《生物多样性公约》中都得到了引用。尤其是针对改性活生物体越境转移这一特定的领域，《生物安全议定书》确认了预防原则所具有的重要作用。除了国际范围的公约外，目前世界上许多国家的国内审批制度也都援引了预防原则。例如新西兰的《有害物质和新生物体法案》、澳大利亚的《基因技术法》。

美国则认为，这些属于《SPS协议》管辖范畴的保障措施违反了《SPS协议》，尤其是成员国的措施没有遵守《SPS协议》第5.1条和第2.2条基于风险评估和科学原则的规定。此外，一些成员国在防范风险方面实施了不合理的歧视措施，导致了对转基因生物国际贸易的变相限制或者歧视，违反了《SPS协议》第2.3条和第5.5条。还有美国也不同意预防原则构成国际法一般原则。第一是因为预防原则还缺乏权威性的明确定义，甚至还没有得到那些拥护它的国家的统一界定，无法为各国的行为提供指导，它还不能被视为是一项“准则”。第二是鉴于预防性原则缺乏定义，因此不可能是一项法律规范，还不能要求各国从法律义务的意义上遵守它。因此，预防原则不可能凌驾于《SPS 协议》之上。加拿大和阿根廷则认为，争端解决机构在“欧盟荷尔蒙案”中就指出，当某项 SPS 措施违反了《SPS 协议》下特定条款所规定的成员国义务时，不能援引预防原则作为替 SPS 措施辩护的理由，这一态度已经解决了“预防原则”的地位问题。

三、专家组报告分析

（一）有关转基因产品定义的界定

由于各国对转基因产品概念的界定和使用存在差别，如果要讨论转基因产品管理措施相关的法律问题，那么首先需要对转基因产品的概念进行界定。本案中，美国、加拿大和阿根廷在诉讼中使用了“生物技术产品”的表述，而欧盟在其相关法令及抗辩中则使用了“转基因作物”一词。专家组认为当事方都认为本案中所争议的特殊产品是指通过使用基因重组技术开发的植物。因此，专家组在报告中并没有统一表述，而是交替使用了 GMOs、生物技术产品、GM 植物、GM 作物或 GM 产品等多种表达方式。

WTO 法律框架内本案的专家组在报告中首次对转基因产品进行了界定，也是目前世界上重要国际组织所做出的比较完整的定义。本案专家组倾向于将转基因产品含义的外延扩大，以便将更多的使用基因重组技术生产的产品涵盖进来。另外尽管生物技术产品、转基因生物、转基因作物或转基因产品在概念上是存在一些不同之处的，但专家组在本案中认为以上几个概念是可以通用的，即转基因产品是所有通过基因重组技术生产出来的产品，与利用传统的、自然的育种方式生产出的同类产

品是不同的。〔1〕

（二）WTO 贸易协定与多边环境协定的关系

专家小组认为必须参考《维也纳条约法公约》第 31 条来解释其他国际法准则的适用性问题。《条约法公约》中所指的“国际法准则”范围很广，涵盖了所有普遍获得认同的国际法，包括国际条约、国际习惯、一般法律原则。专家组也同意欧盟的观点，即《生物安全议定书》属于一项国际法准则。因此，在解释 WTO 协定内容时，应当对《生物安全议定书》予以考虑。此外《条约法公约》第 31 条还规定国际法准则适用于当事人之间的关系。当事人是指双方都已经批准了某条约。所以本案在解释 WTO 协定内容的时候必须考虑到那些适用于 WTO 成员之间关系的国际法准则。

最终专家小组认为，阿根廷、加拿大和欧盟已经批准了《生物多样性公约》，是该公约缔约国。而美国虽然在 1993 年签署该公约，但至今还没有批准，对美国来说，《生物多样性公约》对其没有法律拘束力。如果一项国际法准则对争端一方中的成员不适用，那么它就不适用于该成员与所有 WTO 成员之间的关系。也就是《生物多样性公约》不适用于美国与其他所有 WTO 成员之间的关系。〔2〕鉴于美国没有参加《生物多样性公约》，专家小组不同意欧盟主张的在解释 WTO 多边协定的时候考虑该公约的建议。

（三）预防原则的法律地位

针对预防原则的法律地位问题，专家小组认为，尽管一些

---

〔1〕 陈俊红、孙东升：“WTO 对转基因农产品贸易争端案有关问题的分析和认定”，载《世界农业》2008 年第 9 期。

〔2〕 陈俊红、孙东升：“WTO 对转基因农产品贸易争端案有关问题的分析和认定”，载《世界农业》2008 年第 9 期。

国际环境宣言和环境公约中明确规定了或蕴涵着预防原则，在国内层面上一些国家也在参考和应用预防原则，但预防性原则没有明确的定义和内容，并且一直都缺乏一个国际法庭的权威裁定。因此，在现阶段预防原则是否能够成为一个公认的一般准则或通用国际法的争论仍在继续进行着。在本案中，专家小组认为没有必要解决这个复杂的问题。

专家小组最后认定，没有必要依赖《生物多样性公约》《生物安全议定书》等国际条约来解释本争端中的 WTO 协定。他们以解决条件还没有成熟为由，回避了预防原则的法律地位问题。

（四）对欧盟转基因产品审批程序的认定

本案专家组在认定了欧盟审批程序构成《SPS 协议》所规定的 SPS 措施的基础上，裁决本案所争议的暂停措施导致了转基因农产品申请在审查和审批程序上存在不当延迟，违反了《SPS 协议》规定的义务。因此，本案的关键是对于欧盟转基因产品相关立法及审批程序是否属于《SPS 协议》范围。本案所涉及的在专家小组成立（2003 年 8 月 29 日）之日或之前生效的欧盟相关法律文件有以下几个：①关于有意向环境释放转基因生物体的第 90/220/EEC 指令（简称 90/220 号指令，2002 年 10 月被 2001/18 号指令取代）；②关于有意向环境释放转基因生物体的 2001/18 号指令（简称 2001/18 号指令）；③关于新型食品和新型食品成分的 258/97 条例（简称 258/97 条例）。

争端专家小组认为，以上这几项立法从其宗旨、性质和形式上已经构成了《SPS 协议》附件 A 意义上的 SPS 措施。

第一，欧盟的审批程序符合 SPS 措施的目的要求。专家组通过对欧盟 90/220 指令的目的分析，确认该指令的转基因产品管理措施是《SPS 协议》所规范的一种 SPS 措施。该指令中所审查的，尤其是 2001/18 指令附件中描述的潜在风险，是《SPS

协议》所规范的风险。由此专家组认定，90/220 指令和 2001/18 指令满足了 SPS 措施所必需的目的要求。

第二，欧盟审批程序满足了 SPS 措施的形式和性质要求。专家组在对欧盟的 90/220 指令、2001/18 指令以及 258/97 条例的形式和性质进行分析时发现，这些指令所确立的审批程序在形式上表现为“欧盟制定的关于转基因产品法令”，从性质来看，可将其认定为《SPS 协议》附件 A（1）第二段中的检验、检查、认证和审批程序，所以满足了 SPS 措施的形式和性质要求。因此，专家组认定，90/220 指令、2001/18 指令以及在防止新型食品对消费者健康构成威胁的范围内的 258/97 条例的审批程序均构成《SPS 协议》附件 A（1）意义上的 SPS 措施。

专家组还认定这三项立法应当适用于欧盟以外生产的转基因生物以及含有或由转基因产品生产的食品，这些产品只有经过审批后才能进入欧盟，而欧盟审批程序本身可能对国际贸易构成直接或间接影响。

专家组的最终报告没有判定欧盟的生物技术产品许可立法是否构成 SPS 措施的问题，而是从程序问题上着手，认为 90/220/EEC 号指令和 2001/18/EC 号指令所确立的转基因农产品许可程序和部分 258/97/EC 号指令所确立的新食品和新食品成分许可程序构成了《SPS 协议》调整范围中规定的 SPS 措施。可见，尽管专家组没有完全采信起诉方的意见，但其推理的思路和起诉方是一样的，即倾向于从目的角度来判定一项措施是否为 SPS 措施。[1]

由此可见，专家组的裁决并没有在实质意义上影响欧盟关于转基因产品安全管理的立法。对包括中国在内的众多致力于

〔1〕 江保国：“WTO 转基因农产品贸易争端第一案述评”，载《法商研究》2007 年第 5 期。

构建本国生物安全体系的发展中国家，本案审理结果带来的一点非常重要的启示就是，在根据《SPS 协议》采取限制相关生物技术产品进口的措施时，必须重视风险评估，并且所采用的风险评估的标准和技术必须得到国际上的公认。

专家组出于多方面的考虑，最终没有在本案中对以下重要问题作出裁决：

（1）在总体上转基因产品是否安全以及本案中所涉及的转基因农产品和传统产品是否构成同类产品。尽管申诉方明确要求专家组对这两个问题作出裁判，但是专家组认为在本案中没有必要裁定这些问题；

（2）由于申诉方没有提出欧盟是否有权利实施转基因产品上市前的审批，因而专家组也没有对其进行裁定；

（3）由于申诉方没有提出欧盟的 90/220 号指令，2001/18/EC 号指令与 258/97/EC 号指令所确立的对转基因农产品实施综合考察潜在风险的个案风险评估制度是否违反了欧盟在 WTO 框架下承担的义务，因而专家组没有作出裁定；

（4）专家组也没有对欧盟的有关科学委员会对某些转基因产品安全性评估所得出的结论表明看法。这是因为尽管申诉方在起诉书中对欧盟很多成员国拒绝某些转基因农产品进口的科学依据提出了质疑，但是并没有质疑科学委员会对一些转基因农产品的安全性得出的结论。

四、对专家组报告的评价

（一）预防原则的地位问题

在"欧盟荷尔蒙牛肉案"中，上诉机构也遇到了预防原则的国际法地位问题。但是上诉机构没有对预防原则是否已经成为一项习惯国际法规则作出评论，而只是对《SPS 协议》与风险预防的关系作了以下分析：①风险预防体现于《SPS 协议》的相关条款中；②《SPS 协议》中的风险预防并不能成为成员方采取违反该协定特定条款义务的卫生以及动植物检疫措施的理由；③专家组在审查成员方采取的特定卫生以及动植物检疫措施是否具有“充分的科学依据”时，应当考虑到负责任的代议制政府在面临不可逆转的风险时所应用尽的审慎职责；④风险预防不影响专家组在解释《SPS 协议》相关条款时运用习惯国际法上的国际条约解释相关内容。〔1〕

与“欧盟荷尔蒙牛肉案”相类似，欧盟相关的立法和执法措施的正当性基础是对人类和动植物健康安全与环境风险预防的考虑，而已有的科学证据支持了这一正当性的基础。因此“转基因农产品贸易争端案”的核心问题似乎可以转化为在科学上转基因产品是否安全的问题。

欧盟主张专家组在听取科学界专家意见的基础上，对转基因产品的安全性进行评判。而美国等国家则竭力反对这一主张，并试图将争诉焦点集中在欧盟的行为是否构成“总体性暂停”，还有这种暂停是否违反了 WTO 相关协定等问题上。

虽然专家组咨询了相关学科科学家和国际组织的意见，在程序上采纳了欧盟的主张，但最终还是回避了风险预防的国际法律地位问题，并在其裁决中明确表态：专家组对转基因产品大体上安全与否不予审查，也不对欧盟相关科学委员会对特定转基因产品上市申请的安全评估结论予以评价。这实质上则体

〔1〕“欧盟荷尔蒙牛肉案”，原文见 Rosemary A. Ford（Andrew P. Vance Memorial Writing Competition Winnerthe），Beef Hormone Dispute and Carousel Sanctions：A Roundabout Way of Forcing Compliance With World Trade Organization Decisions，27 *Brooklyn Journal of International Law*，2002，543，译文参见法理与判例网：http://www.chinalegaltheory.com/article_show.asp? ArticleId = 829，访问日期：2010 年 2 月 18 日。

现了专家组试图绕开《SPS 协议》和预防原则难以调和的冲突。本案中预防原则的国际法律地位问题背后就是对《SPS 协议》的解释问题，即如何判断成员方采取的卫生及动植物检疫措施是否具有充分的科学依据，以及在科学依据不足时是否尽到了合理风险评估的义务，很显然这不仅仅是简单的规则分析过程，更是一个对现有科学信息的政策评估过程。〔1〕

(二) 欧盟转基因产品案与先例的比较

WTO 比其前身 GATT 更加关注环境问题，但从目的上看 WTO 更倾向于促进贸易自由化。在第二次世界大战以后才兴起多边环境协定，逐步得到扩展。虽然从长远角度来考虑，WTO 与多边环境协定之间并无实质性冲突：前者主要是通过防止对市场进行人为扭曲来实现经济资源的优化配置，而后者主要是通过环境成本内在化的途径来校正未能反映环境成本的市场机制，实现自然资源的优化配置。它们的共同目标是以最高效的方式利用和分配社会可用的资源，实现可持续发展。然而，多边环境协定在贸易与环境的紧张关系中显然更倾向于环境，而 WTO 则倾向于贸易自由。因此这种偏重就注定了 WTO 相关协定与多边环境协定之间的冲突不可避免。WTO 也被推到了与国际社会中的环保组织对立的风口浪尖上。本案的中期裁决在世界上造成了很大的影响。“绿色和平组织”悲愤地宣告：这一裁决“对国际环境法而言是一个倒退”；“欧洲地球之友”则指出，这是一个危险的先例，但无论 WTO 如何判决，“有关转基因农产品的争端都没有一个赢家，只有一大堆输家”。〔2〕

〔1〕 江保国：“WTO 转基因农产品贸易争端第一案述评”，载《法商研究》2007 年第 5 期。

〔2〕 江保国：“WTO 转基因农产品贸易争端第一案述评”，载《法商研究》2007 年第 5 期。

欧盟强调的是《SPS协议》的解释方法，请求专家组在法律适用时考虑到其他多边环境协定中的国际法规则的内容，特别是《生物多样性公约》和《生物安全议定书》。欧盟还特别强调《SPS协议》和《生物安全议定书》是互相支持的关系，在解释《SPS协议》规则的时候，应该参考《生物安全议定书》给缔约方规定的义务和权利。美国等国则力图将WTO相关协定和多边环境协定进行区别，认为WTO争端解决机构限定了专家组的职权范围，专家组只能根据争端当事方引述的协议所涉的条款对争端进行裁决，并且《生物安全议定书》并不是《维也纳条约法公约》第31条第3款所称的可以据以对条约进行解释的国际法规则。本案专家组也同意如果在解释WTO相关协定时产生模糊的理解，那么就需要参考相关国际法规则的内容。但却并未明确阐述《SPS协议》与《生物安全议定书》之间的关系，而是认为由于美国等国并非都是《生物多样性公约》和《生物安全议定书》的缔约国，因此这两个条约在本案中不构成相关的国际法规则。也就是说，如果这两个多边环境条约不适用于部分争端当事方，那么它们也不能适用于所有WTO成员方之间的关系。

然而，在本案之前，对WTO和相关国际法规则之间关系的一般做法是只要相关国际法规则和WTO协议不存在冲突就可援引相关国际法规则。WTO上诉机构在解释WTO规则含义时，更倾向于考虑那些相关的得到广泛认同的条约规则，并不需要所有的WTO成员都批准该相关的条约。例如在“美国禁止某些虾及虾类制品进口案”中，当时美国还没有加入《联合国海洋法公约》，而上诉机构在解释“可用竭自然资源”一词时确实参考了《联合国海洋法公约》这样的并非适用于所有争端当事方的条约。当时专家组认为即便是一个或一个以上争端当事方不是某公约缔约国，也并不一定说该公约对解释 WTO 中的条约用词不能起到参考的作用。从这一角度看，《联合国海洋法公约》和本案中的《生物多样性公约》以及《生物安全议定书》的地位没有不同。在过去实践中，WTO 同样愿意求助于成员方缔结的双边或区域性贸易协议作为一种“解释的补充方法”。在此，对专家组的这种在前后案例中不同的做法似乎只能理解为在“虾/海龟案”中，WTO 引进的是对一个名词的解释，所以可以参考只有部分争端当事方参加的多边环境协定；而本案中需要对 WTO 相关协定的条文进行解释，需要引进一个法律原则，所以不能依据只有部分争端当事方参加的多边环境协定。但专家组对这一点并没有进行任何说明。那么这种界限是否真的如专家组设想的那么清晰呢？答案是否定的，因为条文的整体和条文的用词是无法完全分割的，对条文用词的理解必然会影响到条文整体的适用结果，而对条文整体的解释也是以条文用词的解释为基础，两者都与当事方的具体权利义务的分配状况密切相关。事实上，WTO 相关协议和 WTO 争端解决机制不是封闭性的，和其他条约一样是国际法整体中的一部分内容。至今为止，全球已经有 157 个国家向联合国交存了《生物安全议定书》的批准书或加入书。[1]从这一点可见其在国际社会中受到的重视程度。如果忽略对于改性活生物体越境转移领域如此重要的国际性公约，确实让人非常担忧 WTO 对多边环境协定所采取的态度。这种裁决带来的结果必然是纵容和鼓励了美国等国置身《生物安全议定书》之外的行为。总之，本案的裁决使得 WTO 在“美国禁止某些虾及虾类制品进口案”前进一步的基础上又倒退了回去。

〔1〕 参见生物多样性公约网站：http://www.cbd.int/biosafety/parties/list.shtml.

五、欧盟转基因产品案造成的影响分析

本案中，专家组回避了分析实施 SPS 措施的目的以及 WTO 相关协议与其他条约和国家实践的联系，而是将重点放在条约的解释问题上。处理案件时专家组既没有考察多边环境条约和《SPS 协议》的关系，也没有将《SPS 协议》以外的相关法律纳入考虑范围。为了避免直接解决环境和贸易的冲突问题，专家组直接解释了《维也纳条约法公约》第 31 条第 3 款第 3 项。这个严格解释有很多缺陷：[1]

第一，这种解释会让一些国家面临两难的选择。由于 WTO 所作出的解释没有解决 WTO 和《生物安全议定书》的潜在冲突，对于那些同时是 WTO 的成员方和《生物安全议定书》缔约国的国家，在特定情况下就会面临着符合一个违反另一个的困境。通过技术上的协调来减少不同条约间的潜在冲突是解决这种困境的最好方法。联合国国际法委员会对本案进行了尖锐批评，认为新的标准使得《维也纳条约法公约》第 31 条第 3 款第 3 项所规定的内容在实践中无法实现。而且 WTO 专家组只适用和 WTO 相一致的解释，有意不遵从多边条约系统整体的一致性。这样的决定会使 WTO 陷于孤立的境地。

第二，这种解释对 WTO 吸纳新成员国造成了更多的额外障碍。在考虑是否吸收新的成员进入 WTO 时，现有的成员方将会详细审查申请者所加入的条约，他们很可能要求申请者批准某一特定条约作为加入 WTO 的条件。因为如果现有的成员方不施加这种压力，那么在以后与新加入的成员产生争议时，新加入的成员方可能会否决对现有成员方已经生效的条约在 WTO 中的

〔1〕 参见付文佚："从欧盟转基因产品案看习惯国际法在 WTO 中的适用"，载《科技与法律》2008 年第 4 期。

适用。如果继续按照本案中解释 WTO 规则的方法，将会使国家成为成员国的代价继续增加。

第三，专家组的这一解释将可能创造单方否决权。因为只要有一个 WTO 成员方坚持不批准某国际条约（例如美国不批准《生物安全议定书》），该成员就可以成功地否决在 WTO 中适用该条约。单方否决权也在某些方面被引入了 WTO 领域，例如新成员的加入。但是在此处则显得非常不合理。对 WTO 文本的解释应当具备一定的灵活性，借助于其他获得广泛接受的国际条约作为解释的帮助是灵活性的来源之一，而单方否决权的行使抹杀了这种可能。

第四，这种解释会增加国际法规则之间的冲突，对国际法的整体发展不利。近年来国际法调整的领域不断扩大，管辖范围越来越宽泛，这导致了国际法的不同领域之间出现了很多相互冲突的规则，国际法发展出现碎片化趋势，这将严重威胁国际法的权威性和可信度。2002 年通过的《可持续发展世界首脑会议实施计划》号召各国促进多边贸易系统和多边环境条约的相互支持，符合可持续发展的目标。在维持两个框架的完整性的前提下，促进在《生物多样性公约》和 WTO 协议间的相互支持和协同效率。而本案中 WTO 专家组忽视了对贸易与环境之间冲突的协调，忽视了相关法律和实践的整体性考虑，在解释中排斥考虑相关的国际法规则，这无疑将增加国际法碎片化的趋势，会激化贸易与环境之间的矛盾。

综上所述，在 WTO 中如何考虑适用其他国际法规则，是条约法的问题。但是《维也纳条约法公约》对该问题并没有提供可以直接使用的、权威性的答案，对 WTO 规则本身的理解也是考虑问题的一方面内容。因为争端解决机构的重要作用，WTO 规则的可执行性比较强，所以在考虑是否参考其他国际法规则来解释 WTO 相关协议内容的时候争端解决机构具有更多的主动性，也负有更重大的责任来维护国际法的整体性、协调性和完整性，避免国际法的碎片化。当发生争议的时候，WTO 可以采纳哪些国际条约以及如何采纳这些条约来解释自己的规则，是 WTO 需要明确的问题。

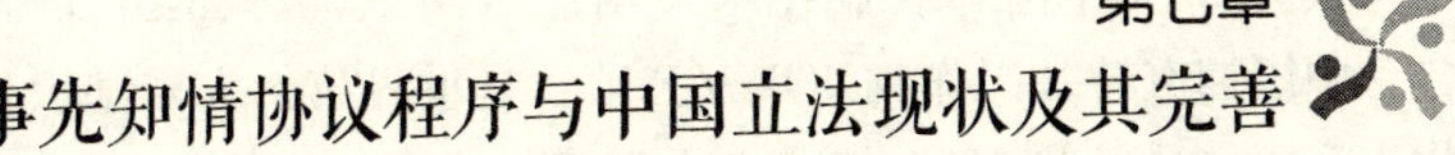

第七章 事先知情协议程序与中国立法现状及其完善

第一节　中国生物安全及管理现状

一直以来我国都非常重视生物技术的发展。自从 20 世纪 80 年代起就开始开展现代生物技术研究，国家科技攻关计划、“863 计划”、自然科学基金、“火炬”计划等科技和产业发展计划，都将生物技术列为优先发展领域。[1] 此后，我国的生物技术在农业、医药、工业、环境等方面都得到了长足发展。2010 年的《中共中央、国务院关于加大统筹城乡发展力度进一步夯实农业农村发展基础的若干意见》（中央一号文件）提出：“国家将抓紧开发具有重要应用价值和自主知识产权的功能基因和生物新品种，在科学评估、依法管理基础上，推进转基因新品种产业化。”[2] 2013 年 12 月 23 日习近平在中央农村工作会议上再次强调确保安全和自主创新两个重点。因此，总体上可以将中国生物安全问题分为国内研发和商业化以及国际引入两个层面考虑。

---

〔1〕 于文轩：《生物安全立法研究》，清华大学出版社 2009 年版，第 3 页。

〔2〕 参见《中共中央、国务院关于加大统筹城乡发展力度进一步夯实农业农村发展基础的若干意见》第 2 项“提高现代农业装备水平，促进农业发展方式转变”，10. 提高农业科技创新和推广能力。

一、国内转基因作物生产

根据2013年国际农业技术应用服务组织（ISAAA）的报告，中国拥有转基因作物400万公顷，是世界第六大转基因作物生产国。尽管自1997年以来中国商业化了六种转基因作物（棉花、番茄、甜椒、牵牛花、白杨和木瓜），由于实际商业化非常困难至今种植面积不大。本土研发的转Bt棉花占获批准作物的绝大部分。〔1〕通常转基因作物的种植需要经过省级批准。而Bt棉花在三个生态区中获得批准，包括：长江流域［四川、重庆、湖北、湖南、江西、浙江、江苏（不包括徐州）、安徽淮南，以及河南南阳和新阳］；黄河流域［安徽淮北、山东、江苏徐州、河南（不包括南阳）、河北、北京、天津、山西和陕西］；西北内地（新疆、甘肃、宁夏、内蒙古）。政府尚未批准任何外国开发的食用或饲用转基因作物种植。

尽管有许多基础研究项目，中国还没有商业化任何转基因粮食或油料作物。2009年农业部颁发了第一批食用/饲用生物安全证书，给了两种中国本土研发的抗虫水稻和一种高植酸酶玉米。然而直到证书到期农业部也没有签发最终种植许可。这些本土转基因品种的未来尚不明确。

如前所述，中国在转基因和种子研究上投入了大量资金，主要通过科研机构和高校进行。2008年7月国务院通过转基因生物新品种培育重大专项，在12年内约投入200亿人民币资金支持转基因品种的研发，资金来自中央和地方政府以及企业。根据《国家中长期科学和技术发展规划纲要（2006～2020年）》，该项目将着重于农作物（水稻、小麦、玉米和棉花）以

---

〔1〕 审批信息参见农业部网站：http://www.moa.gov.cn/ztzl/zjyqwgz/spxx，访问日期：2015年11月15日。

及牲畜（猪、牛、羊）的研究，目标是开发具有抗虫、抗病、抗压等性质的新品种。在转基因技术的研发中，民间资本的投入有限，外国资本被禁止进入转基因植物、牲畜和水产品的研究和生产。[1] 外国资本可以进行传统/杂交种子的生产，但必须以合资且由中方控股的形式开展。

国内转基因作物的种植和生产状况只是反映了国内管理部门的态度。尽管民间对转基因普遍持怀疑态度，但是国家管理部门和科研机构并没有放慢转基因技术攻坚克难的脚步，在防止国外大型跨国种子公司占领国内市场的前提下，不断加大研究投入。

二、国际贸易和市场

（一）中国作为进口方

与《生物安全议定书》直接相关的主要还是以国际贸易方式呈现的改性活生物体越境转移。转移之后又包括环境释放目的以及生产加工等目的，其中比较典型的从国外进入中国进行环境释放的例子有孟山都的转基因棉花；为生产加工目的的有拜耳、先锋、孟山都、先正达公司的抗虫耐旱玉米，抗除草剂大豆、抗虫耐除草剂棉花，抗除草剂油菜等。此外，近年来中国开始大量进口 DDGS（酒精糟及残液干燥物，Dried Distillers Grains with Solubles）用作动物饲料。[2] 这些物质进口都需要遵

---

〔1〕 2011 年生物科技产业在外国投资目录中从限制类被转入禁止类，这意味着外国公司将无法在中国开展转基因研究。这种改变主要是担忧如果任由国际种业公司推出商业化转基因种子而占领中国种子市场。

〔2〕 1995 ~2010 年间，中国人均肉类、奶制品和植物油的消费分别增长了 2.3%、24.2% 和 10.2%。动物性蛋白产品需求的增加引发了对饲料粮的极大需求。DDGS 是指酒精糟及残液干燥物，它可以作为饲料的主要成分。尽管近年来中国乙醇加工业发展速度很快，但是，存在于玉米中的黄曲霉毒素仍然是中国自产的 DDGS

守事先知情同意程序，否则将面临退运风险。在第四章中分析的2013年10月至2014年年底转基因玉米MIR162被中国海关查处后，就遭遇了退运的命运，引发了美国和中国之间的贸易摩擦。

（二）中国作为出口方

如同一个硬币的两面，中国一方面是作为改性活生物体的进口方，将其引入境内或者拒之国门之外；另一方面中国也作为出口方，将改性活生物体出口到世界其他国家，类似的也有占领他国市场或者遭遇退运的经历。

以中国对欧盟出口为例，根据欧盟RASFF Portal〔1〕公开的信息，自2006年起，中国输欧米制品已经多次被查出含有转基因成分，所涉及的产品品种为米线、米粉制品。此外其他食品，如饼干、芝麻汤圆等，也数次被检出含有转基因成分。〔2〕2011

（接上页）用作饲料原料的阻碍。但是，美国农民对玉米储存有良好的干燥习惯，因此，美国玉米的霉菌毒素的问题不太严重。另外，美国玉米成本低廉、乙醇生产企业对DDGS推广非常重视；加之DDGS在中国的进口关税税率只有5%，远低于大豆13%的进口增值税，使得美国生产的DDGS具有比较优势。因此，2008年中国从美国进口的DDGS仅为1.18万吨，2009年进口量猛增至54.23万吨，占美国总出口量的9.61%，2010年达到252.87万吨，增加将近4倍。DDGS进口量的快速增加引起了国家有关部门的高度重视，2010年12月28日，商务部正式发布公告，决定对原产于美国的进口干玉米酒糟进行反倾销立案调查，2011年12月28日，商务部将调查期限延长6个月，直到2012年6月21日，商务部才宣布撤销对进口DDGS的反倾销调查，并将其纳入实行进口报告管理的大宗农产品目录。

〔1〕 RASFF Portal是欧盟设立的一个各国共享的进口食品和饲料的快速预警系统，对于进口商品中含有未知/未被欧盟批准/未在出口国批准/未在出口国应用/审批材料造假等各种情况都要在这一系统公布，其目的是告知欧盟成员国要对出口国的何种商品提高警惕。https://webgate.ec.europa.eu/rasff-window/portal/index.cfm?event=SearchForm&cleanSearch=1#，访问日期：2015年12月15日。

〔2〕 这些被检出的转基因水稻主要有克螟稻、科丰6号还有Bt63，Bt63在所有的转基因水稻预警中占到半壁江山。但前两种在中国还没有获得安全证书，所以没有应用，Bt63在2009年的时候获得了安全证书，但是也并没有在中国商业化，所以也算不上应用，所以预警系统里这些检出的转基因作物都会被标记为没有被批准过应用。

年，因频频出现在预警通报上，加之当年欧盟委员会食品与兽医事务处访华代表团关于中国大米受转基因污染影响的报告，欧盟委员会发布了《对中国出口大米制品中含有转基因成分采取紧急措施的决定》。根据这个决定，欧盟27国对中国25种米制品采取强制性转基因成分检测，并依据检测结果采取退货和销毁处理措施。此外，出口日本、韩国的大米及其制品也存在类似情况。

以上欧盟检测出水稻及其制品的转基因并非个案。上文提到的Bt63是由华中农业大学生命科学技术学院研发的专利转基因抗虫水稻，1999年研制成功，经过11年的评价论证；2009年，Bt63转基因抗虫水稻获得了转基因生物安全证书，但并没有得到商业化种植的许可。中国政府迄今从没有批准任何一种转基因大米的商业化种植，也没有批准转基因大米的进口。按照《中华人民共和国种子法》，转基因作物在没有获得商业化种植许可之前是不允许被商业化种植的。但是，根据2014年7月央视新闻调查结果，转基因大米已经扩散，在湖南、湖北、安徽、福建一带的米，相当一部分大米已经被转基因“污染”，在出口环节上导致了较为严重的损失。

那么，目前我国有没有相关规定？究竟是什么环节出现了问题，才导致以上情况的出现呢？

三、中国现行涉及改性活生物体安全的政策法规

（一）政府政策

从整体上看，中国政府对转基因的态度与欧盟采取的严格防范的态度并不一样。中国将转基因认定为战略新兴产业，在转基因研究方面投入力度很大。同时主管转基因的主要部门——农业部，还为转基因开辟了专门宣传网站“转基因权威

关注”[1]，其中内容均为对转基因的正面宣传，未来还将计划向省市级农业官员、学生和普通大众开展这种知识普及，而地方政府也将参与这些科普活动。通过这些活动打消公众疑虑，支持本土生物科技产业的发展。

在这样的总体政策方向下，尽管每年农业部都会组织专家和地方管理部门检查转基因研究进展和生物安全性情况，研究进展和安全管理的情况，但检查结果并未公开。即便田间试验等环节出现违规，惩罚措施通常是内部进行罚款和通报批评，且认为转基因生物的风险远不如三聚氰胺和瘦肉精的危险，因此选择不公开，避免搅动公众本来就敏感的神经。

如果类似于农业部、国家林业局这样的监管部门拥有审批转基因科研项目及资金拨付的权力，同时又不对主要作物进行转基因商业化（除棉花以外），那么申请到科研资金的科研机构就会更愿意投入基础研究，研究成功后因为对违规的处罚不严厉，种子可能从地下渠道“被动”或者“主动”流入国内市场。加之知识产权保护不力以及中国种业碎片化的现状进一步阻碍了民间资本投入转基因产业。这些因素形成的合力就造成了中国转基因作物的乱象。在下文中，笔者还将结合具体法律，分析隐藏在规定背后的利益链。

（二）法律法规

早在 1993 年 12 月，原国家科委（现科技部）就颁布了《生物基因工程安全管理办法》，对基因工程的实验室安全操作和风险管理作出了规定。随后在 1996 年，农业部也颁布了《农业生物基因工程安全管理实施办法》。

为了确保生态环境安全和健康，有效管理日益增多的农业

---

〔1〕 农业部转基因权威关注网站：http://www.moa.gov.cn/ztzl/zjyqwgz，访问日期：2015 年 12 月 15 日。

转基因生物的研究和环境释放，2001 年 5 月，国务院颁布了《农业转基因生物安全管理条例》（以下简称《条例》）。为了实施《条例》，2001 年，农业部发布了与《条例》配套的三个管理办法，即《农业转基因生物安全评价管理办法》〔1〕《农业转基因生物标识管理办法》和《农业转基因生物进口安全管理办法》。《条例》规定了中国对农业转基因生物实施安全评价制度、对越境转移的转基因生物实施标识管理制度、生产和经营许可制度及进口安全审批制度。其中，按照国际通行的安全评价做法，中国规定了农业转基因生物实验研究、中间试验、环境释放、生产性实验、安全证书五个阶段的申请、评估和审批程序。这表明中国开始了对农业转基因生物的研究、实验、生产、加工、经营和进出口活动进行全面的管理。

同时，针对转基因林木研究、环境释放和商业生产等问题，国家林业局于 2006 年颁布了《开展林木转基因工程活动审批管理办法》，使我国转基因林木得到管理。

除了农作物和林木外，转基因动物也是研究的一个重点领域，但仅限于“研究”。中国尚未批准任何动物克隆或转基因动物制品的商业化，也不允许进出口任何转基因动物，牲畜或相关产品。但研究机构可以向农业部和财政部申请资金来支持转基因动物的研究。〔2〕2012 年 9 月在内蒙古大学就建立了国家转

---

〔1〕 2015 年 4 月，农业部发布了对《农业部关于修改〈农业转基因生物安全评价管理办法〉的决定（征求意见稿）》公开征求意见的通知，具体草案内容参见中国政府法制信息网：http://www.chinalaw.gov.cn/article/cazjgg/201504/20150400398942.shtml，访问日期：2015 年 12 月 15 日。

〔2〕 中国目前正在进行的转基因动物研究包括：

1. 2013 年，云南医学院和云南中科灵长类生物医学重点实验室联合运用 CRISPR/CAS9 技术成功获得世界首只经过基因靶向修饰的小猴，显示靶向基因修饰可以运用于灵长类中。

基因动物技术研究中心，该中心致力于发展牲畜新品种、动物繁育以及对公众进行转基因技术科普，其研究领域主要集中在生产药物、改进产奶量和质量，以及改善肉质和羊毛质量。[1]原则上，动物转基因技术的生物安全和标识与农作物一样，受《农业转基因生物安全管理条例》以及《农业转基因生物标识管理办法》管理。

（三）管理结构

1. 部级责任

农业部主要负责对进口和国内生产的转基因农作物进行审批，同时也负责编制转基因相关政策法规。农业部负责向科研机构和高校管理发放中央财政拨款进行转基因研究，这项职责之前由科技部承担。林业部负责批准转基因林业产品的研究、生产和进口，同时也制订相关的转基因管理政策。环保部负责《生物安全议定书》的谈判和实施。质量检验检疫局和当地检验

（接上页）2. 2009 年，中国农业大学成功培育朊蛋白基因敲除的奶牛。

3. 2010 年，内蒙古大学培育出肌生成抑制蛋白基因敲除的克隆牛。

4. 2011 年，中国农业大学培育出转人溶菌酶基因和转人岩藻糖转移酶基因的奶牛。

5. 2011 年，中国农业大学获得了抗鸡传染性支气管炎病毒（IBV）的转基因鸡。

6. 2003 年，扬州大学李碧春教授课题组，成功实现了鸡体内、外精原干细胞介导目的基因来生产转基因鸡。

7. 2010 年，中国获得了转 TLR4 基因的抗病山羊。

8. 中科院生物医药健康研究所正在研究富 omega－3 脂肪的转基因猪和利用猪生产多能干细胞研究。

9. 中科院水生生物研究所培育了一种快速生长的转基因鲤鱼，已经进入中试阶段。

10. 2012 年 6 月，内蒙古大学培育出转基因奶牛，其生产的牛奶富含 omega－3 脂肪酸（对健康有利），而降低 omega－6 不饱和脂肪酸含量（可能导致癌症和心脏病）。

〔1〕 内蒙古大学实验动物研究中心官方网站：http://www.imu.edu.cn/jy-bzdsys/zxgk.html，访问日期：2015 年 12 月 15 日。

检疫办公室负责全国所有转基因产品的进出口检验检疫。质量监督检验检疫总局令第62号规定了进出口转基因产品的相关步骤。

2. 农业转基因生物安全管理部级联席会议制度

正是由于转基因生物安全涉及多个部门，本书讨论的《生物安全议定书》及《名古屋－吉隆坡补充议定书》等国际公约的谈判是由环保部主导，而转基因进出口规则的制定权则由农业部、国家林业局掌握。所以出现一些部门态度和立场上的差异非常正常。为了协调差异共享信息，我国建立了由12个部门组成的农业转基因生物安全管理部级联席会议制度，包括农业部、国家林业局、环保部、质量检验检疫总局、科技部、发改委、商务部和国家卫计生委等。部级联席会议制度更多是在转基因政策牵涉多部委时起协调作用。

3. 国家农业转基因生物安全委员会

国家农业转基因生物安全委员会由农业部成立，是评估国内外转基因产品生物安全申请的机构。委员会由64位不同领域的专家组成，来自中国政府、研究机构和高校。委员会分成三个专家组：转基因植物、动物和微生物，以及食用和饲用产品。从2008年起，委员会一年举行三次会议，通常于3月、7月和11月。其决议通常于会后45天内发布。

2013年5月农业部公布了生物安全委员会成员名单。[1]同时，农业部还发布了《农业转基因生物安全委员会工作规则》。这项规则不但解释了委员会的功能和组成，也第一次对成员提出了道德要求。

---

〔1〕具体名单参见农业部官网：http://www.moa.gov.cn/zwllm/rsxx/201305/t20130514_3459388.htm，访问日期：2015年11月20日。

4. 国家农业转基因生物安全管理标准化技术委员会

国家农业转基因生物安全管理标准化技术委员会由41位专家和官员组成，负责起草修订转基因产品标准技术，包括安全评估、测试和检测标准，已经发布了108项转基因的生物安全标准。全国有49家农业部批准的机构承担转基因农产品的环境安全检测、食品安全检测和转基因产品的侦测。地方农业部负责监测转基因产品的田间试验、加工厂、种子市场和相关标识。〔1〕

第二节　转基因生物安全的管理措施

一、农业转基因生物安全评价基本步骤

在讨论转基因生物安全性时，即使是正面宣传也强调其必须是经过国家认可的风险评估后，才能认为具有安全性。这样才有后来法律法规中对试验阶段转基因生物的严格控制，防止外流。在我国安全评价的对象是农业转基因生物对人类、动植物、微生物和生态环境构成的危险或者潜在的威胁。安全评价工作按照植物、动物、微生物三个类别，依据科学，遵循个案审查，实施分级分阶段管理。按照对人类、动植物、微生物和生态环境的危险程度，将农业转基因生物分为以下四个等级：安全等级Ⅰ：尚不存在危险；安全等级Ⅱ：具有低度危险；安全等级Ⅲ：具有中度危险；安全等级Ⅳ：具有高度危险。〔2〕

---

〔1〕 USDA Foreign Agriculture Service, Agricultural Biotechnology Annual - China, http://gain.fas.usda.gov/Recent%20GAIN%20Publications/Agricultural%20Biotechnology%20Annual_Beijing_China%20-%20Peoples%20Republic%20of_12-31-2014.pdf.

〔2〕《农业转基因生物安全评价管理办法》第9条。

为了获得安全评估认可，在中国国内生产转基因作物，厂商就必须通过国家生物安全委员会的安全评估，并从农业部转基因生物安全部门获得生物安全证书。一般来说，转基因产品国内种植的批准流程包括：实验室研究、中间实验、环境释放、生产试验几个阶段。通过这五个步骤后，产品才能获得生物安全证书。

以上五个步骤实践中最容易出现问题的是后三个环节。

一般，转基因作物培育只要是在实验室阶段，包括在温室内的阶段，范围和参与人员可以严格控制，物种向自然环境流出的可能性极小。当进入中间试验阶段，试验田基本选择在农场里面，或者农科所里面，田地四周都建有隔离带（一般为围墙或者水渠），处于封闭状态。[1]

但是，一旦进入环境释放阶段，由于需要进入不同的区域检验植物是否适应不同的气候和生态条件，这就不再是一个科研院所自己的事，而要和当地农民合作了。按照《农业转基因生物安全评价管理办法》（后简称《办法》）有关转基因作物环境释放的规定，环境释放试验地点和规模不超过2个省，每省不超过7个点，试验总面积为4亩~30亩，如果是多年生植物不受此限。那么，如果再像中间试验那样做成碉堡式的田地，就大大提高了成本，而在商业化前途不明确的情况下没有哪个研究机构会这么做。因此，退而求其次，《办法》只要求环境释放和生产性试验产生的试验结果（例如转基因水稻试验中收获

[1] 当然，中间试验并非绝对实现转基因隔离。2014年，海南南繁育制种基地由于对转基因实验控制不力造成转基因污染的案例就是一个典型例外。2013年下半年，海南农业局对于三个县市非法种植转基因作物开展了调查。调查发现了取自13个研究机构的15个样品呈转基因阳性。所有样品都来自于实验田，其中的9个被当场销毁，其余6个有待进一步测试。具体报道参见“海南销毁9个滥种转基因作物”，载《京华时报》2014年4月2日。

的水稻）统一回收处理。但因为环境释放涉及种植的农户，一方面无法排除农民看到转基因作物的特性而私自留藏；另一方面，中国种子行业内企业数量众多，规模较小，现有持证经营企业八千余家，在发现环境释放试验田后，无法排除有时也会有种子公司介入私自育种（在中国研究实验抗虫棉时，就有这种情况）。除了以上被动流失的情况，一些科研人员也创造机会造成转基因种子的“主动流失”，因为即使实验评估风险较低，中国目前也没有为转基因作物商业化打开大门，要靠种子正当盈利的前景模糊，因而通过“流失”这种擦边球的方式让市场接收后私下售卖。〔1〕

上述两个最容易出纰漏导致转基因扩散的环节，如果有违规，即便有确凿证据，根据《农业转基因生物安全管理条例》（2011 年修正本），也只要处以 1 万元以上 5 万元以下的罚款，对机构来说也没有足够震慑力。近年转基因稻种 Bt63 的流出和非法售卖就是一个典型例子。

二、转基因进出口审批流程

（一）进口申请审批

1. 农业部审批

农业部负责批准转基因产品的进口。批准流程根据转基因

---

〔1〕 即便是获得安全证书的合法转基因种子，一般情况下是第一代种子品性最为优良，接连使用三代后，性能就会衰减。这也就是种子公司能不断卖一代种子获利的原因。但是，本想营利的研究机构却因为农民留种和其他种子公司制作的假种泛滥而深受伤害，农民田间的种植质量也无法保证。当然，如果是没有获得安全证书的转基因种子，更加无法获得保护。对合法的转基因作物种子，中国《种子法》和农业部《植物新品种保护条例实施细则》（1997 年发布，2013 年修订）规定了对农业转基因产品的保护。同时政府正在制定新的《种子法》以加强品种保护，尽管政府采取严厉措施打击套牌和非法种子，但种子品种知识产权保护仍然面临着很大挑战。

产品的用途（研究、加工或生产），安全程度和对人类、动物、环境的可能危害而有所不同。2013 年 5 月 22 日，农业部发布通知包含了 7 项与农业转基因申请相关的法律法规。这些法规明确了农业部在审批农业转基因申请中的步骤，包括转基因材料、安全证书、标识等项目，并明确了每个步骤所需的时间。这是农业部首次发布书面的转基因申请流程。

对于进口转基因产品用作加工，境外公司必须向农业转基因生物安全管理办公室申请领取农业转基因生物安全证书。境外公司应当提供输出国家或者地区已经允许作为相应用途并投放市场的证明文件，输出国家或者地区经过科学试验证明对人类、动植物、微生物和生态环境无害的资料，以及农业部委托的技术检测机构出具的对人类、动植物、微生物和生态环境安全性的检测报告。这些文件将由国家生物安全委员会进行审核通过后，农业部方能发放生物安全证书。

2. 国家林业局审批流程

国家林业局负责管理转基因树木的研究、种植和进出口。其中不包括任何生产水果、坚果和使用产品的树木（这些树木由农业部管理）。林业局审批流程与农业部类似。根据转基因树木风险级别，林业局会要求申请者开展实验室研究。转基因树木的审批包括三个阶段：中间试验、环境释放实验和生产试验。国内申请者完成每个阶段的实验后，需要向林业局提供包含所有数据材料的报告，而林业局将在 20 个工作日内决定是否可以进入下一阶段。如果林业局认为需要更多补充材料，该流程的时间将被拉长。当所有阶段都通过后，将颁发生物安全证书，有效期 2 年。然而，在品种商业化之前还需要进行品种审定（与农业部审定类似），而该审定流程可能需要由来自政府、学术机构和企业的专家进行额外评估。对于非转基因品种这项评估需要大约一年，而转基因品种需要进行额外的田间试验，因而时间大大延长。截至 2014 年，国家林业局尚未批准转基因树种进入中国。

（二）过境与出境

农业转基因生物在中国过境转移的，货主应当事先向国家出入境检验检疫部门提出申请，经批准方可进行过境转移。国务院农业行政主管部门、国家出入境检验检疫部门应当自收到申请人申请之日起 270 日内作出批准或者不批准的决定，并通知申请人。

向中国境外出口农产品，外方要求提供非转基因农产品证明的，由口岸出入境检验检疫机构根据国务院农业行政主管部门发布的转基因农产品信息，进行检测并出具非转基因农产品证明。

三、审批之后的管理

（一）标识

中国现有的转基因标识受农业部 10 号令《农业转基因生物标识管理办法》管理，要求对转基因产品必须予以标识，禁止无标识或误导性标识的产品进口或销售。

1. 适用范围

国家对农业转基因生物实行标识制度。实施标识管理的农业转基因生物目录，由国务院农业行政主管部门商请国务院有关部门制定、调整和公布。凡是列入标识管理目录并用于销售的农业转基因生物，应当进行标识；未标识和不按规定标识的，不得进口或销售。农业部负责全国农业转基因生物标识的审定和监督管理工作。县级以上地方人民政府农业行政主管部门负责本行政区域内的农业转基因生物标识的监督管理工作。国家质检总局负责进口农业转基因生物在口岸的标识检查验证工作。[1]

第一批实施标识管理的农业转基因生物目录：①大豆种子、大豆、大豆粉、大豆油、豆粕；②玉米种子、玉米、玉米油、玉米粉（含税号为11022000、11031300、11042300的玉米粉）；③油菜种子、油菜籽、油菜籽油、油菜籽粕；④棉花种子；⑤番茄种子、鲜番茄、番茄酱。

2. 标识的标注方法

（1）转基因动植物（含种子、种畜禽、水产苗种）和微生物，转基因动植物、微生物产品，含有转基因动植物、微生物或者其产品成分的种子、种畜禽、水产苗种、农药、兽药、肥料和添加剂等产品，直接标注“转基因××”。

（2）转基因农产品的直接加工品，标注为“转基因××加工品（制成品）”或者“加工原料为转基因××”。

（3）用农业转基因生物或用含有农业转基因生物成分的产品加工制成的产品，但最终销售产品中已不再含有或检测不出转基因成分的产品，标注为“本产品为转基因××加工制成，但本产品中已不再含有转基因成分”或者标注为“本产品加工原料中有转基因××，但本产品中已不再含有转基因成烦恼”。

农业转基因生物标识应当醒目，并和产品的包装、标签同时设计和印制。难以在原有包装、标签上标注农业转基因生物标识的，可采用在原有包装、标签的基础上附加转基因生物标识的办法进行标注，但附加标识应当牢固、持久。

有特殊销售范围要求的农业转基因生物，还应当明确标注销售的范围，可标注为“仅限于××销售（生产、加工、使

[1] 《农业转基因生物标识管理办法》第2～4条。

用)”。

农业转基因生物标识应当使用规范的中文汉字进行标注。[1]

3. 标识新规

而2015年10月开始施行的《中华人民共和国食品安全法》将正式规范转基因产品标识，取代现有的相关条例。《中华人民共和国食品安全法》规定生产经营转基因食品应当按照规定显著标示。未按规定进行标示的，最高可处货值金额五倍以上十倍以下罚款，情节严重的责令停产停业，直至吊销许可证。

除了标识规定外，中国近期开始采取措施防止误导性标识。2014年9月28日，中国中央电视台向广告机构发出通知，在农业部与工商局会商讨论转基因产品误导性标识之后，工商局将加强涉及转基因和非转基因产品广告的管理。

新规定指出，对我国没有批准商业化转基因的作物（如水稻、花生），禁止使用“非转基因”的宣传。而对于有商业化转基因的作物，商家必须提供充分的非转基因证明来宣传该产品为“非转基因”。此外，规定禁止在广告中宣称非转基因食品比转基因食品“更健康”或“更安全”。

（二）检测

转基因产品的检测主要由农业部、质量检验检疫局、环保部通过其下属机构进行。质检局检测进口产品是否有未经批准的成分，农业部检测检测国内农作物并进行安全性评估实验，而环保部进行环境安全评估。

上述三机构针对转基因检测推出一系列国家和行业标准，其中都用到多聚酶链式反应（PCR）。尽管是非强制性标准，但国内企业大都遵循这些标准。质检局标准关注特定作物，而农

---

〔1〕 参见《农业转基因生物标识管理办法》第6~10条。

业部标准更注重于特定转基因成分。下面列出一些主要的标准，它们在中国标准协会网站记录在案。

国家标准	GB/T 19495.1-2004	转基因产品检测 通用要求和定义
	GB/T 19495.2-2004	转基因产品检测 实验室技术要求
	GB/T 19495.3-2004	转基因产品检测 核酸提取纯化方法
	GB/T 19495.4-2004	转基因产品检测 核酸定性 PCR 检测方法
	GB/T 19495.5-2004	转基因产品检测 核酸定量 PCR 检测方法
	GB/T 19495.6-2004	转基因产品检测 基因芯片检测方法
	GB/T 19495.7-2004	转基因产品检测 抽样和制样方法
	GB/T 19495.8-2004	转基因产品检测 蛋白质检测方法
质检总局	NY/T 672-2003	转基因植物及其产品检测通用要求
	NY/T 673-2003	转基因植物及其产品检测 抽样
	NY/T 674-2003	转基因植物及其产品检测 DNA 提取和纯化
	NY/T 675-2003	转基因植物及其产品检测 大豆定性 PCP 方法
农业部	农业部公告第 869 号	14 项标准
	农业部公告第 953 号	27 项标准
	农业部公告第 1193 号	3 项标准
	农业部公告第 1485 号	19 项标准
	农业部公告第 1782 号	13 项标准
	农业部公告第 1861 号	6 项标准
环保部	HJ 625-2011	抗虫转基因植物生态环境安全检测导则

对于转基因农产品进口来说，一大挑战是中国在检出限上并不一致。中国对于未经批准的转基因成分采取“零容忍”态

度。实际操作中，不同实验室的 PCR 检出灵敏度都很高，而且检测能力和灵敏度并不一致。这意味着对于进口产品的转基因检出限可能从0.1%到0.01%甚至更低。这种不确定性、高灵敏度和缺少阳性阈值对于进口带来很大风险。货物可能由于重复利用集装箱的交叉污染或来自其他地块的花粉污染导致的阳性结果而被退运。此外，也发生过在出口国转基因检测阴性而到中国港口检测出阳性的事件。

（三）进出境转基因产品检验检疫

为加强进出境转基因产品检验检疫管理，保障人体健康和动植物、微生物安全，保护生态环境，根据《中华人民共和国进出口商品检验法》《中华人民共和国食品卫生法》《中华人民共和国进出境动植物检疫法》及其实施条例、《农业转基因生物安全管理条例》等法律法规的规定，制定《进出境转基因产品检验检疫管理办法》。《进出境转基因产品检验检疫管理办法》于2004年5月24日发布并实施。

1. 适用范围

《进出境转基因产品检验检疫管理办法》适用于对通过各种方式（包括贸易、来料加工、邮寄、携带、生产、代繁、科研、交换、展览、援助、赠送以及其他方式）进出境的转基因产品的检验检疫。本办法所称“转基因产品”是指《农业转基因生物安全管理条例》规定的农业转基因生物及其他法律法规规定的转基因生物与产品。[1]

2. 主管部门

国家质量监督检验检疫总局（以下简称“国家质检总局”）负责全国进出境转基因产品的检验检疫管理工作，国家质检总局

〔1〕 参见《进出境转基因产品检验检疫管理办法》第2、3条。

设在各地的出入境检验检疫机构（以下简称“检验检疫机构”）负责所辖地区进出境转基因产品的检验检疫以及监督管理工作。

国家质检总局对过境转移的农业转基因产品实行许可制度。[1]

3. 进境检验检疫

国家质检总局对进境转基因动植物及其产品、微生物及其产品和食品实行申报制度。货主或者其代理人在办理进境报检手续时，应当在《入境货物报检单》的货物名称栏中注明是否为转基因产品。申报为转基因产品的，除按规定提供有关单证外，还应当提供法律法规规定的主管部门签发的《农业转基因生物安全证书》（或者相关批准文件，以下简称“批准文件”）和《农业转基因生物标识审查认可批准文件》。对于实施标识管理的进境转基因产品，检验检疫机构应当核查标识，符合农业转基因生物标识审查认可批准文件的，准予进境；不按规定标识的，重新标识后方可进境；未标识的，不得进境。对列入实施标识管理的农业转基因生物目录（国务院农业行政主管部门制定并公布）的进境转基因产品，如申报是转基因的，检验检疫机构应当实施转基因项目的符合性检测，如申报是非转基因的，检验检疫机构应进行转基因项目抽查检测；对实施标识管理的农业转基因生物目录以外的进境动植物及其产品、微生物及其产品和食品，检验检疫机构可根据情况实施转基因项目抽查检测。

检验检疫机构按照国家认可的检测方法和标准进行转基因项目检测。经转基因检测合格的，准予进境。如有下列情况之一的，检验检疫机构通知货主或者其代理人作退货或者销毁处

[1] 《进出境转基因产品检验检疫管理办法》第4条。

理：①申报为转基因产品，但经检测其转基因成分与批准文件不符的；②申报为非转基因产品，但经检测其含有转基因成分的。

进境供展览用的转基因产品，须获得法律法规规定的主管部门签发的有关批准文件后方可入境，展览期间应当接受检验检疫机构的监管。展览结束后，所有转基因产品必须做退回或者销毁处理。如因特殊原因，需改变用途的，须按有关规定补办进境检验检疫手续。[1]

第三节 中国生物安全立法完善建议

一、中国法规与《生物安全议定书》之比较

（一）法律管制对象的范围不同

《生物安全议定书》管理的对象包括除药品外的改性活生物体以及拟直接做食物或饲料或加工原料之用的改性活生物体，而中国有关法律规则之农业生产或者农产品加工的动植物、微生物及其产品，主要包括转基因动植物和微生物、转基因农产品的直接加工品、含有转基因动植物、微生物或者其产品成分的种子、农药、兽药、水产苗种、肥料等。卫生部制定的《转基因食品卫生管理办法》还规定包括以转基因动植物、微生物或者其直接加工品为原料所生产的食品以及食品添加剂。正是因为国际谈判中协调各方利益的难度，所以把法律调整对象限定在了较小的范围内，要求具有生物活性，且只管理越境转移这个过程。而各国国内采取的法律管制对象则一般都较为宽泛，包括实验研发、商业化、国际国内运输等多个环节。

---

〔1〕 参见《进出境转基因产品检验检疫管理办法》第6～11条。

（二）责任和赔偿规定不同

《生物安全议定书》确立了事先知情协议程序，如果违反该程序被进口方发现，则退运改性活生物体。如果进口缔约方未能发现违规转移（即非法转移）或者即使是合法转移，但之后改性活生物体引起了进口国生物多样性和人身健康损害，则启动《名古屋－吉隆坡补充议定书》中设立的行政应对措施和民事赔偿两种责任形式。而目前《名古屋－吉隆坡补充议定书》对民事赔偿责任语焉不详，交由各缔约方国内确定。

当然，各国国内立法并不会限于改性活生物体这类具有遗传活性的物体，而是对转基因生物的研发、商业化及国际运输采取概括立法的方式。其针对“责任”问题可分为以下几类：一是不问转基因是否致损，只要因违规操作导致转基因扩散，则可能追究刑事和行政责任，并对邻近被污染的土地承担民事赔偿责任，这是最严格的责任追究立法，当然在这样的背景下，转基因生物不论是研发还是商业化都是受到抑制的。二是去除刑事责任，如果因违规导致转基因扩散，只承担民事赔偿责任，且因为存在转基因种植保险和基金，可以减轻转基因种植者的赔偿负担。

从转基因生物越境转移角度看，国内对进出口企业的违规均采取行政处罚的方式，没有涉及刑事责任或者民事赔偿。例如国务院的《农业转基因生物安全管理条例》规定，未经国务院农业行政主管部门批准，擅自进口农业转基因生物的，由国务院农业行政主管部门责令停止进口，没收已进口的产品和违法所得；违法所得10万元以上的，并处违法所得1倍以上5倍以下的罚款；没有违法所得或者违法所得不足10万元的，并处10万元以上20万元以下的罚款。〔1〕违反条例规定进口、携带、

〔1〕《农业转基因生物安全管理条例》第七章“罚则”，第50条。

邮寄农业转基因生物未向口岸进入境检验检疫机构报检的，或者未经国家出入境检验检疫部门批准过境转移农业转基因生物的，由口岸出入境检验检疫机构或者国家出入境检验检疫部门比照进出境动植检疫法的有关规定处罚。[1]

（三）明确规定进口的改性活生物体或其产品必须是安全的

《生物安全议定书》中规定在实施中一般出口方应提供在出口国内对此种改性活生物体实行管制的现状资料，如所涉改性活生物体是否被出口国禁止、是否存在其他限制、是否已经核准其做一般性释放。如果在出口国已经禁止了该种转基因生物，应说明予以禁止的理由。而中国明确规定出口方要提供证明材料证明输出国已经允许作为相应用途并生产、经营和投放市场，并经过科学实验证明对人类、动植物、微生物和生态环境无害。

二、我国转基因生物越境转移法规和规章的不足

中国已于2005年9月6日正式成为《生物安全议定书》的缔约方，这表明中国不仅必须实现《生物安全议定书》的目标，而且还要履行《生物安全议定书》中规定的具体义务。尽管上述一些专门立法为中国生物安全管理的某些内容提供了重要的法律依据，但是总体来说与中国生物安全管理和生物技术的发展水平相比，现阶段的立法还相对滞后，无法满足生物安全管理的需要。

（一）法规体系及管理制度上的不完善

其一，法规体系还不健全。要对生物安全进行全面有效的监督管理，首先就应当具备一套健全完善的法规体系。现阶段中国的生物安全立法仍不健全，当然就更谈不上完善了。各部

[1] 《农业转基因生物安全管理条例》第七章“罚则”，第51条。

门一般只能根据自身的情况和需要制定部门规章，很少考虑到其他部门的同领域的规定。中国的生物安全立法针对有些问题的规定是重复的，但另一些重要的问题却还存在立法空白，在处理一些问题的过程中出现了无法可依的情况，极大地影响了执法效果。在转基因生物越境转移许可、标识和检验方面，农业部的《农业转基因生物进口安全管理办法》《农业转基因生物安全评价管理办法》《农业转基因生物标识管理办法》等3个规章和卫生部的《转基因食品卫生管理办法》之间存在重叠和冲突的地方。在具体案例中，对于既是农业转基因生物又是转基因食品的转基因生物，越境转移许可是适用卫生部规章，还是适用农业部规章呢？这种转基因生物的越境转移是按照农业部规章进行标识，还是依照卫生部规章进行标识呢？涉及检验的时候，是按照《农业转基因生物安全评价管理办法》的规定由农业部认定的农业转基因生物技术检测机构进行检验，还是按照《转基因食品卫生管理办法》的规定由卫生部认定的检验机构进行检验，还是需要同时经过两个机构进行检验呢？目前，农业部认定的农业转基因生物技术检测机构，包括产品检验机构、环境安全评价检测机构、食用安全检测机构3种类型，尤其是食用安全检测机构常常会和卫生部认定的检验机构发生冲突。〔1〕

其二，管理制度仍不完善。首先，调整领域还不完整。近十年中国出台的转基因生物安全立法主要集中在农业转基因生物安全、转基因食品安全、转基因药品安全和转基因微生物实验室安全等领域。随着中国生物技术的发展，在野生动植物、林业、微生物等方面的转基因生物安全问题也日益凸显，但中国至今还没有出台关于这些领域的专门立法。其次，在转基因

〔1〕 于文轩：《生物安全立法研究》，清华大学出版社2009年版，第244页。

生物安全管理过程中，一些重要的制度是管理顺利进行的基础，如环境影响评价制度、损害赔偿保险制度、应急处理制度、损害赔偿与补救制度等等。然而，目前中国有些转基因生物安全立法在这些重要制度上重视程度不够，有的制度甚至没有在立法中作出规定。最后，管理机构不统一。在转基因生物安全管理领域，中国各主管部门立法权分散。即便是国务院发布的行政法规，也经常是首先委托某一主管部门起草，然后以国务院的名义发布。因此每一部立法都有相应的管理机构。但是因为缺乏一部综合性的转基因生物安全立法，至今还没有一个对转基因生物安全实施统一监管的机构。〔1〕同时，任何一个部门都无法掌握全面的转基因生物信息，根本无法进行协调和统一。

（二）现行国内转基因生物标识制度存在的问题

1. 标注方法不够合理

根据国务院《农业转基因生物安全管理条例》和2002年农业部于发布的《农业转基因生物标识管理办法》（以下简称《管理办法》）的要求，对以下三类产品实行强制标识：〔2〕

（1）转基因动植物（含种子、种禽畜、水产苗种）和微生物，转基因动植物、微生物产品，含有转基因动植物、微生物或者其产品成分的种子、种禽畜、水产苗种、农药、兽药、肥料和添加剂等产品，直接标“转基因××”；

（2）转基因农产品的直接加工品，标注为“转基因××加工品”或者“加工原料为转基因××”；

（3）用农业转基因生物或用含有农业转基因生物成分的产品加工制成的产品，但最终销售产品中已不再含有或检测不出转基因成分的产品，标注为“本产品为转基因××加工制成，

---

〔1〕于文轩：《生物安全立法研究》，清华大学出版社2009年版，第246页。
〔2〕《农业转基因生物标识管理办法》第6条“标识的标注方法”。

但本产品中已不再含有转基因成分”或者标注为“本产品原料中有转基因××，但本产品中已不再含有转基因成分”。

但是，上述规定引起了以下问题。“直接加工品”的含义不是十分清楚。例如将转基因大豆加工成为豆油后，可以将其标识为“转基因大豆加工品”。但是，如果将这种豆油与其他食用油混合后再加工成为另外一种烹调油，这种烹调油是否仍然属于大豆的直接加工品呢？现行的《管理办法》没有规定再加工产品的标识。但是如果只是以其是大豆的间接加工品为由，就允许这种混合加工的烹调油不标注转基因成分，就会使消费者误认为其原料不是转基因大豆，无法充分保障消费者的知情权。并且现阶段的立法也让转基因农产品的管理出现了一个盲区，就是深加工。但无疑这与法规的原意并不相符。

2. 阈值概念的缺失

国外标识制度通常采用阈值，为了防止因偶然因素或技术上不可避免的因素而导致的转基因污染，转基因物质含量低于阈值的可豁免标识。〔1〕而中国的法规没有规定这样的最低比例，即“零允许阈值”标识制度。通过检测这一最直接的方式可以确定是否含有转基因成分或其含量是否低于阈值。但检测存在仪器的灵敏度以及检测误差的问题。随着检测仪器灵敏度的不断提高，即使是微量的转基因成分也可能被检测出来。另外，全国各检测机构在检测技术和手段上也不会完全相同，那么很可能出现同一种转基因产品，在甲地没有被检测出来，而在乙地被检测出来需要贴标签。这就需要制定统一的标准，并且需要预留误差度。中国现行的标识制度还没有引入阈值，无法处理由于偶然因素或技术上不可避免的因素所导致的转基因

---

〔1〕一些国家在检测上都设定了一个阈值，在阈值范围内可豁免标识。例如，欧盟设定的阈值为0.9%，澳大利亚为1%，韩国为3%，日本为5%。

生物或成分的污染，这一点还有待改善。此外，零容忍的标识制度势必难以真正实施，实施的话也会成本高昂。[1]

3. 标识力度和范围不够

现阶段标识的字体、图案、颜色和字号大小等都没有规范，生产商有意采用不规范和不醒目的标识，模糊标识，使消费者难以发现其标识。

但是，何谓“显著标识”呢？

国务院《农业转基因生物安全管理条例》和农业部《农业转基因生物标识管理办法》都规定，转基因食品应“在产品标签的明显位置上标注”，标识应“明显”“醒目”，但究竟标在什么位置，得用多大号的字体，却并没有提出具体的要求。这给企业的执行留下了巨大的空间。例如市场上常见的多种品牌的食用调和油，在油桶一侧的“配料栏”里才会注明加工原料的构成，如“加工原料为转基因大豆”“加工原料为转基因油菜籽”等，字体大小只有小六号字体。正是由于对“显著标识”的理解不同，2014年9月云南昆明的律师许思龙以转基因原料食用油普遍存在标识不清的问题，在网络上发起维权行动，随后有八十多名律师和公民响应，引起了全国媒体和公众的关注。此次涉及金龙鱼、福临门、香满园和金菜花等多个知名品牌的食用油和多家大型超市。云南昆明五华法院经过长达近一年的审理，在2015年6月下达一审判决：法院认为涉案转基因食用油标识符合法规和规范性文件规定，判决驳回原告的诉求。因此，目前企业的标识方法尽管在普通人看来并不显眼，但是由于对“显著”的认识差异，这种细小字体标注的方法被企业普遍采用。

---

〔1〕 乔雄兵、连俊雅：“论转基因食品标识的国际法规制——以卡塔赫纳生物安全议定书为视角”，载《河北法学》2014年第1期。

（三）国内转基因生物应急管理制度的不足

以《农业转基因生物安全管理条例》为例，其规定在紧急情况下对非法研究、实验、生产、加工、经营或者进出口的农业转基因生物实施封存或者扣押。[1] 这赋予了农业部在紧急情况下采取应急处置措施的职责，但是该条例没有明确规定应急预案，没有规定防范措施的具体内容。《农业转基因生物安全评价管理办法》也规定了有关单位制定应急预案的义务。要求从事农业转基因生物实验和生产单位确定安全控制措施和预防事故的紧急措施，做好安全监督记录。[2] 该条文尽管含有应急预案的要素，但是没有就应急措施的落实作出进一步的规定，可操作性比较低。总之，现阶段我国还没有一部行政法规或者规章就转基因生物安全应急管理制度作出全面规定，缺乏完整性和系统性。

（四）生物安全损害赔偿法律规定的不足

在我国目前关于转基因生物安全的专门立法中，直接涉及损害赔偿的只有以下三项条款：第一，1993 年《基因工程安全管理办法》第 28 条的规定："违反本办法的规定，造成严重污染环境或者损害影响公众健康或者严重破坏生态资源、影响生态平衡的，负有责任的单位必须立即停止损害行为，并负责治理污染、赔偿有关损失；情节严重构成犯罪的，依法追究直接责任人的刑事责任"；第二，2001 年《农业转基因生物安全管理条例》第 54 条的规定："违反本条例的规定，在研究、实验、生产、加工、贮存、销售或者进口、出口农业转基因生物过程中发生基因安全事故，造成损害的，依法承担赔偿责任"；第三，2004 年《病原微生物实验室生物安全管理条例》第 57 条第

〔1〕《农业转基因生物安全管理条例》第 39 条。

〔2〕《农业转基因生物安全评价管理办法》第 39 条。

2 款规定："因违法作出批准决定给当事人的合法权益造成损害的，作出批准决定的卫生主管部门或者兽医主管部门应当依法承担赔偿责任"。

这些规定对何为"严重"污染环境，何为"影响"公众健康，何为"严重破坏"生态资源等等未作出明确规定，对赔偿主体、数额、免责条件等问题也未提及，所以在实践中无疑困难重重。此外，规定所涉及的领域也不完整，无法包括生物安全法应有的调整范围。

三、改性活生物体越境转移法规完善的建议

（一）整合不同管理部门权限

虽然《转基因生物安全法》这部法律曾经在国务院立项并开始起草，但由于所涉各部门立场分歧较大，且当时对这一新兴技术的发展趋势难以准确把握，因此立法工作在 2005 年左右就被搁置下来，至今没有显著进展。

总体上，我国生物安全立法经历了以外促内的过程。自 1992 年加入《生物多样性公约》后，我国一边参与谈判，一边学习国外转基因生物安全方面的立法经验。1993 年底，国家科委（现为科技部）出台了《基因工程安全管理办法》，按照潜在危险程度将基因工程分为 4 个等级。此后，农业部于 1996 年出台了《农业生物基因工程安全管理实施办法》，国务院于 2001 年颁布了《农业转基因生物安全条例》——这实际上是我国目前转基因生物安全管理最高位阶的法规。此后，卫生部于 2002 年发布了《转基因食品卫生管理办法》、国家质检总局于 2004 年发布了《进出境转基因产品检验检疫管理办法》、国家林业局于 2006 年发布了《开展林木转基因工程活动审批管理办法》。随着生物技术的发展，农业部又针对不同类型的转基因生物出

台了不同的实施细则。正是因为各部门分别出台了自己的管理办法，目前农业部、环保部、科技部、卫生部、质检总局、商务部及海关等部门对转基因生物安全都有管理职权。且各部门出于职责的考虑，对转基因的态度差异较大：例如农业部负有粮食增产责任，对转基因农业持积极推进态度；环保部门由于主导国际环境公约及生物安全议定书的谈判，从国际立法文件的角度，对转基因的扩展则相对谨慎。因此，在进一步立法中如何协调安排和整合各部门之间的管理职责，是一个最难破冰的问题，也是制约立法取得突破性进展的瓶颈。

（二）加强进口越境标志管理和市场标识管理

1. 应附单据的类型

因为出口转基因生物的国家担忧因为需要明确标识而增加货物成本，所以坚持现行的商业发货单，这种发货单只要求在海关检查的发货运单上注明“可能含有”的字样。当前多数发展中国家和转基因生物进口国对这种标识方法十分不满，提议根据《生物安全议定书》商定独立单据形式。

此外，根据《生物安全议定书》第18条第2款的规定，对拟直接用作食物或者饲料或者加工原料的改性活生物体、预定用于封闭性使用的改性活生物体和拟有意引入进口缔约方环境的改性活生物体，国家需要采取不同的要求，因此对有意引入环境的改性活生物体需要更加严格的单据要求。

2. 所附单据应提供的信息

目前，货物单据提供的信息过于简单，不足以满足国内标识的要求，从进口国的角度看十分不利。因此，应当要求货物所附单据能够提供足够的信息，不仅应当包括改性活生物体的通用名称、学名和商业名称，还应提供改性活生物体的受体和供体资料、被改变的特性或基因、加入的基因变异等。必要时还要提供独特的识别资料，以及关于改性活生物体的安全运输、储存、使用和处理的资料。

3. 偶然或无意造成的改性活生物体含量的阈值

我国应当基于国家进口的具体情况，对偶然或无意造成的改性活生物体含量建立一个阈值，这个阈值量可以取1%～5%中的数值。

4. 取样和检测方法的统一

在检验进口转基因生物及其产品的过程中，需要协调统一取样和检测的方法。目前我国农业部指定了国内二十多家重点实验室作为检测的权威机构，其中尚无国外的权威实验室。当发生国际纠纷时，国内检测可能得不到他国的认定。因此，在下一阶段的立法中应当强调技术标准的国际化和方法的统一。

（三）生物安全损害赔偿立法的完善建议

考虑到生物安全本身的特点，并参考生物安全损害赔偿国际立法和其他国家地区的经验，建议在下一步的生物安全立法中重点考虑以下一些方面的问题：损害界定、归责原则、免责条件、环境损害赔偿金以及赔偿限额等。

在损害界定方面，生物安全国际法文件最大的突破就是引入了生态环境损害的考虑。从我国国内的立法进程上看，《民法通则》《侵权责任法》对解决因环境侵权引发的赔偿责任纠纷作出了一些重要规定。此外还有一系列司法解释，包括最高人民法院于1992年公布的《关于适用〈民事诉讼法〉若干问题的意见》、2002年公布的《最高人民法院关于民事诉讼证据的若干规定》、2015年公布的《关于审理环境民事公益诉讼案件适用法律若干问题的解释》、2015年《关于审理环境侵权责任纠纷案件适用法律若干问题的解释》等。但是，根据这些文件，实践中仍然将损害赔偿责任限制在人身财产损害领域。直到2015

年《生态环境损害赔偿制度改革试点方案》（后简称《方案》）出台后，这一情况开始有了转机。《方案》突破了以上文件的限制，在人身财产损害赔偿的基础上，突出了对遭到破坏的环境和生态本身进行的修复，将生态环境损害的范围确定为“因污染环境、破坏生态造成大气、地表水、地下水、土壤等环境要素和植物、动物、微生物等生物要素的不利改变，及上述要素构成的生态系统功能的退化”。从 2015 年至 2017 年，选择了部分省份开展生态环境损害赔偿制度改革试点。

当然，生态环境损害赔偿制度要从纸面到实践，还有很长的路要走。例如对生态环境损害进行定量化比较困难，面临着生态系统功能退化机理、不同性质空间的生态环境基线、本底状况、损害计算参数等方面的难点。具体到生物安全领域，其责任的考虑更是会放在生态环境损害赔偿制度的探索之后。从目前欧洲一些国家的立法看，最为严格的也就是对导致转基因作物扩散的行为和事实进行处罚，而改性活生物体对生态环境影响的定量化研究仍处于初始阶段。

归责原则方面，生物安全损害赔偿应当采用无过错责任原则。在这样的前提下，加害人有权依法定抗辩事由主张免除或者减轻赔偿责任。此外，合理确定赔偿数额的上限，是赔偿制度的关键内容。同时，保险和赔偿基金的建立和完善也能为生物技术行业的稳健发展提供协助。

结论

转基因技术的生物安全问题的争议在相当长的时间内仍不会偃旗息鼓，各方从经济、技术、民众认识等不同角度的分歧仍将持续。一方面，我们必须承认转基因技术带来了一条新的产业链，同时在医疗、抗病虫方面有广阔的发展空间；但另一方面，鉴于其对自然进化规律的突破，且受到检验的时间还很短，因此从人类健康以及生态环境风险角度，部分科学家和民众对转基因技术及其产品持谨慎态度也有合理性。从立法角度，如果在国际经济领域的法律体系中，更多是将转基因企业行为及其产品当作经济要素之一，考虑的是如何减少贸易壁垒、促进全球贸易自由化；而在国际环境领域的法律体系中，则更多考虑降低转基因生物可能带来的风险，在不同发展程度的国家之间获取经济因素之外的一种平衡。

因此，在国际法领域，不同国家主导下形成的条约体系对转基因安全的潜在态度并不一样。《生物多样性公约》《生物安全议定书》《名古屋－吉隆坡补充议定书》从生物技术不太发达的发展中国家和环境安全角度，确立了事先知情协议程序，在保障改性活生物体进口国的知情权以及生物安全责任追究方面迈出具有决定意义的一步。这一体系基于预防原则首次对风险仍未获得明确科学定论的改性活生物体进行管理，在越境转移开始前由出口方进行通知，以获得进口国的同意（也可是进口国不同意进口），在进口国做出是否予以进口的决定前实施风险评估等。《生物安全议定书》还考虑到发展中国家所面临的资金、技术、人才不足的困难，理解仅仅是同意或者否决进口并不足以从实质上解决发展中国家面临的困境，所以还决定强化能力建设、建立生物安全信息交换所，以便协助发展中国家对改性活生物体的影响有较为准确的判断。但是同样需要引起注意的是，任何事物的产生，包括法律的拟定都不是一个一蹴而就的过程，事先知情协议程序亦如此。现阶段，《生物安全议定书》的事先知情协议程序还存在着生物安全信息公开不全面、民事责任和补救机制规范模糊、实施中会影响改性活生物体的国际贸易等问题。这些问题都是《生物安全议定书》在实现其目标的路途上的障碍。

具体来说，围绕事先知情协议程序是如何规范改性活生物体越境转移，以保护生物多样性和公众健康，进而促进可持续发展的实现这一中心，重点分析了以下几个方面的内容：

第一，在事先知情协议程序的产生方面，将其与国际环境法中早先就存在的非常类似的事先知情同意程序进行了区分，指出了二者是适用于不用领域的具有不同基础和功能的概念。事先知情同意程序在危险废物越境转移的《巴塞尔公约》以及农药化学品越境转移的《鹿特丹公约》中被引入，其适用于已经确定会给人类健康造成损害的危险废物和农药化学品等领域。而在生物安全领域，改性活生物体是否一定会给环境或者人类健康造成损害仍不具有科学确定性。也就是说对这样一种危险性未知的物质的越境转移实施事先知情协议，与之前对已确定具有危害的物质实施事先知情同意对比，这在国际法上是一种巨大的跨越，这也是预防原则的重大体现。此外，二者在可能导致的损害的时间和计量，以及做出决定时是否存在协商方面也存在不同之处。在改性活生物体越境转移领域，必须适用事先知情协议程序。

第二，事先知情协议程序对国际环境法的基本原则之一“预防原则”的具体化也具有重要的意义。在生物安全领域所引入的预防原则不再像以前《里约环境与发展宣言》那样，仅仅只是一个抽象的原则，预防原则在《生物安全议定书》中具有可操作性是《生物安全议定书》的一个重要特色。第10条第6款、第11条第8款以及附件三中与风险评估相关的内容等对预防原则的具体规定可以说是《里约环境与发展宣言》提出的预防原则的最好的诠释。在进口方做出决定的时候，顾及对人类健康构成的风险的情况下，即使由于在改性活生物体对进口缔约方的生物多样性的保护和可持续使用所产生的潜在不利影响的程度方面未掌握充分的相关科学资料和知识，因而缺乏科学定论，亦不应妨碍该缔约方酌情就改性活生物体的进口问题做出决定，以避免或尽最大限度减少此类潜在的不利影响。首先，《生物安全议定书》就预防原则的规定中最重要的特征之一是提出“潜在不利影响”。这一表述与《里约环境与发展宣言》中的“严重的损害威胁或可能发生的损害的后果具有不可逆转的性质”的表述具有很大差别，并且与《生物多样性公约》序言中“生物多样性遭受严重减少或损失的威胁”也做出了明显区分。《生物安全议定书》第10条和第11条这两条规定指出“潜在不利影响”就是引发预防措施的前提条件。其次，在采取预防措施之前必须对“潜在不利影响”进行界定，《生物安全议定书》明确规定缔约方做出的重要决定应当基于科学合理的风险评估。附件三的第4点对“缺少科学知识或科学共识”做出了解释。这些都是《生物安全议定书》在改性活生物体越境转移领域对预防原则的重大发展。

第三，在事先知情协议程序实施过程中，由于《生物安全议定书》规范的是改性活生物体的越境转移问题，而这种越境转移又常常是以进口国和出口国之间的国际贸易的形式存在的，因此，事先知情协议程序的实施，尤其是当进口国拒绝某些改性活生物体的入境情况下，将会对改性活生物体的贸易产生影响。随之出现的问题就是，出口国想要以贸易限制为由向 WTO 起诉基于《生物安全议定书》的拒绝进口改性活生物体的决定时，会发生什么样的情况？这种现实问题在“欧盟影响生物技术产品许可和销售措施案”中得到了一定程度的体现。在过去实践中，例如“美国禁止某些虾及虾类制品进口案”，WTO 愿意求助于成员方缔结的双边或区域性贸易协议，将之作为一种“解释的补充方法”。而在本案的裁决中不仅回避了预防原则的法律地位，还论证了《生物多样性公约》和《生物安全议定书》不构成解释 WTO 协议条文的相关“国际法规则”，其理由是美国等国并非全部是这两个多边环境条约的缔约国；而如果这两个多边环境条约不适用于部分争端当事方，则其也不能适用于所有 WTO 成员方之间的关系。本案的裁决无疑让 WTO 在“美国禁止某些虾及虾类制品进口案”进步的基础上又发生了倒退。这表明 WTO 并非解决这类问题的良好场所。目前，《生物多样性公约》秘书处和 WTO 相关委员会秘书处围绕贸易与环境协调问题采取了一系列措施，加强了信息交流和活动的协调。《生物多样性公约》秘书处已公开邀请 WTO 相关委员会秘书处以观察员身份出席《生物多样性公约》和《生物安全议定书》项下的所有会议。目前《生物多样性公约》是贸易与环境委员会的25个政府间国际组织观察员之一。[1]此类问题的解决还有待进一步加强贸易规则与《生物安全议定书》之间的协调。

第四，现阶段由于达成了《名古屋－吉隆坡补充议定书》，事先知情协议程序在责任和补救机制方面可谓取得了突破。谈判过程中，国际环境法中以前存在的一些条约对改性活生物体的责任的创设颇具借鉴意义，如《巴塞尔议定书》、核损害责任机制以及油污损害民事责任机制。它们应对的均是跨界环境损害，并且核和油污损害被认为是最成功的民事责任机制，且已经在实践中得到了实施。为了创设这一责任机制，以下几个方面是考虑的重点：损害的界定、责任承担方的确立、归责原则、因果关系证明标准以及金融保障。但是，《补充议定书》并没有在以上方面均予以突破，而是将责任和补救分为“应对措施”和“民事赔偿责任”两种。首先界定损失时，没有包括财产损失，而只是包括对“生物多样性的不利影响”并“顾及人身健康”的损害。其次，考虑因果关系时，采用了“可观察”和“只要可能”的表述，这柔化了损害的科学证据标准。再者，将改性活生物体致损的责任附加在直接或间接控制改性活生物体的“经营人”身上，没有扩大到出口国。而最让人遗憾的无疑是《补充议定书》在民事赔偿责任方面既没有借鉴以往民事责任国际立法的成果，自身在这方面也没有起到任何指引或者示范作用，只将所有内容都留给缔约方适用现有国内法或者制定新的国内法去解决。

第五，生物安全信息交换所是履行《生物安全议定书》不可或缺的内容。它公布缔约方提交的与执行《生物安全议定书》

---

〔1〕 参见WTO官网，International intergovernmental organizations granted observer status to WTO bodies，https://www.wto.org/english/thewto_e/igo_obs_e.htm，访问日期：2016年6月30日。

相关的信息，并且在可行的情况下提供从其他国际性生物安全信息交换机制获取的资料；各缔约方在其国家联络处或者国家主管部门的授权下，通过生物安全信息交换机制提供、修改和处理《生物安全议定书》规定的信息。在《生物安全议定书》范围内，改性活生物体进口缔约方和出口缔约方在生物安全信息交换方面存在着相互依赖关系。如果缔约方和其他利益相关方离开了生物安全信息交换机制，就可能难以履行《生物安全议定书》中承诺的义务。但是信息公开的进程与《生物安全议定书》的要求仍有差距，一些发展中国家缔约方本身的履约能力仍然有限，例如一些非洲国家缔约方，他们存在网络不稳定、计算机硬件软件不完善、人力资源缺乏等困难，在信息交换机制实施初期，有些国家甚至无人了解具体将改性活生物体的信息进行交换的操作流程。因此，为了协助这一类国家参与生物安全信息交换机制，联合国环境规划署和全球环境基金实施了协助项目，为发展中国家从 BCH 中获得、利用以及管理科学技术、环境和法律信息提供培训、设施以及建议，并且生物安全信息交换所也扩大了信息的获取和提供的途径，积极协助发展中国家履约。

第六，就中国的情况来看，近几年国内关于转基因的争论几乎成了全球最强音。究其背后原因，除了对转基因作物这种非“天然产品”的疑虑之外，很大程度上是由于毒胶囊、毒奶粉等恶性事件的频发使得整个社会对食品安全监管“缺位”的不满发酵导致的。从立法角度，尽管目前农业部作为主要的转基因生物管理机构，其制定的法规中包括了进口申报、安全评估、实验室研究、中间实验、环境释放、生产试验等若干环节的规定，也在其中一些环节中明确规定了种植面积、转基因作物隔离、违规处罚等内容。但是，由于转基因作物市场化的经济利益驱动、转基因研究机构扩散转基因作物受到追究的风险极低、管理部门监管能力和动力缺失、市场检测不完备等多方面原因，转基因作物事实上存在失控风险，并且这种风险仍未受到足够重视。当然，一方面我国已经明确要加强转基因技术的研发，以便在复杂的国际经济形势中能够自主评估风险，甚至以后逐步提高在国际转基因市场的份额。另一方面也应当认识到转基因生物无序扩散导致的生态、经济和社会风险，即使无法对导致转基因生物扩散的责任主体、证明标准、损害构成、赔偿限额等问题进行全面立法，也应当在现阶段确立风险预防理念，改变多头管理、违规处罚畸轻、转基因技术研发和商业化活动界限模糊的问题。

附录 

卡塔赫纳生物安全议定书关于赔偿责任和补救的名古屋-吉隆坡补充议定书

生物多样性公约秘书处
蒙特利尔

联合国

导　言

《卡塔赫纳生物安全议定书》于2000年1月29日获得通过，成为《生物多样性公约》的一项补充议定书。议定书于2003年9月11日生效。议定书是一项多边环境协定，目的是为安全转移、处理和使用有可能给生物多样性造成不利影响的改性活生物体做出贡献，同时顾及对人类健康的风险，并特别着重于越境的转移。

《生物安全议定书》通过前后，国际上一直在考虑详细拟订关于改性活生物体造成损害的赔偿责任和补救的规则问题。《议定书》第27条为在明确的时限内完成对此问题的审议建立一种正式进程奠定了基础。第27条要求作为生物安全议定书缔约方会议的生物多样性公约缔约方大会在其第一次会议上发起一个旨在详细拟订适用于因改性活生物体的越境转移而造成损害的赔偿责任和补救办法的国际规则和程序的进程。

因此，2004年2月23日至27日在吉隆坡举行的卡塔赫纳生物安全议定书缔约方会议的缔约方大会第一次会议设立了卡塔赫纳生物安全议定书范围内赔偿责任和补救问题不限成员名额法律和技术专家特设工作组，分析问题，详细拟订备选办法和就这一主题提出国际规则和程序的建议。

经七年的谈判后，作为议定书缔约方会议的缔约方大会第五次会议2010年10月15日在日本名古屋通过了一项称为《卡塔赫纳生物安全议定书关于赔偿责任和补救的名古屋－吉隆坡补充议定书》的国际协定。

《补充议定书》通过了一项行政性办法，以解决一旦源于越境转移的改性活生物体非常可能给生物多样性的保护和可持续利用造成损害时采取的应对措施。

同其母条约《卡塔赫纳生物安全议定书》一样，《名古屋－吉隆坡补充议定书》的通过，被看作是一方面将发挥防止损害的作用，另一方面将成为发展和应用现代生物技术方面的一项建立信任措施。《补充议定书》为一旦出现失误或生物多样性遭受损失或有可能遭受损失的情况规定了补救规则或应对措施，进一步推动了从改性活生物体的潜力中获得最大好处的有利环境。

卡塔赫纳生物安全议定书关于赔偿责任和补救的名古屋－吉隆坡补充议定书

本补充议定书的缔约方，作为《生物多样性公约卡塔赫纳生物安全议定书》(以下称《议定书》)的缔约方，考虑到《关于环境与发展的里约宣言》的原则13，重申《关于环境与发展的里约宣言》原则15所载预先防范办法，认识到损害发生或非常可能发生的情况下需要根据《议定书》采取适当的应对措施，回顾《议定书》第27条，兹协议如下：

第1条 目 标

本补充议定书的目标是，通过制定改性活生物体的赔偿责任与补救领域的国际规则和程序，协助生物多样性的保护和可持续利用，同时顾及对人类健康所构成的风险。

第2条 术语的使用

1.《生物多样性公约》(以下称《公约》)第2条和《议定书》第3条中使用的术语适用于本补充议定书。

2. 此外，为本补充议定书的目的：

(a)“作为议定书缔约方会议的缔约方大会”是指作为议定书缔约方会议的公约缔约方大会；

(b)“损害”是指对生物多样性的保护和可持续利用的不利影响，同时顾及对人类健康的风险，且这种不利影响：

(1) 是可测量或可观察的，只要可能，应顾及主管当局所认可的科学确定的基线，这些基线应顾及任何人为变异和自然变异；

(2) 如本条第3款所述是重大的；

(c)“经营人”是指对改性活生物体有直接或间接控制的任

何人：酌情并依照国内法所确定的，包括，除其他外，许可证持有者、将改性活生物体置于市场者、开发者、生产者、通知者、出口者、进口者、承运人或供应者；

(d)“应对措施”是指为以下目的而采取的合理行动：

(1) 酌情防止、尽量减少、遏制、减轻或避免损害；

(2) 按以下优先顺序采取行动以恢复生物多样性：

a. 使生物多样性恢复到损害发生前的状况或最接近发生前的状况，直至主管当局认为不再可行；

b. 除其他外，通过在同一地点或酌情在其他地点，用同种用途或其他用途的生物多样性其他组成部分替代受损的生物多样性以进行恢复；

3.“重大”的不利影响应根据以下因素确定，如：

(a) 长期或永久性的改变，可以理解为在一段合理时间内无法通过自然恢复进行补救的改变；

(b) 对生物多样性的组成部分造成不利影响的质变或量变的程度；

(c) 降低了生物多样性组成部分提供商品和服务的能力；

(d) 在《议定书》范围内对人类健康造成任何不利影响的程度。

第3条　范围

1. 本补充议定书适用于源于越境转移的改性活生物体所造成的损害。所指改性活生物体为：

(a) 拟直接作食物或原料或加工之用的改性活生物体；

(b) 指定为封闭使用的改性活生物体；

(c) 拟有意引入环境的改性活生物体。

2. 关于有意越境转移，本补充议定书适用于本条第1款提及的改性活生物体的经授权使用造成的损害。

3. 本补充议定书还适用于《议定书》第17条提及的无意越境转移造成的损害以及《议定书》第25条提及的非法越境转移造成的损害。

4. 本补充议定书适用于改性活生物体越境转移至缔约方管辖范围内造成的损害，且此越境转移发生在本补充议定书对该缔约方生效后。

5. 本补充议定书适用于在属于缔约方国家管辖地区内发生的损害。

6. 缔约方可使用其国内法规定的标准处理其国家管辖范围内发生的损害。

7. 执行本补充议定书的国内法还应适用于来自非缔约方的改性活生物体越境转移造成的损害。

第4条 因果关系

应根据国内法确定损害与所涉改性活生物体之间的因果关系。

第5条 应对措施

1. 一旦损害发生，缔约方应要求相关的一个或多个经营人，遵照主管当局所提任何要求行事：

（a）立即通知主管当局；

（b）对损害作出评估；

（c）采取适当的应对措施。

2. 主管当局应：

（a）确定造成损害的经营人；

（b）对损害作出评估；

（c）决定经营人应当采取的应对措施。

3. 当相关信息，包括现有科学信息或生物安全信息交换所的现有信息表明，如果不及时采取应对措施就非常可能发生损害时，应要求经营人采取适当的应对措施避免此种损害。

4. 主管当局可采取适当的应对措施，特别包括在经营人未这样做时采取适当的应对措施。

5. 主管当局有权向经营人收回评估损害和采取适当应对措施产生和附带的费用和开支。缔约方可在其国内法中对不要求经营人承担的费用和开支的其他情况作出规定。

6. 主管当局要求经营人采取应对措施的决定应理由充分。应将此种决定通知经营人。国内法应规定补救措施，包括对此种决定进行行政或司法审查的机会作出规定。主管当局还应根据国内法将可采取的救济措施通知经营人。对此种救济措施的追索不应妨碍主管当局在适当情况下采取应对措施，除非国内法另有规定。

7. 在执行本条并确定由主管当局所要求的或采取的具体应对措施时，缔约方可酌情评估其关于民事赔偿责任的国内法是否已涉及这些应对措施。

8. 应依照国内法实施各项应对措施。

第6条　豁免

1. 缔约方可在国内法中规定以下豁免：

(a) 天灾或不可抗拒力；

(b) 战争或内乱行为。

2. 缔约方得在国内法中对其认为适当的豁免或减轻作出规定。

第7条　时限

缔约方得在国内法中规定：

(a) 应对措施相关的行动的相对和（或）绝对时限；

(b) 时限适用情况下的开始时间。

第8条 资金限制

缔约方得在国内法中对收回与应对措施相关的费用和开支的资金限额作出规定。

第9条 追索权

本补充议定书不应限定或限制经营人对于任何他人可能具有的追索或要求赔偿的权利。

第10条 财政担保

1. 缔约方保留在国内法中对财政担保作出规定的权利。

2. 在顾及《议定书》序言部分最后三段的情况下，缔约方应以符合国际法规定的权利和义务的方式，行使本条第1款提及的权利。

3. 本补充议定书生效后举行的作为议定书缔约方会议的缔约方大会的第一次会议，应请秘书处进行一项全面的研究，除其他外，该研究应涉及：

(a) 财政担保机制的模式；

(b) 对此种机制的环境、经济和社会影响进行一次评估，尤其是这方面给发展中国家造成的影响；

(c) 查明能够提供财政担保的适当实体。

第11条 国家对于国际不法行为的责任

本补充议定书不得影响国家在关于国家对国际不法行为责任的一般国际法规则下的权利和义务。

第12条 实施及与民事赔偿责任的关系

1. 缔约方应在国内法中规定处理损害的规则和程序。为履行这一义务，缔约方应根据本补充议定书对应对措施作出规定，并可酌情：

(a) 适用其现有国内法，包括适用的民事赔偿责任一般规则和程序；

(b) 适用或制定专门为此目的的民事赔偿责任的规则和程序；

(c) 适用或制定以上二者。

2. 为在国内法中对第2条第2款（b）项所述与损害相关的物质或人身损害制定充分的民事赔偿责任规则和程序，缔约方应：

(a) 继续适用其现有民事赔偿责任的一般法；

(b) 制定并适用或继续适用专门为此目的的民事赔偿责任法律；

(c) 制定并适用或继续适用以上二者。

3. 缔约方在制定本条第1或第2款（b）或（c）项所述民事赔偿法律时，除其他外，应酌情顾及以下内容：

(a) 损害；

(b) 赔偿责任的标准，包括严格或基于过失的赔偿责任；

(c) 酌情确定赔偿责任的归属；

(d) 提出索赔的权利。

第13条　评估和审查

作为议定书缔约方会议的缔约方大会应在本补充议定书生效后五年审查其成效，随后每五年审查一次，但条件是缔约方提供审查所需要的信息。审查应在《议定书》第35条规定的《议定书》的评估和审查的范围内进行，除非本补充议定书的缔约方另有决定。第一次审查应包括对第10和第12条的成效的审查。

第14条　作为议定书缔约方会议的缔约方大会

1. 在不违反《公约》第32条第2款的情况下，作为议定书缔约方会议的缔约方大会应作为本补充议定书的缔约方会议。

2. 作为议定书缔约方会议的缔约方大会应定期审查本补充议定书的执行情况，并在其权限范围内做出必要的决定，以促进本补充议定书的有效实施。它应行使本补充议定书指定的职责，并比照行使《议定书》第29条第4（a）和（f）款所指定的职责。

第15条 秘书处

依照《公约》第24条设立的秘书处应作为本补充议定书的秘书处。

第16条 与《公约》和《议定书》的关系

1. 本补充议定书应补充《议定书》，并不得更改或修正《议定书》。

2. 本补充议定书的任何规定不得影响本补充议定书的缔约方根据《公约》和《议定书》享有的权利和义务。

3. 除非本补充议定书另有规定，《公约》和《议定书》的条款应比照适用于本补充议定书。

4. 在不妨碍本条第3款的情况下，本补充议定书不应影响缔约方根据国际法所享有的权利和义务。

第17条 签署

本补充议定书应自2011年3月7日至2012年3月6日在纽约联合国总部开放供各缔约方签署。

第18条 生效

1. 本补充议定书应自业已成为《议定书》缔约方的国家或区域经济一体化组织交存了第四十份批准、接受、核准或加入文书之日后第九十天起生效。

2. 对于在本补充议定书依照本条第1款生效之后批准、接受、核准或加入本补充议定书的国家或区域经济一体化组织，本补充议定书应自该国或该区域经济一体化组织交存其批准、接受、核准或加入文书之日后第九十天起生效，或自《议定书》对该国或该区域经济一体化组织生效之日起生效，以两者中较迟者为准。

3. 为本条第1和第2款的目的，区域经济一体化组织所交存的任何文书不应视为该组织的成员国所交存文书之外的额外文书。

第19条　保留

不得对本补充议定书做任何保留。

第20条　退出

1. 自本补充议定书对一缔约方生效之日起两年后，该缔约方可随时通过向保存人发出书面通知，退出本补充议定书。

2. 任何此种退出均应在保存人收到退出通知之日起一年后生效，或在退出通知中可能指明的一个更晚日期生效。

3. 根据《议定书》第39条退出《议定书》的任何缔约方，应被视为亦退出本补充议定书。

第21条　作准文本

本补充议定书的正本应交存于联合国秘书长，其阿拉伯文、中文、英文、法文、俄文和西班牙文文本均为作准文本。

下列签署人，经正式授权，在本补充议定书上签字，以昭信守。二〇一〇年十月十五日订于名古屋。

生态环境损害赔偿制度改革试点方案

中共中央办公厅、国务院办公厅印发
2015 年 12 月 3 日

党中央、国务院高度重视生态环境损害赔偿工作。党的十八届三中全会明确提出对造成生态环境损害的责任者严格实行赔偿制度。为逐步建立生态环境损害赔偿制度，现制定本试点方案。

一、总体要求和目标

通过试点逐步明确生态环境损害赔偿范围、责任主体、索赔主体和损害赔偿解决途径等，形成相应的鉴定评估管理与技术体系、资金保障及运行机制，探索建立生态环境损害的修复和赔偿制度，加快推进生态文明建设。

2015 年至 2017 年，选择部分省份开展生态环境损害赔偿制度改革试点。从 2018 年开始，在全国试行生态环境损害赔偿制度。到 2020 年，力争在全国范围内初步构建责任明确、途径畅通、技术规范、保障有力、赔偿到位、修复有效的生态环境损害赔偿制度。试点省份的确定另行按程序报批。

二、试点原则

（一）依法推进，鼓励创新。按照相关法律法规规定，立足国情与地方实际，由易到难、稳妥有序开展生态环境损害赔偿制度改革试点工作。对法律未作规定的具体问题，根据需要提出政策和立法建议。

（二）环境有价，损害担责。体现环境资源生态功能价值，促使赔偿义务人对受损的生态环境进行修复。生态环境损害无法修复的，实施货币赔偿，用于替代修复。赔偿义务人因同一生态环境损害行为需承担行政责任或刑事责任的，不影响其依法承担生态环境损害赔偿责任。

（三）主动磋商，司法保障。生态环境损害发生后，赔偿权利人组织开展生态环境损害调查、鉴定评估、修复方案编制等工作，主动与赔偿义务人磋商。未经磋商或磋商未达成一致，赔偿权利人可依法提起诉讼。

（四）信息共享，公众监督。实施信息公开，推进政府及其职能部门共享生态环境损害赔偿信息。生态环境损害调查、鉴定评估、修复方案编制等工作中涉及公共利益的重大事项应当向社会公开，并邀请专家和利益相关的公民、法人和其他组织参与。

三、适用范围

本试点方案所称生态环境损害，是指因污染环境、破坏生态造成大气、地表水、地下水、土壤等环境要素和植物、动物、微生物等生物要素的不利改变，及上述要素构成的生态系统功能的退化。

（一）有下列情形之一的，按本试点方案要求依法追究生态环境损害赔偿责任：

1. 发生较大及以上突发环境事件的；

2. 在国家和省级主体功能区规划中划定的重点生态功能区、禁止开发区发生环境污染、生态破坏事件的；

3. 发生其他严重影响生态环境事件的。

（二）以下情形不适用本试点方案：

1. 涉及人身伤害、个人和集体财产损失要求赔偿的，适用侵权责任法等法律规定；

2. 涉及海洋生态环境损害赔偿的，适用海洋环境保护法等法律规定。

四、试点内容

（一）明确赔偿范围。生态环境损害赔偿范围包括清除污染的费用、生态环境修复费用、生态环境修复期间服务功能的损失、生态环境功能永久性损害造成的损失以及生态环境损害赔偿调查、鉴定评估等合理费用。试点地方可根据生态环境损害赔偿工作进展情况和需要，提出细化赔偿范围的建议。鼓励试点地方开展环境健康损害赔偿探索性研究与实践。

（二）确定赔偿义务人。违反法律法规，造成生态环境损害的单位或个人，应当承担生态环境损害赔偿责任。现行民事法律和资源环境保护法律有相关免除或减轻生态环境损害赔偿责任规定的，按相应规定执行。试点地方可根据需要扩大生态环境损害赔偿义务人范围，提出相关立法建议。

（三）明确赔偿权利人。试点地方省级政府经国务院授权后，作为本行政区域内生态环境损害赔偿权利人，可指定相关部门或机构负责生态环境损害赔偿具体工作。

试点地方省级政府应当制定生态环境损害索赔启动条件、鉴定评估机构选定程序、管辖划分、信息公开等工作规定，明确环境保护、国土资源、住房城乡建设、水利、农业、林业等相关部门开展索赔工作的职责分工。建立对生态环境损害索赔行为的监督机制，赔偿权利人及其指定的相关部门或机构的负责人、工作人员在索赔工作中存在滥用职权、玩忽职守、徇私舞弊的，依纪依法追究责任；涉嫌犯罪的，应当移送司法机关。

对公民、法人和其他组织举报要求提起生态环境损害赔偿的，试点地方政府应当及时研究处理和答复。

（四）开展赔偿磋商。经调查发现生态环境损害需要修复或赔偿的，赔偿权利人根据生态环境损害鉴定评估报告，就损害事实与程度、修复启动时间与期限、赔偿的责任承担方式与期限等具体问题与赔偿义务人进行磋商，统筹考虑修复方案技术可行性、成本效益最优化、赔偿义务人赔偿能力、第三方治理可行性等情况，达成赔偿协议。磋商未达成一致的，赔偿权利人应当及时提起生态环境损害赔偿民事诉讼。赔偿权利人也可以直接提起诉讼。

（五）完善赔偿诉讼规则。试点地方法院要按照有关法律规定、依托现有资源，由环境资源审判庭或指定专门法庭审理生态环境损害赔偿民事案件；根据赔偿义务人主观过错、经营状况等因素试行分期赔付，探索多样化责任承担方式。

试点地方法院要研究符合生态环境损害赔偿需要的诉前证据保全、先予执行、执行监督等制度；可根据试点情况，提出有关生态环境损害赔偿诉讼的立法和制定司法解释建议。鼓励符合条件的社会组织依法开展生态环境损害赔偿诉讼。

（六）加强生态环境修复与损害赔偿的执行和监督。赔偿权利人对磋商或诉讼后的生态环境修复效果进行评估，确保生态环境得到及时有效修复。生态环境损害赔偿款项使用情况、生态环境修复效果要向社会公开，接受公众监督。

（七）规范生态环境损害鉴定评估。试点地方要加快推进生态环境损害鉴定评估专业机构建设，推动组建符合条件的专业评估队伍，尽快形成评估能力。研究制定鉴定评估管理制度和工作程序，保障独立开展生态环境损害鉴定评估，并做好与司法程序的衔接。为磋商提供鉴定意见的鉴定评估机构应当符合国家有关要求；为诉讼提供鉴定意见的鉴定评估机构应当遵守司法行政机关等的相关规定规范。

（八）加强生态环境损害赔偿资金管理。经磋商或诉讼确定赔偿义务人的，赔偿义务人应当根据磋商或判决要求，组织开展生态环境损害的修复。赔偿义务人无能力开展修复工作的，可以委托具备修复能力的社会第三方机构进行修复。修复资金由赔偿义务人向委托的社会第三方机构支付。赔偿义务人自行修复或委托修复的，赔偿权利人前期开展生态环境损害调查、鉴定评估、修复效果后评估等费用由赔偿义务人承担。

赔偿义务人造成的生态环境损害无法修复的，其赔偿资金作为政府非税收入，全额上缴地方国库，纳入地方预算管理。试点地方根据磋商或判决要求，结合本区域生态环境损害情况开展替代修复。

五、保障措施

（一）加强组织领导。试点地方省级政府要加强统一领导，成立生态环境损害赔偿制度改革试点工作领导小组，制定试点实施意见，细化分工，落实责任，并于每年8月底向国务院报告试点工作进展情况。环境保护部要会同相关部门于2017年年底前对试点工作进行全面评估，认真总结试点实践经验，及时提出制定和修改相关法律法规、政策的建议，向国务院报告。

（二）加强业务指导。环境保护部会同相关部门负责指导有关生态环境损害调查、鉴定评估、修复方案编制、修复效果后评估等业务工作。最高人民法院负责指导有关生态环境损害赔偿的审判工作。最高人民检察院负责指导有关生态环境损害赔偿的检察工作。财政部负责指导有关生态环境损害赔偿资金管

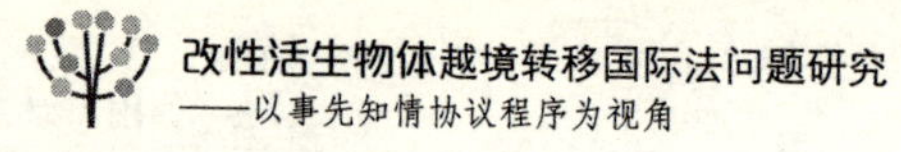

理工作。国家卫生计生委、环境保护部对试点地方环境健康问题开展或指导地方开展调查研究。

（三）加快技术体系建设。国家建立统一的生态环境损害鉴定评估技术标准体系。环境保护部负责制定生态环境损害鉴定评估技术标准体系框架和技术总纲；会同相关部门出台或修订生态环境损害鉴定评估的专项技术规范；会同相关部门建立服务于生态环境损害鉴定评估的数据平台。相关部门针对基线确定、因果关系判定、损害数额量化等损害鉴定关键环节，组织加强关键技术与标准研究。

（四）加大经费和政策保障。试点工作所需经费由同级财政予以安排。发展改革、科技、国土资源、环境保护、住房城乡建设、农业、林业等有关部门在安排土壤、地下水、森林调查与修复等相关项目时，对试点地方优先考虑、予以倾斜，提供政策和资金支持。

（五）鼓励公众参与。创新公众参与方式，邀请专家和利益相关的公民、法人和其他组织参加生态环境修复或赔偿磋商工作。依法公开生态环境损害调查、鉴定评估、赔偿、诉讼裁判文书和生态环境修复效果报告等信息，保障公众知情权。

参考文献

一、中文资料

1. 周忠海：《国际法》，中国政法大学出版社 2008 年版。
2. 王子灿：《生物安全法：对生物技术风险与微生物风险的法律控制》，法律出版社 2015 年版。
3. 林灿铃：《国际环境法》，人民出版社 2011 年版。
4. 裴广川、林灿铃、陆显禄主编：《环境伦理学》，高等教育出版社 2002 年版。
5. 林灿铃：《国际环境法的产生与发展》，人民法院出版社 2006 年版。
6. 林灿铃：《国际环境法理论与实践》，知识产权出版社 2008 年版。
7. 苏力：《制度是如何形成的》，北京大学出版社 2007 年版。
8. 陈维春：《危险废物越境转移法律制度研究》，中国政法大学出版社 2013 年版。
9. 阙占文：《转基因生物越境转移损害责任问题研究——以生物安全议定书第 27 条为中心》，法律出版社 2011 年版。
10. 胡建信等：《中国履行斯德哥尔摩公约系列研究丛书》，中国环境科学出版社 2008 年版。
11. 王曦主编：《国际环境法与比较环境法评论》（2008 年卷），上海交通大学出版社 2008 年版。
12. 邵沙平、余敏友主编：《国际法问题专论》，武汉大学出版社 2004 年版。

13. 徐祥民、孟庆垒:《国际环境法基本原则研究》,中国环境科学出版社2008年版。
14. 王灿发、于文轩:《生物安全国际法导论》,中国政法大学出版社2006年版。
15. 秦天宝:《遗传资源获取与惠益分享的法律问题研究》,武汉大学出版社2006年版。
16. 薛达元主编:《转基因生物安全与管理》,科学出版社2009年版。
17. 易雪玲:《国际环境贸易协调机制》(国际贸易研究书系),知识产权出版社2008年版。
18. 李政禹:《国际化学品安全与管理》,化学工业出版社2006年版。
19. 李菊丹:《国际植物新品种保护制度研究》,浙江大学出版社2011年版。
20. 吕忠梅:《环境法新视野》,中国政法大学出版社2000年版。
21. 万霞:《国际环境保护的法律理论与实践》,经济科学出版社2003年版。
22. 徐再荣:《20世纪美国环保运动与环境政策研究》,中国社会科学出版社2013年版。
23. 唐双娥:《环境法风险防范原则研究——法律与科学的对话》,高等教育出版社2004年版。
24. 左海聪主编:《南开国际法论集2007》,南开大学出版社2007年版。
25. 潘抱存:《国际环境法新论》,苏州大学出版社2008年版。
26. 王明远:《转基因生物安全法研究》,北京大学出版社2010年版。
27. 蔡守秋主编:《环境资源法学教程》,武汉大学出版社2000年版。
28. 付保荣、惠秀娟主编:《生态环境安全与管理》,化学工业出版社2005年版。
29. 曾北危主编:《转基因生物安全》,化学工业出版社2004年版。
30. 樊龙江、周雪平:《转基因作物安全性争论与事实》,中国农业出版社2001年版。
31. 薛达元主编:《转基因生物风险评估与安全管理》,中国环境科学出版社2009年版。

32. 中共中央文献研究室：《十八大以来重要文献选编》，中央文献出版社 2014 年版。
33.《中国国家生物安全框架》课题组编：《中国国家生物安全框架》，中国环境科学出版社 2000 年版。
34. GEF/UNDP 中国国家环境履约能力自评估项目办公室编著：《中国履行国际环境公约国家能力自评估报告》，中国环境出版社 2006 年版。
35. 国际环境保护总局国际合作司编：《国际环境公约选辑》，中国环境科学出版社 2007 年版。
36. 国家环境保护总局国际合作司、政策研究中心编：《联合国环境与可持续发展系列大会重要文件选编》，中国环境科学出版社 2004 年版。
37. 国家环境保护总局生物安全管理办公室编：《“中国国家生物安全框架实施”国际合作项目研讨会论文集》，2005 年。
38. 环境保护部：《中国转基因生物安全性研究与风险管理》，中国环境科学出版社 2008 年版。
39. 国家环境保护总局污染控制司：《危险废物环境管理与安全处置——巴塞尔公约全书》，化学工业出版社 2001 年版。
40. 国家环境保护总局：《中国履行〈生物多样性公约〉国家报告》，中国环境科学出版社 1998 年版。
41. 联合国环境规划署：《全球环境展望 4》，中国环境科学出版社 2008 年版。
42. 秦天宝编译：《国际与外国遗传资源法选编》，法律出版社 2005 年版。
43. [法] 亚历山大·基斯：《国际环境法》，张若思译，法律出版社 2000 年版。
44. [美] Santiago Carrizosa 等主编：《生物多样性获取与惠益分享：履行〈生物多样性公约〉的经验》，薛达元等译，中国环境科学出版社 2006 年版。
45. [印度] 阿比吉特·班纳吉、[法] 埃斯特·迪弗洛：《贫穷的本质》，景芳译，中信出版社 2013 年版。
46. [美] 尼可拉斯·D. 克里斯多夫、雪莉·邓恩：《天空的另一半》，吴茵茵译，浙江人民出版社 2014 年版。

47. [美] 尼尔·波兹曼:《娱乐至死》,章艳译,中信出版社 2015 年版。
48. [美] 蕾切尔·卡逊:《寂静的春天》,吕瑞兰、李长生译,上海译文出版社 2007 年版。
49. [美] 威廉·恩道尔:《粮食危机》,赵刚译,知识产权出版社 2008 年版。
50. 江保国:"WTO 转基因农产品贸易争端第一案述评",载《法商研究》2007 年第 5 期。
51. 李辉:"WTO 转基因农产品贸易争端与欧盟转基因产品管制立法评析",载《环球法律评论》2007 年第 2 期。
52. 张忠民:"美国转基因食品标识制度法律剖析",载《社会科学家》2007 年第 6 期。
53. 金芜军、贾士荣、彭于发:"不同国家和地区转基因产品标识管理政策的比较",载《农业生物技术学报》2004 年第 12 期。
54. 王艳青:"国际履约与中国转基因生物安全管理",载《世界农业》2007 年第 1 期。
55. 陈俊红、孙东升:"WTO 对转基因农产品贸易争端案有关问题的分析和认定",载《世界农业》2008 年第 9 期。
56. 陈俊红、孙东升:"WTO 转基因农产品争端案中第三方的立场和观点",载《世界农业》2008 年第 4 期。
57. 陈俊红、孙东升:"美欧诉 WTO 转基因农产品争端案及对中国的政策启示",载《国际贸易》2008 年第 1 期。
58. 付仲文、李宁:"美欧转基因农产品争端诉 WTO 案例分析",载《世界农业》2008 年第 3 期。
59. 韩永红:"欧盟食品安全法评析——兼议我国食品安全立法",载《延边大学学报》2008 年第 3 期。
60. 刘旭霞、熊菲:"我国转基因产品国际贸易相关法律问题研究综述",载《华中农业大学学报》2009 年第 1 期。
61. 成文娟、薛达元:"《生物多样性公约》第九次缔约方大会热点议题和应对建议",载《环境保护》2009 年第 3 期。
62. 黄艺、郑维爽:"《生物多样性公约》国际履约过程变化分析",载

《生物多样性》2009 年第 1 期。

63. 王明远："转基因生物安全法律概念辨析"，载《法学杂志》2008 年第 1 期。

64. 胡政海、王小刚："从生物安全议定书审视我国基因修饰生物越境转移规则生物技术通讯"，载《生物技术通讯》2006 年第 5 期。

65. 付文佚："从欧盟转基因产品案看习惯国际法在 WTO 中的适用"，载《科技与法律》2008 年第 4 期。

66. 刘银良："美国专利制度演化掠影——1980 年纪略"，载《北大法律评论》编辑委员会编：《北大法律评论》(第 14 卷 · 第 2 辑)，北京大学出版社 2013 年版。

67. 董跃："多维视角下的生物多样性法律问题论纲"，载《河北法学》2009 年第 1 期。

68. 高晓露："国际环境条约遵约机制研究——以卡塔赫纳生物安全议定书为例"，载《当代法学》2008 年第 2 期。

69. 高晓露、孙界丽："论风险评估和风险预防的一致性——以卡塔赫纳生物安全议定书的相关规定为视角"，载《当代法学》2006 年第 4 期。

70. 边永民："欧盟转基因生物安全法评析"，载《河北法学》2007 年第 5 期。

71. 于文轩："生物安全损害赔偿国际立法研究"，载《环境保护》2007 年第 7 期。

72. 于文轩："进展与期待中的生物安全国际保护——卡塔赫纳生物安全议定书第二次缔约方大会评述"，载《科技与法律》2006 年第 2 期。

73. 朱星华："预防原则与科学依据在多边协定下的协调——以《生物安全议定书》与《实施卫生与植物卫生措施协定》为例"，载《科技与法律》2006 年第 4 期。

74. 张剑智："妥协与合作：卡塔赫那生物安全议定书第三次缔约方会议取得阶段性进展"，载《环境保护》2006 年第 8 期。

75. 李宁、连庆、付仲文："在转基因生物安全管理法规框架下健全《生物安全议定书》履约机制"，载《农业科技管理》2006 年第 6 期。

76. 徐学银："《巴塞尔危险废物越境转移所造成损之责任与赔偿议定书》

评析”，载《徐州师范大学学报》2007年第4期。
77. 严永和：“目前遗传资源和传统知识法律保护机制国际探索的成就与不足——评CBD事先知情同意机制和FAO农民权机制”，载《贵州大学学报》2006年第3期。
78. 崔国斌：“知情同意原则的专利法回应——生物材料使用者的揭示义务”，载《环球法律评论》2005年第5期。
79. 张小勇：“遗传资源获取和惠益分享国际立法进程”，载《科技与法律》2007年第1期。
80. 陈颖健：“新物种起源——转基因技术纵横谈”，载《国外科技动态》2003年第10期。
81. 林伟新：“转基因技术：对人类是祸还是福?”，载《生态经济》2007年第9期。
82. 张旭：“廉价美国转基因玉米退运：中粮被指存非法行为”，载《21世纪经济报道》2014年7月3日。

二、外文资料

1. Anne Perrault, Kirk Herbertson and Owen J. Lynch, “Partnerships for Success in Protected Areas: The Public Interest and Local Community and Rights to Prior Informed Consent”, *Georgetown International Environmental Law Review*, Spring, 2007.
2. Anne, Oliva and Maria Julia, “Prior Infromed Consent and Access to Genetic Resources, Dialogue on Disclosure Requirements: Incorporating the CBD Principles in the TRIPS Agreement on the Road to Hong Kong”, WTO Public Symposium, Geneva, April 2005.
3. J. H. Adler, “More Sorry Than Safe: Assessing the Precautionary Principle and the Proposed International Biosafty Protocol”, Texas Int L. J, 2000.
4. Aaron Cosbey and Stas Burgiel, *The Cartagena Protocol on Biosafety: An Analysis of Results*, Published by the International Institute for Sustainable Development, 2000.
5. “Coordinated Approach to All the Relevant Aspects of Shipacrapping Concepts

Such as Environmentally Sound Management and Prior Informed Consent", ILO/IMO/BC WG 2/8/2, 17 November 2005.

6. Christoph Bail, Robert Falkner and Helen Marquard, *The Cartagena Protocol on Biosafty—Reconciling Trade in Biotechnology with Environment and Development?*, Earthscan Publications Ltd, London, October 2001.
7. P. Cullet, "Liability and Redressin Biotechnology: Towards a Development of Rules at the National and International Levels", *COP – MOP* 1 *Biosafty Protocol, Background Paper, International Environmental Law Research Center*, Geneva 2004.
8. Edith Brown Weiss, *International Environmental Law and Policy*, CITIC Publishing House, 2003.
9. Elizabeth Duall, "A Liability and Redress Regime for Genetically Modified Organisms under the Cartagena Protocol", *George Washington International Law Review*, 2004.
10. "Facilitating Prior Informed Consent in the Context of Genetic Resources and Traditional Knowledge", *IUCN Discussion Paper*, May 19, 2004.
11. Gilles – Eric Séralini et al. , " Long Term Toxicity of a Roundup Herbicide and a Roundup – tolerant Genetically Modified Maize", *Food and Chemical Toxicology*, Volume 50, Issue 11, 2012.
12. Gregory Rose et al. , "Compliance Mechanisms under Selected MEAs", *UNEP*, 2006.
13. Gurdial Singh Nijar, "The Nagoya – Kuala Lumpur Supplementary Protocol on Liability and Redress to the Cartagena Protocol on Biosafety: An Analysis and Implementation Challenges", *Int Environ Agreements*, 2013.
14. Global Environment Outlook 4 (GEO – 4), Environment for Development – English Edition, Stock Code DEW/0962/NA, UNEP 2007.
15. P. Ho and D. Y. Xue, "Farmer's Perception and Risks of Agro – biotechnological Innovations in China: Econogical Change in Bt Cotton?", *International Journal of Environment and Sustainable Development*, 2008.
16. S. Jungcurt and N. Schabus, "Liability and Redress in the Context of the Car-

tagena Protocol on Biosafety", *Review of European community and International Environmental Law*, 2010, 19 (2).

17. Joji Cario, "Indigenous Peoples' Rright to Free, Prior Informend Consent: Reflections on Concepts and Practice", *Arizona Journal of International & Comparative Law*, Vol 22, No. 1, 2005.
18. Katharine E. Kohm, "Shortcomings of the Cartagena Protocol: Resolving the Liability, Loophole at an International Level", *UCLA Journal of Environmental Law and Policy*, 2009.
19. Kuei – Jung Ni, "Legal Aspects of Prior Informed Consent on Access to Genetic Resources: An Analysis of Global Lawmaking and Local Implementation toward an Optimal Normative Construction", *Vanderbilt Journal of Transnational Law*, Vol. 42. 227.
20. Laurel A. Firestone, "You Say Yes, I Say No, Defining Community Prior Informed Consent under the Convention on Biological Diversity", *Georgetown International Environmental Law Review*, Fall, 2003.
21. J. D. Melanie Nakagawa and M. A. (International Affairs) candidate 2005 at American University Washington: Overview of Prior Informed Consent from an International Perspective, Sustainable Development Law & Policy, Ⅳ – 2, July 2004.
22. Maureen Schack Espinoza, "COMMENT: Developments in Biodiversity", *Colorado Journal of International Environmental Law and Policy*, 2003 YEARBOOK.
23. Marie – Claire Cordonier Segger, *Legal Aspects of Implementing the Cartagena Protocol on Biosafety*, Cambridge University Press, 2013.
24. Paul E. Hagen and John Barlow Weiner, "The Cartagena Protocol on Biosafety: New Rules for International Trade in Living Modified Organisms", *Georgetown International Environmental Law Review*, 2000.
25. Preston Hardison, Prior Informed Consent (PIC) Prior Informed Approval (PIA), No. 15 The Monthly Bulletin of the Canadian Indigenous Caucus on the Convention on Biological Diversity October 2000.

26. Paula Barrios, "The Rotterdam Convention on Hazardous Chemicals: A Meaningful Step toward Environmental Protection?", *Georgetown International Environmental Law Review*, Summer, 2004.

27. Prior Informed Consent, Pest Management Notes No. 5.

28. Richard G. Tarasofsky, "The Relationship between the TRIPs Agreement and the Convention on Biological Diversity: Towards a Pragmatic Approach", *Reciel*, Vol. 6 issue.

29. Robin Hightower et al., "Expression of Antifreeze Proteins in Transgenic Plants", *Plant Molecular Biology*, November 1991, Volume 17, Issue 5.

30. Ruth Mackenzie et al., "An Explanatory Guide to the Cartagena Protocol on Biosafety", IUCN, 2003.

31. "Rotterdam Convention on the Prior Informed Consent Procedure for Certain Hazardous Chemicals and Pesticides in International Trade", UNEP/FAO/RC/CRC. 1/INF 2, 28 January 2005.

32. Richard W. Emory Jr., "Trade and the Environment: Probing the Protections in the Rotterdam Convention on Prior Informed Consent", *Colorado Journal of International Environmental Law and Policy*, 2000 Yearbook.

33. Robin Hightower et al., "Expression of Antifreeze Proteins in Transgenic Plants", *Plant Molecular Biology*, November 1991, Volume 17, Issue 5.

34. Samuel Blaustein, "Splitting Genes: The Future of Genetically Modified Organisms in the Wake of the WTO/Cartagena Standoff", *Penn State Environmental Law Review*, Winter, 2008.

35. Terence P. Stewart and David S. Johanson, "A Nexus of Trade and the Environment: The Relationship between the Cartagena Protocol on Biosafety and the SPS Agreement of the World Trade Organization", *Colorado Journal of International Environmental Law and Policy*, Winter, 2003.

36. Ulrich Beyerlin, Peter - Tobias Stoll and Rudiger Wolfrum (eds.), *Ensuring Compliance with Multilateral Environmental Agreements*, Martinus Nijhoff Publishers, 2006.

37. *Yearbook of International Environmental Law*, Oxford University Press USA.

38. D. Y. Xue and C. Tisdell, "Safty and Socio - economic Issues Raised by Modern Biotechnology", *International Journal of Social Economics*, 2000.

39. Zada Lipman, "A Dirty Dilemma the Hazardous Waste Trade", *Environment*, Vol. 23 (4), Winter, 2002.

40. S. Zaeeilli, "International Trade in GMOs and Multilateral Negotiations: A New Dilemma for Developing Countries", *Francioni F. Environment*, 2001.

后 记

本书是在博士论文的基础上修改而成，尽管几年的努力终于有了一些所谓的“成果”，事实上对改性活生物体越境转移及其后续结果仍有诸多值得深入研究的内容。这篇博士学位论文是在中国政法大学国际法学院林灿铃教授的指导和帮助下完成的，后经本人在工作之余不断修改完善，对篇章结构及相关材料的考察与分析都作出了改进，具体内容上也详实丰富了许多，但我深知本研究仍然存在不少局限。

几年光景，国内针对转基因的讨论日益激烈，这种讨论也促进了转基因相关知识的扁平化，以往没有公开的转基因进出口审批信息也开始透明化，这是消弭分歧、增强公众对管理部门信任的良好开端。同时，生物安全国际立法也取得了较大进展，事先知情协议程序的执行及责任机制的完善是其中的亮点。从实施效果来看，改性活生物体出口经营者即使在出口前按照进口国要求进行了通知和风险评估，最终是否进口仍然取决于进口国对该转基因技术和产品的准确认识，这必须基于进口国国内评审机构和专家的态度、水平以及该国转基因技术的发展程度。如果进口国的评审机构无法准确把握，就只能做出全面禁止进口或者随意性较大的决定。当然，以上考虑还只是基于改性活生物体按照法定程序申报进口的情形。我们在现实中还无法消除改性活生物体非法越境对公约体系造成的破坏，而非法越境能否被发现，依然要基于进口国海关的转基因检测能力。因此，在不同国家之间的技术水平差异极大的情形下，进出口审批信息的分享就成了提高效率为发展中国家提供参考的依据，这也是生物安全信息中心建立的重要价值。

责任和补救机制作为未雨绸缪的规则体系，在目前尚缺乏科学证据证明改性活生物体对生态和人类健康造成损害的阶段，迈出的步伐仍然较小。除了在损害类别、行政应对措施等方面对进口国管理机关提供了解决思路外，在民事责任追究领域语焉不详，一些典型国家的国内立法也差异很大。在我看来，这在未来仍然会成为研究的热点，有深入挖掘的价值。

这些年来，众多师友对我的写作和学术成长提供了许多有益的建议、反馈和指摘。我要特别感谢我的导师林灿铃教授对本书的修改与完善提出的卓见和精准指导，本人多年的学习还有幸得到了中国政法大学国际法学院各位老师、日本名古屋大学法学院宇田川幸则、水岛朋则等老师的建议，在此特表感谢。同时，还需感谢曾经的工作单位——中国－东盟环境保护合作中心——为我提供了一个视野宽广的研究平台，实际的工作经历也助推和滋养了我对国际环境法相关领域的实证化研究。新单位温馨和谐的工作环境、能经常和丈夫待在一起和我即将出生的宝宝，这一切都让我非常满意，借此机会完成了自己的“历史欠账”，也算了却了一桩心事。我的家人在我最艰难的时候给我支持和鼓励，在本书修改过程中于家富博士不厌其烦地帮助我审阅、指出问题缺陷，对他们的感激难以言表，也希望我俩在未来的学术道路上取得更大成绩。

在本书即将付梓出版之际，也要特别感谢丁春晖编辑以及中国政法大学出版社诸位编辑的鼎力协助。

王 惠

2016 年 4 月 22 日于泉城